ESPIRITUALIDADE E TRANSCENDÊNCIA

Dados Internacionais de Catalogação na Publicação (CIP)
(Câmara Brasileira do Livro, SP, Brasil)

Jung, C.G., 1875-1961.
  Espiritualidade e transcendência / C.G. Jung ; seleção e edição de Brigitte Dorst ; tradução da introdução de Nélio Schneider. – Petrópolis, RJ : Vozes, 2015.

  Título original: Schriften zu Spiritualität und Transzendenz.

  10ª reimpressão, 2024.

  ISBN 978-85-326-5016-0

  1. Espiritualidade 2. Jung, Carl Gustav, 1875-1961 3. Psicologia transpessoal 4. Psicoterapia I. Dorst, Brigitte. II. Título.

15-03165   CDD-150.1954

Índices para catálogo sistemático:
1. Espiritualidade e transcendência :
   Psicologia junguiana   150.1954

C.G. Jung

ESPIRITUALIDADE E TRANSCENDÊNCIA

Seleção e edição de Brigitte Dorst

Petrópolis

© 2007 Foundation of the Works of C.G. Jung, Zurich

Tradução realizada a partir do original em alemão intitulado
Schriften zu Spiritualität und Transzendenz

Direitos de publicação em língua portuguesa:
2015, Editora Vozes Ltda.
Rua Frei Luís, 100
25689-900 Petrópolis, RJ
www.vozes.com.br
Brasil

Todos os direitos reservados. Nenhuma parte desta obra poderá ser
reproduzida ou transmitida por qualquer forma e/ou quaisquer meios
(eletrônico ou mecânico, incluindo fotocópia e gravação) ou arquivada em
qualquer sistema ou banco de dados sem permissão escrita da editora.

CONSELHO EDITORIAL

Diretor
Volney J. Berkenbrock

Editores
Aline dos Santos Carneiro
Edrian Josué Pasini
Marilac Loraine Oleniki
Welder Lancieri Marchini

Conselheiros
Elói Dionísio Piva
Francisco Morás
Gilberto Gonçalves Garcia
Ludovico Garmus
Teobaldo Heidemann

Secretário executivo
Leonardo A.R.T. dos Santos

PRODUÇÃO EDITORIAL

Aline L.R. de Barros
Marcelo Telles
Mirela de Oliveira
Natália França
Otaviano M. Cunha
Priscilla A.F. Alves
Rafael de Oliveira
Samuel Rezende
Vanessa Luz
Verônica M. Guedes

Diagramação: Sheilandre Desenv. Gráfico
Capa: Idée Arte e Comunicação
Ilustrações de capa: Pinturas da "Senhora X", paciente de Jung, retratando
a evolução do processo de individuação. In: JUNG, C.G. *Os arquétipos e
o inconsciente coletivo*. 11. ed. Petrópolis: Vozes, 2014 [OC 9/1], caderno
iconográfico, quadros 4, 5, 6, 7, 8, 9, 10, 11, 12, 13, 14, 15, 16, 17, 18, 19.

ISBN 978-85-326-5016-0 (Brasil)
ISBN 978-3-8436-0222-8 (Suíça)

Este livro foi composto e impresso pela Editora Vozes Ltda.

Nota do editor

Os números que constam nas margens das páginas do livro indicam os parágrafos em que se encontram os excertos de textos em seu respectivo volume nas Obras Completas de C.G. Jung. As referências a fontes e as notas entre chaves { } são de Brigitte Dorst. Complementações entre colchetes [ ] correspondem ao texto original e provêm, em regra, das editoras e dos editores do respectivo volume das Obras Completas.

Sumário

Introdução, 9
Brigitte Dorst

I – As dimensões da psique, 35
O inconsciente pessoal e o inconsciente suprapessoal ou coletivo, 37
A função transcendente, 60
A autonomia do inconsciente, 73

II – Simbolismo religioso, 81
A função dos símbolos religiosos, 83
A cura da divisão, 95

III – Psicoterapia e religião, 111
Introdução à problemática da psicologia religiosa da alquimia, 113
Sobre a relação entre a psicoterapia e a direção espiritual, 147
"Religião e psicologia": uma resposta a Martin Buber, 177

IV – Caminhos espirituais e sabedoria oriental, 189
Comentário psicológico sobre o Livro Tibetano da Grande Libertação, 191

A ioga e o Ocidente, 219

Prefácio à obra de Suzuki: A Grande Libertação, 231

Considerações em torno da psicologia da meditação oriental, 261

Prefácio ao *I Ging*, 286

V – Realidade e transcendência da psique, 297

O real e o suprarreal, 299

Sobre a sincronicidade, 303

A alma e a morte, 313

Sobre o renascimento, 328

Introdução

Brigitte Dorst
Tradução de Nélio Schneider

Nas últimas décadas, na passagem para o século XXI, uma quantidade imensa de temas religiosos penetrou na consciência coletiva. Nesse processo, um novo conceito começou a se impor: espiritualidade. Por trás dele afloraram as velhas perguntas da humanidade: De onde viemos? Para onde vamos? Qual é o sentido da nossa existência? Quem ou o que nós, humanos, somos neste cosmo?

No campo da psicologia, houve nova abertura e disposição para reconhecer religiosidade e espiritualidade como temas importantes. Ocorreu uma inversão de tendências, uma mudança de paradigmas: tendo como ponto de partida a América do Norte, desenvolveu-se a assim chamada Psicologia Transpessoal; espiritualidade e consciência se converteram num importante campo de investigação e análise.

A Psicologia Transpessoal, que foi edificada sobre as bases da Psicologia Humanista, caracteriza-se por uma abertura especial para os conhecimentos psicológicos, filosóficos e espirituais de todas as tradições religiosas. Nela confluem diversos caminhos do conhecimento de forma interdisciplinar: psicologia e psicoterapia, tradições espirituais e conhecimento místico adquirido pela experiência, história da religião e antropologia, xamanismo e outras terapias alternativas, doutrinas sapienciais orientais, pesquisa da consciência, conhecimentos ecológicos e ciências naturais modernas. Uma autodefinição mais recente diz: "O objeto da Psicologia Transpessoal é a exploração do potencial máximo da humanidade, bem como o conhecimento, a compreensão e a realização de estados de consciência unificadores, espirituais e transcendentes"[1].

As imagens de mundo e ser humano da Psicologia Transpessoal só são compreensíveis sobre o pano de fundo da nova imagem do mundo desenvolvida nas últimas décadas com base nos conhecimentos da física. Fundamentais para a nova imagem do mundo são sobretudo os conhecimentos da Física moderna, entre outros, a Teoria da Relatividade e a Teoria Quântica, a Teoria da Auto-organização e da Autopoiese, a Teoria da Evolução, a Teoria dos Sistemas, a Teoria dos Campos Morfogenéticos e a Teoria do Holograma. Cada ente humano, como parte dos processos descritos nessas teorias, constitui um ponto nodal num sistema de constante troca de informações; em todos os seus processos vitais ele está alojado no ecossistema "ser humano-universo" enquanto processo total unificado.

O conceito central da Psicologia Transpessoal é o da consciência. A consciência transpessoal pode ser circunscrita com conceitos como: presença integral, permeabilidade, amplitude aberta, emocionar-se, sentir-se profundamente tocado por energias numinosas, vivência da unidade universal, experiências místicas de convergência do Si-mesmo individual com o absoluto, a experiência do que há de mais baixo e de mais elevado na alma humana – trata-se, portanto, de experiências que, em regra, são associadas com os conceitos "espiritualidade" e "mística".

---

1. LAJOIE & SHAPIRO, apud GALUSKA. *Einführung*, p. 8.

De acordo com a concepção de diversos pesquisadores de tendências, a espiritualidade se converteu num movimento mundial. David Tacey fala de uma "revolução espiritual"[2], sendo a espiritualidade entendida sobretudo como conexão e relação, formas de sentir-se unido a uma totalidade maior, bem como um transcender do ego e do individualismo[3]. O último ponto vale especialmente para as culturas ocidentais. Ao mesmo tempo, critica-se uma "psicologia desalmada", que teria tabulizado todas as questões e experiências religiosas em sua imagem do ser humano.

Pesquisadores e cientistas que se ocupam com experiências espirituais como formas da realidade psíquica valem-se de métodos consagrados para investigá-las. Tem-se chegado a resultados impressionantes nas pesquisas sobre a conexão entre espiritualidade e saúde, como, por exemplo, nas áreas da redução do estresse, da expectativa de vida, da redução de doenças cardíacas e circulatórias e do incremento do bem-estar. Tendo como fundamento um paradigma pós-moderno, os físicos e pesquisadores do cérebro igualmente participam de projetos de pesquisa transpessoais. Nesse meio-tempo, a Psicologia Transpessoal também está sendo mais respeitada, mesmo que a postura de certos céticos às vezes lembre a seguinte breve parábola sufista: "'Que absurdo', disse a mosca-de-um-dia quando ouviu pela primeira vez a palavra 'semana'".

Não são poucos os especialistas, para os quais uma psicologia que se orienta na espiritualidade ainda é suspeita de esoterismo. Em círculos psicanalíticos, ela às vezes é tida como regressão mórbida à infância. Essa suspeita recai com frequência ainda maior no âmbito da psicologia acadêmica

---

2. TACEY. *The Spiritual Revolution*.
3. Cf. BUCHER. *Psychologie der Spiritualität*, p. 3.

sobre a Psicologia Analítica de C.G. Jung, que pode ser entendido como precursor da Psicologia Transpessoal. As análises feitas por Jung a respeito de questões e temas espirituais são uma antecipação do que já está estabelecido hoje, na segunda década do século XXI, em termos de concepções novas e integradoras: há ligações com a espiritualidade em segmentos da psicoterapia bem como na área da psicologia da saúde, na medicina, no acompanhamento de pessoas com enfermidades que ameaçam a vida, no trabalho de albergagem e acompanhamento a moribundos[4].

Espiritualidade e transcendência hoje

Espiritualidade é um termo carregado de significados. Etimologicamente esse conceito está ligado ao termo latino "*spiritus* = espírito" e significa "cheio de espírito" ou "inspirado/animado" – como orientação ou práxis vital intelectual-espiritual. A espiritualidade se refere a todas as formas de religiosidade, independentemente de confissões e igrejas, e é tida hoje como o conceito superior que abrange uma pluralidade de fenômenos religiosos. Sínteses e associações novas, orientais e ocidentais, surgem em muitos lugares. Para Raimon Panikkar, a palavra "espiritualidade" é "uma reação branda à calcificação das religiões"[5]. No extremo oposto de uma espiritualidade ou então religiosidade modificada e aberta para o mundo, observa-se o enrijecimento das aspirações fundamentalistas, como expressão de uma resistência a mudanças e inovações motivada pelo medo.

A espiritualidade abarca as religiões e independe das tradições, remetendo, desse modo, às dimensões profundas

---

4. Cf. DORST. *Jung und die Transpersonale Psychologie.*
5. PANIKKAR. *Vorwort*, p. 8.

da experiência que não são mais perceptíveis em muitas formas de religião. Um importante mestre espiritual do nosso tempo, o mestre zen e monge beneditino Willigis Jäger, descreve isso assim: "Um número cada vez maior de pessoas está perguntando [...] hoje pelo sentido de sua existência e as religiões tradicionais praticamente não conseguem mais oferecer-lhes respostas dignas de crédito. [...] A crença 'em Deus' dá lugar hoje ao anseio por uma experiência espiritual com essa 'realidade última'"[6]. Jäger prossegue: "A religiosidade é um traço básico da nossa natureza humana. Trata-se da tendência profundamente enraizada em nós de abrir-nos para a totalidade e a unidade. Compartilhamos essa tendência com todos os seres vivos, pois ela é a força motriz da evolução. Até agora ela se manifestou nas multiformes religiões do mundo, pois fora das religiões durante milênios não houve separação entre religião e espiritualidade. Agora, porém, presenciamos como essa força religiosa está se desvinculando das religiões tradicionais. Encontro cada vez mais pessoas que são religiosas, sem confessar o credo de nenhuma religião. Identifico nisso um vestígio da evolução progressiva da consciência"[7].

A espiritualidade como fenômeno universal que comprovadamente deixou suas marcas no mundo todo nos últimos 30.000 anos de história é uma constante antropológica em múltiplas formas de manifestação. Dentre o leque de significados da espiritualidade, Anton A. Bucher fala dela como conexão e unidade (connectedness [conectividade]), como relação com Deus ou com um ser superior, como conexão com a natureza, como relação com outros, como relação com o Si-mesmo, como formas de práxis específi-

---

6. JÄGER. *Westöstliche Weisheit*, p. 80.
7. JÄGER. *Die schönsten Texte*, p. 131.

ca (oração e meditação), como capacidades e experiências paranormais (p. ex., experiências de quase morte) e como autotranscendência[8].

Hoje em dia, é muito natural que a práxis espiritual faça parte da vida cotidiana de muitas pessoas. Exercícios meditativos são vias trilhadas por toda a vida e que conduzem o ser humano para dentro de si, para outros espaços da consciência e para um maior conhecimento de si. Trata-se de chegar à "realidade por trás da realidade", de fazer experiências num espaço transpessoal da consciência, experiências que não se consegue captar nem com os conceitos de nossa linguagem cotidiana nem com os conceitos da ratio. O interesse disseminado pela espiritualidade e o anseio por experiências próprias pode ser reconhecido também no número crescente de grupos de meditação e ofertas de meditação. Em quase todas as cidades há ofertas muito variadas de ioga, cursos de meditação e contemplação, exercícios espirituais cristãos, bem como sesshins zen [retiros de meditação zen] ou recitação de mantras hinduístas. Cresce constantemente o número de pessoas que com toda naturalidade programam momentos de quietude, de recolhimento e de meditação na sua rotina diária. Toda a área da formação contínua e de atualização, incluindo as atividades de supervisão e *coaching* (treinamento) de administradores, também oferece hoje com toda naturalidade exercícios de Qigong, treinamento de atenção ou percepção plena e meditação budista.

A pluralidade e a diversidade desses grupos de meditação e dessas ofertas também deixam claro que as pessoas de hoje têm uma grande carência de experiências espirituais e não de ofertas de crença e que as tradições místicas do

---

8. Cf. BUCHER. *Psychologie der Spiritualität*, p. 24-34.

Oriente e do Ocidente se tornam herdeiras coletivas da humanidade, independentemente da educação religiosa recebida ou do entorno cultural. Isso vale sobretudo para as pessoas do hemisfério ocidental.

Nessa compreensão de espiritualidade, nós, seres humanos, somos uma forma da consciência encarnada, capaz de se orientar para fora e para dentro de si mesma. No espaço transpessoal da consciência o ser humano se percebe conectado como parte de uma totalidade maior. Isso corresponde também aos conhecimentos das ciências naturais atuais.

A palavra-chave "transcendência" aparece na maioria das publicações como um subaspecto da espiritualidade. Etimologicamente transcendência está ligada às expressões latinas "*trans* = por cima, além de", e "*scandere* = ascen-der/galgar, escalar", isto é, trata-se de transpor um limite. Mas sob o conceito da transcendência entende-se também o absoluto, o divino, a realidade primeira propriamente.

Na teologia e na filosofia, transcendência se refere ao âmbito situado além da experiência sensual. O par de conceitos complementar "imanência e transcendência" remete à diferença fundamental entre os dois âmbitos, o do aquém e o do além, que foi objeto de análises reiteradas: desde a teoria platônica das ideias na Antiguidade, passando pelos Padres da Igreja e os filósofos medievais, até chegar aos pensadores da Era Moderna, como, por exemplo, Kant, Hegel, Scheler e Jaspers. As representações metafísicas de uma transcendência de Deus foram substituídas, no decorrer da história, por uma concepção antropológica de transcendência, como anseio humano de ir além de si mesmo.

Na Pós-modernidade deplora-se uma perda da transcendência como perda de sentido, como crise espiritual, como perda da sensação de acolhimento e segurança na vida.

Na compreensão atual, bastante ampliada, a transcendência refere-se também à transposição das fronteiras do Eu, a formas de referência, como, por exemplo, à conexão íntima com uma pessoa que se ama, mas também ao modo de ocupar-se com o inconsciente: "Transcender tem [...] muito a ver com sermos capazes de renunciar ao nosso Eu e, não obstante, conseguirmos viver plenamente seguros de nós mesmos. Abrimo-nos para uma totalidade maior, para o mundo, para o semelhante, para o inconsciente"[9].

Espiritualidade e transcendência em C.G. Jung

O título do volume de textos selecionados das *Obras Completas* de C.G. Jung apresentado aqui é "Espiritualidade e transcendência". Entretanto, quem procura pela palavra-chave "espiritualidade" em passagens das *Obras* de C.G. Jung não encontra muita coisa. A palavra "espiritualidade", como é usada hoje em dia, não era usual na época de Jung. "Religião" e "religiosidade" eram as designações estabelecidas.

A convicção de Jung é esta: "Minha opinião é que as religiões se acham tão próximas da alma humana, com tudo quanto elas são e exprimem, que a psicologia de maneira alguma pode ignorá-las" (OC 11/2, § 172). Ele se preocupou em desenvolver uma psicologia da experiência religiosa. Jung ocupa-se, portanto, com a "experiência religiosa", que para ele é um fenômeno psíquico. Ele diz: "Deus nunca falou com o ser humano senão pela alma e a alma o entende, e nós percebemos isso como algo psíquico. Quem chama a isso de psicologizar renega o olho que vê o sol"[10]. Jung sustenta uma compreensão da psique como espaço de

---

9. KAST. *Transzendenz der Psyche*, p. 45.
10. JUNG. *Briefe* I, p. 132.

experiência do numinoso, defendendo novos modos de ver fenômenos e experiências religiosos que até aquele momento não haviam ocorrido na psicologia da religião. Esses fenômenos e experiências se revestem de grande importância para ele. Por isso, ele diz: "Se tentarmos definir a estrutura psicológica da experiência religiosa, isto é, da experiência integradora, curadora, salvadora e abrangente, parece que a fórmula mais simples que podemos encontrar é a seguinte: *na experiência religiosa, o homem se depara com um outro ser, espiritual, superpoderoso*" (OC 10/4, § 655).

As experiências espirituais põem as pessoas em contato com âmbitos situados além da consciência cotidiana. Jung fala às vezes do "transcendente-empírico". O próprio Jung precisou lutar por muitos anos com a religião e imagens de Deus como forças eficazes. Testemunha dessa luta é também o assim chamado *Livro Vermelho*, o documento de um autoexperimento especial de Jung e de suas explorações do inconsciente.

O conceito da transcendência possui diversos significados em Jung. A descrição do que ele caracteriza como a "função transcendente" psicológica trata da "união de conteúdos conscientes e inconscientes". Ele enfatiza que isso não deve ser entendido "como algo de misterioso e por assim dizer suprassenssível ou metafísico, mas uma função psicológica, que, por sua natureza, pode-se comparar com uma função matemática de igual denominação" (OC 8/2, § 131). O que se pretende com isso é abolir a separação entre a consciência e o inconsciente, para compensar as unilateralidades da consciência. Ele enfatiza que "com 'transcendente' não quer designar nenhuma qualidade metafísica, mas o fato de que, por meio dessa função, é criada uma transição de uma mentalidade para outra" (OC 6, § 833).

Na função transcendente Jung descreve, por conseguinte, a capacidade fundante da transposição da fronteira entre as porções conscientes e as inconscientes da psique[11]. A transcendência da psique, da qual ele fala em outras passagens, refere-se a experiências espirituais de conexão com o divino, com o absoluto, a ter como referência algo mais abrangente, maior, às possibilidades de experiência que transcendem a consciência cotidiana, à transposição das fronteiras entre imanência e transcendência. "Que o mundo, tanto por fora como por dentro, é sustentado por bases transcendentais, é algo tão certo quanto nossa própria existência" (OC 14/II, § 442).

A transcendência da psique permite experimentar outra "realidade por trás da realidade". Jung se interessou por demonstrar isso reiteradamente. Trata-se do conhecimento de que tudo – o mundo físico e psíquico, corpo e espírito, o que pode ser apreendido e percebido com os sentidos e o mundo invisível do inconsciente – faz parte de uma totalidade indivisível, perfazendo um campo da realidade una, chamada por Jung de *unus mundus*.

Como mostra o conjunto de sua obra, Jung ocupou-se durante toda a sua vida com questões espirituais, transculturais e transpessoais. Seu interesse voltou-se para o âmbito das experiências espirituais situadas além de confissões, igrejas e tradições religiosas. Em sua biografia *Memórias, sonhos e reflexões**, ele descreve sua atitude espiritual básica. Jung diz ali a seu respeito: "Constato que todos os meus pensamentos giram em torno de Deus como os planetas em torno do sol e, como estes, são atraídos irresistivelmente

---

11. Tendo em vista a centralidade desse tema para a Psicologia Analítica e para a imagem de ser humano de Jung, uma contribuição sobre ele foi acolhida também nesta seleção de textos.

* JUNG, C.G. *Erinnerungen, Träume, Gedanken*. Solothurn/Düsseldorf: Walter, 1971 [Anotado e ed. por A. Jaffé. Ed. Esp.]. [Ed. bras.: Rio de Janeiro: Nova Fronteira, 1986 [N.T.].] A partir daqui citado como JUNG. Erinnerungen.

para Ele como um sol. Eu sentiria como o maior dos pecados se tivesse que oferecer resistência a esse poder"[12]. E ele confessa: "A natureza, a alma e a vida se manifestam a mim como a divindade revelada"[13].

Marie-Louise von Franz, que por muitos anos cooperou com Jung, também o descreve como uma pessoa "que com paixão e sofrimento extremos pugnava sem cessar com o problema de Deus. Ele relacionava com Deus tudo o que acontecia com ele e no mundo e indagava dele o porquê e o para quê"[14]. Sua postura também ganha expressão nas seguintes sentenças:

- "Tudo que tem vida sofre mudança. Não deveríamos nos contentar com tradições imutáveis" (OC 18/11, § 1.652).

- "Como se sabe, em questões religiosas não é possível entender o que não foi interiormente experimentado" (OC 12, § 15).

- "O passo na direção de uma consciência mais elevada leva a abandonar todas as coberturas e seguranças" (OC 13, § 25).

Encontro com C.G. Jung

Os textos selecionados para este volume, que surgiram em épocas bastante diferentes do processo produtivo de Jung, visam mostrar sobretudo isto: o modo como Jung pesquisou por noções e conhecimentos num vasto campo de questões e temas religiosos e psicológicos e como ele entendeu a si mesmo como alguém empenhado num processo de busca aberto e inconcluso.

---

12. JUNG. *Erinnerungen*, p. 6.
13. Ibid., p. 280.
14. VON FRANZ, C.G. *Jung*, p. 169.

Em muitas coisas, Jung estava à frente do seu tempo, intuindo e pesquisando. Algumas coisas talvez só possam mesmo ser entendidas, reconhecidas e aceitas agora, com o atual estado de consciência. Sua obra é um gigantesco filão de conhecimentos psicológicos, pensamentos filosóficos, saber antropológico e sabedoria de vida. Nela, abrangentes estudos empíricos, psicológicos, antropológicos, etnológicos e de ciência das religiões estão associados com material tratando de casos clínicos. Desse modo, ele reuniu as bases da Psicologia Analítica e sua terapia.

Jung não foi nenhum sistemático e não gostava de conceitos abstratos, mas estava constantemente em busca de novas maneiras de descrever o que para ele eram "fenômenos psíquicos básicos". Suas ideias estavam em constante evolução, rodeando o tema, seguidamente se aproximando dele por meio de formulações às vezes paradoxais. Jung deixa o leitor participar de suas intuições, de seus conhecimentos, dos resultados de suas pesquisas, das experiências cotidianas, dos seus sentimentos e pensamentos. Há coisas que estão sujeitas à limitação da temporalidade, em correspondência à sua frase: "Todo o entender [...] está sujeito à categoria da temporalidade" (OC 14/I, § 207). Hoje algumas das formulações de Jung soam estranhas e parecem "antiquadas"; às vezes não é fácil captar o sentido do que está sendo dito.

Naturalmente também há algumas coisas no pensamento de Jung que hoje estão ultrapassadas e não se sustentam mais, onde se vê que Jung foi filho do seu tempo, como, por exemplo, em relação à polaridade dos sexos. Evoluções das ideias e dos conhecimentos de Jung podem ser encontradas em representantes posteriores da Psicologia Analítica, como, por exemplo, Verena Kast, Ingrid Riedel ou Murray Stein.

Portanto, quem encontraremos neste livro? Entre outras coisas, o Jung tateando em busca de compreensão e lutando por ela, o pensador crítico da cultura, o Jung profético, o cientista pesquisador, o sábio experimentado.

As dimensões espirituais da Psicologia Analítica

Na imagem de ser humano de Jung, o transcendente como ponto de referência constitui o aspecto decisivo da vida humana: "A pergunta decisiva para o ser humano é esta: tens o infinito como referência? Este é o critério de sua vida. [...] Quando alguém entende e sente que está conectado ao ilimitado já nesta vida, modificam-se seus desejos e sua atitude. No final das contas, só valemos algo por causa do essencial e, quando não se tem isto, a vida foi desperdiçada"[15].

O próprio Jung confessa: "O interesse principal do meu trabalho não reside no tratamento de neuroses, mas na aproximação ao numinoso"[16]. Ele se defende da acusação de ter construído uma psicologia que injustificadamente conectaria a alma com temas e dimensões religiosas: "Não fui eu que inventei uma função religiosa para a alma; o que eu fiz foi apresentar fatos comprovando que a alma é '*naturaliter* [por natureza] religiosa'" (OC 12, § 14). E, em outra passagem, ele escreve isto: "A imagem de Deus não é uma invenção que se achega ao ser humano *sua sponte* [espontaneamente], do que se pode ter suficiente ciência quando não se prefere trocar a verdade pela ofuscação advinda de preconceitos ideológicos" (OC 9/II, § 303).

Todas as contribuições de Jung à psicologia da religião devem ser vistas como construídas sobre a base de sua tese inicial: a necessidade psíquica da "*religio*", da "religação" a

---

15. JUNG. *Erinnerungen*, p. 327s.
16. JUNG. *Briefe* I, p. 465.

algo maior, a algo inteiro. Seguidamente ele se empenha por delimitar a problemática psicológica em relação à problemática teológica. Ele recusa a pergunta pela existência de um Deus transcendente e, não obstante, acerca-se desse tema insistentemente. Ele ressalta que, ele próprio, na condição de psicólogo, nada pode dizer sobre Deus em si, mas somente alguma coisa sobre imagens e símbolos de Deus e nada mais. Todavia, justamente estes podem transmitir experiência espiritual, dado que elas têm conteúdos que transcendem a consciência.

Símbolos são imagens significativas. Eles surgem quando algo exterior é associado com um conteúdo espiritual, um significado ou um sentido. Símbolos não são signos visíveis de uma realidade não visível. Na compreensão da Psicologia Analítica de C.G. Jung, os símbolos transportam conteúdos psíquicos inconscientes até a consciência. Eles têm um efeito integral sobre o pensar e o sentir, sobre a percepção, a fantasia e a intuição. Eles unem os lados conscientes e inconscientes da psique.

Símbolos sempre são mais do que meros signos. Eles estão altamente carregados de energia e por vezes têm efeitos misteriosos. Quem se envolve com símbolos abandona o superficial e se põe a caminho das profundezas. Os símbolos arquetípicos e, assim, também as imagens de Deus do simbolismo religioso possuem caráter numinoso e são chaves para as camadas profundas da existência humana[17].

Enunciados sobre o divino são para Jung, portanto, descrições de possibilidades de experiências espirituais da psique humana; eles não são enunciados teológicos, mas enunciados psicológicos. A formulação psicológica da questão dirige o foco para o que se passa na alma e para o que lhe

---

17. Cf. DORST. *Therapeutisches Arbeiten mit Symbolen*, p. 17-34.

é próprio. No entanto, Jung chega ao ponto de dizer: "Em todo caso, a alma precisa ter dentro de si uma possibilidade de relação, ou seja, uma correspondência com a essência de Deus, senão jamais poderia estabelecer-se uma conexão. Essa correspondência é, em termos psicológicos, o *arquétipo da imagem de Deus*" (OC 12, § 11).

O encontro com os campos de força dos arquétipos e com suas simbolizações também é, para Jung, uma experiência numinosa. Ele adverte: "Sempre que se tratar de configurações arquetípicas, tentativas de explicação personalistas induzem a erro" (OC 10, § 646).

Para ele, a ampliação da consciência – Jung a chama de "elevação da consciência" –, que também pode acontecer no confronto com conteúdos arquetípicos, é destinação humana: "Decerto é por isso que a vida terrena tem um significado tão grande e aquilo que uma pessoa leva para o além na hora de morrer se reveste de tão grande importância; só aqui, na vida terrena, onde se dá o embate dos opostos, pode-se elevar a consciência universal. Essa parece ser a tarefa metafísica do ser humano"[18]. O desenvolvimento da consciência humana tem, para Jung, um significado cósmico, porque nele o universo reconhece a si mesmo; o ser humano existe para "que o Criador se torne consciente de sua criação e o ser humano de si mesmo"[19].

O conceito de Si-mesmo da Psicologia Analítica

O conceito de Si-mesmo (*Selbst*) da Psicologia Analítica constitui um conceito central que abrange dimensões espi-

---

18. JUNG. *Erinnerungen*, p. 314.
19. Ibid., p. 341.

rituais e se diferencia bastante do conceito de Si-mesmo de outras correntes psicológicas:

O Si-mesmo junguiano é uma expressão abrangente para a totalidade e integralidade do potencial psíquico de um ser humano. Os enunciados sobre o Si-mesmo, por um lado, devem ser obtidos mediante o procedimento empírico e, por outro lado, esse conceito transcende as possibilidades racionais de descrição. "O Si-mesmo não é só o ponto central, mas também o perímetro que engloba a consciência e as coisas inconscientes" (OC 12, § 44). Ao mesmo tempo, ele é o centro do qual procedem todos os impulsos vitais criativos. Na interação entre o Eu, o centro da consciência, e o Si-mesmo efetua-se o processo da vida como autorrealização, como processo de individuação. O conceito de individuação de Jung, o coração da Psicologia Analítica, pode ser reduzido a esta fórmula: "Torna-te quem és". Tem-se em mente com isso um processo de desdobramento progressivo da personalidade, no confronto entre o Eu e o Si-mesmo, entre o consciente e o inconsciente, como um processo de amadurecimento humano criativo, arquetipicamente determinado.

O Si-mesmo determina e estrutura todos os processos psíquicos de desenvolvimento e, nesse sentido, pode ser visto, em última análise, como o transcendente numinoso e conceitualmente inapreensível. A centralização no Si-mesmo como ponto central próprio e misterioso da pessoa, o deslocamento do centro de gravidade para o eixo "Eu-Si--mesmo" no processo de individuação, sobretudo na segunda metade da vida, pode levar a mudanças de grande alcance na compreensão do Si-mesmo e do mundo. No Si-mesmo, são possíveis experiências de unidade, o despontar de uma unidade universal, na qual foi abolida a cisão entre sujeito e objeto, individual e coletivo, pessoal e suprapessoal.

Temas espirituais e perguntas pelo sentido em tempos de crise

Temas espirituais emergem com frequência quando os padrões costumeiros da vida são rompidos e a vida se torna questionável. Isso pode ser desencadeado por diversas formas de crises e acontecimentos que mudam a vida, experiências que transcendem a consciência cotidiana ou também uma insatisfação crescente, a experiência de carência, uma inquietação cada vez maior e a sensação de que falta algo essencial na vida. Quando isso acontece, algumas pessoas saem à procura: é um movimento de busca na profundeza, na esfera da religiosidade e transcendência. A espiritualidade também se expressa em tais desejos por mais profundidade e autoconhecimento mais abrangente.

No campo da saúde, a espiritualidade adquire importância crescente. Doença e saúde atingem todos os níveis do ser. É verdade que as ciências da saúde em boa parte ainda encontram dificuldades para estabelecer uma relação entre espiritualidade e saúde que seja relevante também para a pesquisa. Mas tornaram-se fluidas as fronteiras entre ofertas de saúde, de bem-estar e de terapia, entre abordagens orientadas em recursos, entre curas alternativas e concepções de tratamento médico ocidentais tradicionais.

Já em 1995, em um posicionamento da Organização Mundial da Saúde (OMS), a qualidade de vida foi descrita como multidimensional e pelo menos quatro categorias foram amplamente detalhadas: as dimensões física, psíquica, social e espiritual. A dimensão espiritual em um paradigma contemporâneo de saúde é elaborada especificamente também por Ralph M. Steinmann no estudo *Espiritualidade: a quarta dimensão da saúde*[20].

---

20. STEINMANN. *Spiritualität- die vierte Dimension der Gesundheit.*

Sobretudo a bibliografia especializada norte-americana entrementes oferece pesquisas abrangentes sobre a importância da espiritualidade para a saúde. Os efeitos da práxis espiritual e da orientação de vida espiritual sobre a saúde podem ser provados empiricamente, como, por exemplo, redução do estresse, diminuição de enfermidades cardíacas e circulatórias, fortalecimento da imunidade, redução de riscos de infarto, menor necessidade de medicamentos, internações mais raras em hospitais, amenização de depressões, bem como prolongamento da vida[21]. Também já há numerosas investigações sobre a relação entre espiritualidade e o histórico de doenças cancerosas[22]. Cada vez mais pessoas demandam acompanhamento e apoio em seu processo de enfermidade. Num estudo norte-americano mais recente, para o qual foram consultadas pacientes com câncer em estado avançado, 72% se queixaram de total falta de apoio e atenção ou de apoio e atenção apenas mínimos para suas necessidades espirituais por parte do pessoal clínico[23]. Para muitas pessoas, contudo, espiritualidade e religiosidade são recursos importantes, e isso especialmente em conexão com a superação de doenças, o envelhecimento e o acompanhamento a moribundos.

Uma enfermidade que ameaça a vida, como, por exemplo, o câncer, leva muitos atingidos a submeter sua vida a um exame. A doença impõe limites à possibilidade de planejar sua própria vida, muda prioridades. Ela pode ser entendida como um chamado especial da vida para mudar a valoração do que é importante e do que não é importante e

---

21. Cf. BUCHER. *Psychologie der Spiritualität*, p. 100-142.

22. Cf. STEFANEK; McDONALD & HESS. *Religion, spirituality, and cancer*, p. 450-463.

23. Cf. BALBONI et al. *Religiousness und Spiritual Support*, p. 555-560.

levar a pessoa a perguntar criticamente pelo *sentido* do seu próprio modo de viver. Tal enfermidade é para muitas pessoas um *memento mori* [lembre-se de que terá de morrer], que as confronta com a vulnerabilidade e finitude da vida.

Justamente em crises da vida, nas situações de transição e nas rupturas da vida, em perdas repentinas de uma pessoa querida ou no diagnóstico de doenças que ameaçam a vida, irrompe a pergunta pelo sentido. As crises andam de mãos dadas com sentimentos de abandono existencial, impotência e ameaça. Golpes do destino e acontecimentos que mudam repentinamente a vida, bem como a incapacidade de dar conta deles com seus próprios recursos, frequentemente constituem o motivo pelo qual as pessoas buscam auxílio e acompanhamento terapêuticos[24].

Na análise e na terapia também afloram temas religiosos e perguntas pelo sentido. O trabalho terapêutico toca a esfera das perguntas existenciais básicas e, por conseguinte, exige de ambos, terapeuta e paciente, que se envolvam com essas questões. É o que enfatiza Ingrid Riedel: "O que distingue [...] a psicologia junguiana de todas as demais correntes e caracteriza o lugar especial que ela ocupa na psicologia profunda é o fato de ter seu centro de gravidade onde se trata da busca de sentido e da pergunta pelo sentido"[25]. A temática religiosa – esse sempre foi o entendimento de Jung – é inerente ao processo de análise e ao processo de individuação terapeuticamente acompanhado[26].

Quando se trata de cura na terapia, quando se trata de recuperar a saúde do ser humano inteiro, o espaço de experiência da terapia precisa estar aberto para o numinoso, para

---

24. Cf. DORST. *Lebenskrisen*, p. 21-29.
25. RIEDEL. *Die Welt von innen sehen*, p. 168.
26. Cf. DORST. *Therapeutischer Umgang mit Schicksals- und Sinnfragen*.

a busca de sentido e para todas as questões espirituais e religiosas que são parte inseparável de sua existência humana. Não é por acaso que *Heil* [salvação], *heilen* [curar] e *heilig* [santo] provêm do mesmo radical. Psicoterapia e medicina não podem reduzir o ser humano nem somaticamente nem psiquicamente. Elas precisam aceitá-lo e tratá-lo como unidade de corpo, espírito e alma dotada do anseio e da capacidade para a transcendência.

Para Jung, a individuação significa sempre também o confronto com o sentido e a falta de sentido. Pessoas que vivem conscientemente não são poupadas desse confronto. O processo de individuação é um esforço vitalício visando à tomada de consciência e à inteireza psíquica. Nesse sentido, a via da individuação também é uma *quest*, isto é, uma jornada de busca espiritual.

A busca por sentido, por uma base de sustentação, é entendida na Psicologia Analítica como uma profunda necessidade *a priori* do ser humano. Para C.G. Jung, enfermidades psíquicas eram expressão de perda de sentido e do Si-mesmo, um "sofrimento da alma, que não encontrou seu sentido" (OC 11, § 497). Para ele, a perda de sentido e a falta de sentido na vida têm importância decisiva na etiologia das neuroses. Isso vale também para as pessoas de hoje. A "nova intransparência do mundo"[27], como diz Jürgen Habermas, leva à insegurança, à perda de orientação e ao isolamento. A sociedade do "quem pode mais chora menos", com suas assim chamadas agências egotistas e a mudança e perda de valores ligadas a esses processos de mudança social, lançam muitos em um vácuo existencial, incluindo os que aparentemente têm tudo do que se vive, mas pouco ou nada do para quê vale a pena viver.

---

27. HABERMAS. *Die neue Unübersichtlichkeit.*

Jung enfatiza: "Como o corpo carece do alimento, e não de um alimento qualquer, mas daquele que lhe apetece, assim a psique precisa do sentido do seu ser" (OC 13, § 476). Por conseguinte, experiências de sentido, diz a psicanalista junguiana Ursula Wirtz, muitas vezes têm "o caráter das vivências numinosas, que nos tocam profundamente e permitem que nos conscientizemos da existência de outra realidade que transcende nossa consciência cotidiana e, ainda assim, torna-se experimentável como pertencente a nós. Assim, o sentido pode ser percebido como um chegar em casa ou um chegar ao destino, uma descoberta daquilo que sempre já fomos [...]. Na Psicologia Analítica, esse nível transpessoal e a pergunta pelo sentido fazem parte da base de sustentação da práxis terapêutica"[28].

Sobre este volume de textos selecionados

A intenção desta seleção de textos é oferecer ideias básicas sobre a temática "espiritualidade e transcendência" a partir da extensa obra completa de C.G. Jung. O livro só permitirá um vislumbre da multiplicidade dos temas espirituais com os quais Jung se ocupou ou, mais precisamente, dos temas que se apossaram dele. Tendo em vista que Jung frequentemente aborda questões fundamentais de espiritualidade e transcendência, que se encontram dispersas por toda a sua obra, seria de antemão inviável querer levar em conta todos os textos relativos ao tema. A seleção já não pôde ser exaustiva porque o espaço disponível para a publicação impossibilitou o acolhimento de alguns trabalhos – como, por exemplo, o escrito bastante extenso *Resposta a Jó* (OC 11/4, §§ 553-758).

---

28. WIRTZ & ZÖBELI. *Hunger nach Sinn*, p. 224, 310.

A compilação não se baseou em aspectos cronológicos, mas em pontos de vista de conteúdo. Surgiu um mosaico possível e multifacetado sobre o tema "espiritualidade e transcendência". Renunciei conscientemente a reunir os "*highlights* [destaques]" aforísticos; meu interesse foi antes possibilitar às leitoras e aos leitores o acompanhamento, com base nos textos escolhidos, das linhas de pensamento, das ponderações e dos processos cognitivos de Jung.

Essa seleção de textos destina-se a pessoas que se preocupam com o desenvolvimento e a autorrealização dos seus potenciais, que escutam no seu íntimo o chamado "Torna-te quem és". Ele se dirige a leitoras e leitores que com franca curiosidade gostariam de entender mais daquilo que C.G. Jung chamou de a "realidade da alma" (OC 12, § 9), e que estão dispostos a acompanhar os processos de busca de Jung e deixar-se interpelar e inspirar por ele. Não se trata da indicação de um caminho seguro, mas de um perguntar aprofundado. Trata-se de um encorajamento para que se ouse adentrar o espaço interior da sua própria psique e avançar em consonância com as ideias de Jung. Trata-se de um encontro com Jung como alguém que foi dominado pelo mistério da alma.

A leitura dos escritos de Jung pode transmitir um saber norteador no campo da psicologia da religião, da história da religião e da cultura, inclusive no tocante às atuais perguntas pelo sentido. Numa entrevista, Ingrid Riedel, que com suas numerosas publicações possibilitou que muitas pessoas tivessem acesso à Psicologia Analítica, formulou isso assim: "Pois trata-se, em última análise, da pergunta pelo sentido e da localização na realidade atual. Muitas vezes, dispomos de uma ciência muito exata dos fatos em contextos isolados, mas o que falta é a visão mais abrangente. Nesse tocante, a psicologia junguiana pode proporcionar acessos, e ela não deve ser compreendida como esoterismo, mas pode ser fundamentada, comunicada, compartilhada e, desse modo, está aberta para todo o horizonte da experiência, do jeito que este hoje está sendo buscado, incluindo a espiritualidade e a religião. Isso é algo que atrai amplos círculos, mesmo que na atividade científica oficial esteja se disseminando a mera racionalidade que prefere se fechar para as perguntas pelo sentido"[29].

Os textos de Jung podem estimular acima de tudo a entrar em diálogo interior consigo mesmo, envolver-se com questões da espiritualidade e da transcendência, encontrar um horizonte ampliado, mergulhar mais profundamente em dimensões da nossa própria psique. Exatamente a isso ele encoraja: "É preciso ocupar-se consigo mesmo, senão não há como tornar-se alguém, senão nem é possível desenvolver-se" (OC 18/II, § 1813). O objetivo do diálogo interior consigo mesmo é, em última análise, este: "Quanto mais [...] alguém se torna consciente de si mesmo mediante o autoconhecimento e o agir correspondente, tanto mais desaparece aquela camada do inconsciente pessoal acumulada sobre o inconsciente coletivo. Por essa via, surge uma consciência que não está mais enredada no mundo mesquinho e pessoalmente sensível do Eu, mas que participa de um mundo mais amplo, do objeto. Essa consciência ampliada não é mais aquele emaranhado sensível e egoísta de desejos, temores, esperanças e ambições pessoais, que precisa ser compensado ou então também corrigido por tendências contrárias pessoais e inconscientes, mas é uma função relacional vinculada ao objeto, ao mundo, a qual transfere o indivíduo para dentro de uma comunhão incon-

---

29. Ingrid Riedel. In: BISCHOF & DELLA CHIESA. *Gespräch mit Ingrid Riedel,* p. 251.

dicional, compromissiva e indissolúvel com o mundo" (OC 7, § 275).

Fogo e vento

"Quando eu tiver me tornado póstumo, tudo o que antes era fogo e vento será conservado em álcool e convertido em preparados sem vida. Assim, os deuses são sepultados em ouro e mármore e os mortais comuns, como eu, em papel"[30]. Jung endereçou estas palavras certa vez, com o senso de humor que lhe era peculiar, à Baronesa von der Heydt. A intenção desta seleção de textos é permitir que se experimente algo do fogo e vento espirituais que impulsionaram Jung em toda a sua vida, buscando, investigando e lutando por conhecimento. Para as leitoras e os leitores que se deixarem contagiar pelo entusiasmo de Jung, eles serão testemunhos vivos, e não preparados sem vida.

Referências

BALBONI, T.A. et al. "Religiousness and Spiritual Support Among Advanced Cancer Patients and Associations with End-of-Life Treatment Preferences and Quality of Life". *Journal of Clinical Oncology*, vol. 25, n. 5, 2007, p. 555-560.

BISCHOF, I. & DELLA CHIESA, M. "Gespräch mit Ingrid Riedel- ein Lebensrückblick. Konstanz, am 9. September 2011". *Analytische Psychologie*, vol. 168, n. 2, 2012, p. 238-255.

BUCHER, A.A. *Psychologie der Spiritualität* – Handbuch. Weinheim: Beltz, 2007.

DORST, B. *Lebenskrisen* – Die Seele stärken durch Bilder, Geschichten und Symbole. Mannheim: Walter, 2010.

---

30. JUNG. *Briefe* III, p. 211.

_____. "Therapeutischer Umgang mit Schicksals- und Sinnfragen – Zum Verhältnis von Psychotherapie und Spiritualität". In: NEUEN, C.; RIEDEL, I. & WIEDEMANN, H.G. (eds.). *Freiheit und Schicksal* – Vom therapeutischen Umgang mit Zeit- und Lebensgeschichte, 35-11, p. 2008. Düsseldorf: Walter.

_____. *Therapeutisches Arbeiten mit Symbolen* – Wege in die innere Bilderwelt. Stuttgart: Kohlhammer, 2007.

_____. "C.G. Jung und die Transpersonale Psychologie". *Jung-Journal* – Forum für Analytische Psychologie, vol. 11/12, 2004, p. 22-29.

GALUSKA, J. "Einführung". In: GALUSKA, J. (ed.). *Den Horizont erweitern* – Die transpersonale Dimension in der Psychotherapie. Berlim: Leutner, 2003.

HABERMAS, J. *Die neue Unübersichtlichkeit.* 7. ed. Frankfurt am Main: Suhrkamp [Kleine politische Schriften, V].

JÄGER, W. *Die schönsten Texte von Willigis Jäger* – Perlen der Weisheit. Freiburg im Breisgau: Herder 2010 [Ed. por C. Quarch e E. Walcher].

JUNG, C.G. *Briefe.* 3 vols. Ölten: Walter, 1972-1973 [Ed. por A. Jaffé, em colaboração com G. Adler].

_____. *Erinnerungen, Träume, Gedanken.* Solothurn/Düsseldorf: Walter, 1971 [Anotado e ed. por A. Jaffé. Ed. Esp.].

_____. *Gesammelte Werke* (GW). 20 vols. Ölten/Düsseldorf: Walter, 1971- [Ed. por L. Jung-Merker et al.]

KAST, V. "Die Transzendenz der Psyche". In: EGNER, H. (ed.). *Psyche und Transzendenz im gesellschaftlichen Spannungsfeld heute.* Düsseldorf: Walter, 2000, p. 33-55.

PANIKKAR, R. "Vorwort". In: JÄGER, W. *Westöstliche Weisheit* – Visionen einer integralen Spiritualität. Stuttgart: Theseus, 2007.

RIEDEL, I. *Die Welt von innen sehen* – Gelebte Spiritualität. Düsseldorf: Patmos, 2005.

STEFANEK, M.; McDONALD, P.G. & HESS, S.A. "Religion, spirituality, and cancer – Current Status and methodological challenges". *Psycho-Oncology*, vol. 14, 2004, p. 450-463.

STEINMANN, R.M. *Spiritualität- die vierte Dimension der Gesundheit*. Berlim: LIT, 2008.

TACEY, D. *The Spiritual Revolution* – The Emergence of Contemporary Spirituality. Nova York: Brunner-Routledge, 2004.

VON FRANZ, M.-L. *C.G. Jung. Leben, Werk und Visionen*. Krummwisch bei Kiel: Königsfurt, 2001.

WIRTZ, U. & ZÖBELI, J. *Hunger nach Sinn; Menschen in Grenzsituationen; Grenzen der Psychotherapie*. Stuttgart: Kreuz, 1995.

I
AS DIMENSÕES DA PSIQUE

O autoconhecimento é uma aventura
que conduz a amplidões e profundezas
inesperadas.
OC 14/2, § 398

Mas o homem não pode avançar
por conta própria se não possuir um
conhecimento mais apurado a respeito de
sua *própria natureza.*
OC 11/4, § 746

O inconsciente pessoal e o inconsciente suprapessoal ou coletivo

Neste ponto se inicia uma nova etapa no processo do conhecimento de si. A dissolução analítica das fantasias de transferência infantis tinha prosseguido até o momento em que o próprio paciente reconheceu claramente que para ele o médico tinha sido pai, mãe, tio, tutor, professor, ou outra das formas usuais de autoridade paterna. No entanto, a experiência tem mostrado insistentemente o aparecimento de outro tipo de fantasia: o médico fica investido das funções de salvador ou ente com características divinas, contrariando frontalmente a razão sadia da consciência. Pode acontecer também que esses atributos divinos não se limitem ao quadro cristão em que fomos criados e adotem, por exemplo, formas pagãs, teriomórficas (formas animais).

A transferência em si nada mais é do que uma projeção de conteúdos inconscientes. Primeiro são projetados os conteúdos chamados superficiais do inconsciente, reconhecidos através de sonhos, sintomas e fantasias. Neste estado o médico interessa como um amante eventual (mais ou menos como o rapaz italiano daquele caso). A seguir, aparece

---

Fonte: OC 7/1, capítulo 5 - §§ 97-120.

preponderantemente como pai: pai bondoso ou furibundo, conforme as qualidades que o pai verdadeiro tinha para o paciente. Uma vez ou outra o médico também recebe atributos maternos, o que já pode parecer estranho, mas ainda está dentro dos limites do possível. Todas essas projeções de fantasias são calcadas em reminiscências pessoais.

99   Finalmente, podem surgir fantasias de caráter exaltado. Nestes casos o médico fica dotado de propriedades sobrenaturais. Torna-se um bruxo, um criminoso demoníaco, ou então o bem correspondente: um verdadeiro salvador. Também pode aparecer como uma mistura de ambos. Entenda-se bem: tudo isso não se passa necessariamente no consciente do paciente. São fantasias que surgem e representam o médico sob essas formas. Muitas vezes, não entra na cabeça de tais pacientes que na realidade essas fantasias provêm deles mesmos e nada ou muito pouco têm a ver com o caráter do médico. Este engano ocorre por não existirem bases de reminiscências pessoais para este tipo de projeção. Ocasionalmente podemos provar que em determinado momento de sua infância tiveram fantasias semelhantes em relação ao pai e à mãe, sem que os mesmos tivessem realmente dado motivo para isso.

100   Freud demonstrou, num pequeno trabalho[1], como a vida de Leonardo da Vinci tinha sido influenciada pelo fato de ele ter tido duas mães. O fato das duas mães, ou da dupla filiação, era real na vida de Leonardo. Embora imaginária, outros artistas também sofreram a influência da dupla filiação. Benvenuto Cellini, por exemplo, teve fantasias a respeito dessa dupla filiação. Aliás, este é um tema mitológico. Muitos heróis legendários tiveram duas mães. A fantasia não vem do fato de os heróis terem duas mães, mas de uma imagem

---

1. *Eine Kindheitserinnerung des Leonardo da Vinci.* [s.l.]: [s.e.], 1910.

universal "primordial", pertencente aos segredos da história do espírito humano e não à esfera da reminiscência pessoal.

Afora as recordações pessoais, existem, em cada indivíduo, as grandes imagens "primordiais", como foram designadas acertadamente por Jakob Burckhardt, ou seja, a aptidão hereditária da imaginação humana de ser como era nos primórdios. Essa hereditariedade explica o fenômeno, no fundo surpreendente, de alguns temas e motivos de lendas se repetirem no mundo inteiro e em formas idênticas, além de explicar por que os nossos doentes mentais podem reproduzir exatamente as mesmas imagens e associações que conhecemos dos textos antigos. Meu livro *Wandlungen und Symbole der Libido*[2] contém alguns exemplos. Isso não quer dizer, em absoluto, que as *imaginações* sejam *hereditárias*; hereditária é apenas a *capacidade de ter tais imagens*, o que é bem diferente.

Logo, neste estágio mais adiantado do tratamento, em que as fantasias não repousam mais sobre reminiscências pessoais, trata-se da manifestação da camada mais profunda do inconsciente, onde jazem adormecidas as imagens humanas universais e originárias. Essas imagens ou motivos, denominei-os *arquétipos*[3] (ou então "dominantes").

---

2. Nova edição: *Symbole der Wandlung*. Op. cit. [OC, 5]. Cf. tb. *Über den Begriff des Kolletktiven Unbewussten*. [OC, 9].

3. Para esclarecer esse conceito, posso indicar os seguintes trabalhos, dos quais se depreende o desenvolvimento posterior do conceito: *Symbole der Wandlung*. [OC, 5]. *Psychologische Typen*. Op. cit., p. 567s. [OC, 6; § 759s.]. Cf. tb. *Von den Wurzeln des Bewusstseins*, 1954; os ensaios *Über die Archetypen des Kollektiven Unbewussten*, p. 3s., *Über den Archetypus mit Besonderer Berücksichtigung des Animabegriffs*, p. 57s.; *Die psychologischen Aspekte des Mutter-Archetypus*, p. 87s. [OC, 9/1]. JUNG, C.G. & KERÉNYI, K. *Einführung in das Wesen der Mythologie*: Das göttliche Kind/Das göttliche Mädchen. Zurique: Rhein-Verlag, 1951, p. 103s. *Zum psychologischen Aspekt der Kore-Figur*, p. 215s. [OC, 9/1]. Comentário sobre WILHELM, R. *Das Geheimnis der goldenen Blüte*, 1928 [OC, 13].

103   Essa descoberta significa mais um passo à frente na interpretação, a saber: a caracterização de *duas camadas no inconsciente*. Temos que distinguir o inconsciente *pessoal* do inconsciente *impessoal* ou *suprapessoal*. Chamamos este último de inconsciente *coletivo*[4], porque é desligado do inconsciente pessoal e por ser totalmente universal; e também porque seus conteúdos podem ser encontrados em toda parte, o que obviamente não é o caso dos conteúdos pessoais. O inconsciente pessoal contém lembranças perdidas, reprimidas (propositalmente esquecidas), evocações dolorosas, percepções que, por assim dizer, não ultrapassaram o limiar da consciência (subliminais), isto é, percepções dos sentidos que por falta de intensidade não atingiram a consciência e conteúdos que ainda não amadureceram para a consciência. Corresponde à figura da *sombra*[5], que frequentemente aparece nos sonhos.

104   As imagens primordiais são as formas mais antigas e universais da imaginação humana. São simultaneamente sentimento e pensamento. Têm como que vida própria, independente, mais ou menos como a das *almas parciais*[6], fáceis de serem encontradas nos sistemas filosóficos ou gnósticos, apoiados nas percepções do inconsciente como fonte de conhecimento. A ideia dos anjos e arcanjos, dos "tronos e potestades" de Paulo, dos arcontes dos gnósticos, das hie-

---

4. O inconsciente coletivo representa a parte objetiva do psiquismo; o inconsciente pessoal, a parte subjetiva.

5. *Sombra* é para mim a parte "negativa" da personalidade, isto é, a soma das propriedades ocultas e desfavoráveis, das funções maldesenvolvidas e dos conteúdos do inconsciente pessoal. T. Wolff resumiu o conceito em Einführung in die Grundlagen der komplexen Psychologie. In: WOLFF, T. *Studium zu C.G. Jungs Psychologie*. Zurique: Rhein-Verlag, 1959, p. 151ss.

6. Para aprofundar este conceito, cf. "Allgemeines zur Komplextheorie". In: JUNG, C.G. *Über psychische Energetik und das Wesen der Träume*. Op. cit. [OC, 8].

rarquias celestiais em *Dionysius Areopagita* etc., derivam da percepção da relativa autonomia dos arquétipos.

Assim, também encontramos o objeto que a libido escolhe quando se vê liberada da forma de transferência pessoal e infantil. A libido segue sua inclinação até as profundezas do inconsciente e lá vivifica o que até então jazia adormecido. É a descoberta do tesouro oculto, a fonte inesgotável onde a humanidade sempre buscou seus deuses e demônios e todas as ideias, suas mais fortes e poderosas ideias, sem as quais o ser humano deixa de ser humano.

Vejamos, por exemplo, um dos maiores pensamentos do século XIX: a ideia da *conservação da energia*. Robert Mayer é o verdadeiro criador dessa ideia. Ele era médico, e não físico ou filósofo da natureza, como seria de se esperar. Mas o importante é saber que a ideia de Mayer não foi propriamente criada. Também não foi produto da confluência das ideias ou das hipóteses científicas da época; ela foi crescendo dentro do seu criador como uma planta. Mayer escreveu o seguinte, numa carta a Griesinger (1844):

> "A teoria não foi chocada em escrivaninha". (A seguir, informa sobre certas observações fisiológicas feitas em 1840/1841 como médico da Marinha.) "Se quisermos esclarecer certos pontos da fisiologia", prossegue em sua carta, "é indispensável conhecer os processos físicos; isto se a matéria não for trabalhada de preferência do ponto de vista da metafísica, o que me desagrada profundamente. Ative-me, portanto, à física e lancei-me no assunto com tal paixão que pouco me interessavam as paragens exóticas que percorríamos (o que muitos vão achar ridículo) e preferia ficar a bordo, onde podia trabalhar ininterruptamente e me sentia como que inspirado durante horas a fio. Não me lembro de ter vivido momentos semelhantes, nem antes, nem depois. Rápidos clarões perpassavam meu pensa-

mento (isso foi no ancoradouro de Surabaja), eram captados e imediata e avidamente perseguidos, levando, por sua vez, a novos objetos. Esses tempos passaram. Mas o exame calmo do que *emergiu em mim* naquela ocasião confirmou que se tratava de uma verdade. *Não só uma verdade subjetiva*, mas uma verdade que também pode ser provada objetivamente. Se isso pode acontecer a *um homem tão pouco versado em física* como eu, é uma questão que tenho que deixar em suspenso"[7].

107 Em sua *Energetik*, Helm diz que

"o novo pensamento de Robert Mayer não se desenvolveu pouco a pouco a partir do aprofundamento das ideias tradicionais existentes sobre energia, mas *pertence à ordem das ideias captadas intuitivamente, provindas de outras esferas de trabalho espiritual, que também assaltam o pensamento, exigindo que os conceitos tradicionais se transformem de acordo com elas* "[8].

108 A questão agora é a seguinte: de onde surgiu a ideia nova, essa ideia que se impôs à consciência com tão elementar violência? De onde tirou a sua força, essa força que se apoderou da consciência de modo a torná-la insensível às inúmeras atrações de uma primeira viagem aos trópicos? A resposta não é fácil. Mas, se a nossa teoria for aplicada ao presente caso, a explicação deve ser a seguinte: *a ideia da energia e de sua conservação deve ser uma imagem primordial, adormecida no inconsciente coletivo.* Semelhante conclusão nos obriga evidentemente a provar que tais imagens primordiais existiram efetivamente na história do espírito humano

---

7. MAYER, R. *Kleinere Schriften und Briefe*. Stuttgart: [s.e.], 1893, p. 213. Cartas a Wilhelm Griesinger, 16 de junho de 1844.

8. HELM, G.F. *Die Energetik nach ihrer geschichtlichen Entwicklung*. Leipzig: [s.e.], 1898, p. 20.

e que foram ativas durante milhares e milhares de anos. Esta prova pode ser realmente fornecida sem maiores dificuldades. *As religiões mais primitivas, nas regiões mais variadas do mundo, são fundadas nessa imagem. São as chamadas religiões dinamísticas.* Seu pensamento único e decisivo é que há uma força universal mágica[9] e que tudo gira em torno dessa força. Tanto Taylor, o conhecido cientista inglês, como Frazer interpretaram essa ideia como animismo, erroneamente. Na realidade, os povos primitivos não se referem a almas ou espíritos nesse seu conceito de energia, mas a algo que o cientista americano Lovejoy[10] qualificou acertadamente como "*primitive energetics*". A este conceito corresponde a ideia de alma, espírito, deus, saúde, força corporal, fertilidade, poder mágico, influência, poder, respeito, remédio, bem como certos estados de ânimo caracterizados pela liberação de afetos. "*Mulungu*" (precisamente este conceito primitivo de energia) significa, para certos polinésios, espírito, alma, ser demoníaco, poder mágico, respeito; e quando acontece algo assombroso as pessoas exclamam "*mulungu*". Este conceito de energia também é a primeira versão do conceito de deus entre os primitivos. A imagem desenvolveu-se em variações sempre novas no decurso da história. No Antigo Testamento a força mágica resplandece na sarça que arde em chamas diante de Moisés. No Evangelho manifesta-se pela descida do Espírito Santo em forma de línguas de fogo vindas do céu. Em Heráclito aparece como energia universal, como "o fogo eternamente vivo". Entre os persas é a viva luz do fogo do "*haoma*", da graça divina; para os estoicos é o *calor primordial*, a força do destino. Na legenda medieval

---

9. O chamado *Mana*. Cf. SOEDERBLOM, N. *Das Werden des Gottesglaubens*. [s.l.]: [s.e.], 1916.

10. LOVEJOY, A.O. The Fundamental Concept of the Primitive Philosophy. *The Monist*, vol. XVI, 1906, p. 361.

aparece como a aura, a auréola dos santos, desprendendo-se em forma de chamas do telhado da cabana onde o santo jaz em êxtase. Nas faces dos santos essa força é vista como sol e plenitude da luz. Segundo uma interpretação antiga, a própria alma é essa energia; a ideia de sua imortalidade é a de sua *conservação*; e na acepção budista e primitiva da metempsicose (transmigração da alma) reside a sua *capacidade ilimitada de transformação e perene conservação.*

Há milênios o cérebro humano está impregnado dessa ideia, por isso, jaz no inconsciente de todos, à disposição de qualquer um. Apenas requer certas condições para vir à tona. Pelo visto, essas condições foram preenchidas no caso de Robert Mayer. Os maiores e melhores pensamentos da humanidade são moldados sobre imagens primordiais, como sobre a planta de um projeto. Muitas vezes já me perguntaram de onde provêm esses arquétipos ou imagens primordiais. Suponho que sejam sedimentos de experiências constantemente revividas pela humanidade. Parece que a explicação não pode ser outra. Uma das experiências mais comuns e ao mesmo tempo mais impressionantes é o trajeto que o sol parece percorrer todos os dias. Enquanto o encararmos como esse processo físico conhecido, o nosso inconsciente nada nos revela a respeito. No entanto, encontramos o mito heroico do sol nas suas mais variadas versões. É este mito e não o processo físico que configura o arquétipo solar. O mesmo podemos dizer das fases da lua. O arquétipo é uma espécie de aptidão para reproduzir constantemente as mesmas ideias míticas; se não as mesmas, pelo menos parecidas. Parece, portanto, que aquilo que se impregna no inconsciente é exclusivamente a ideia da fantasia subjetiva provocada pelo processo físico. Logo, é possível supor que os arquétipos sejam as impressões gravadas pela repetição e reações subjetivas[11]. É óbvio que tal suposição só posterga a solução do problema. Nada nos impede de supor que certos arquétipos já estejam presentes nos animais, pertençam ao sistema da própria vida e, por conseguinte, sejam pura expressão da vida, cujo modo de ser dispensa qualquer outra explicação. Ao que parece, os arquétipos não são apenas impregnações de experiências típicas, incessantemente repetidas, mas também se comportam empiricamente como *forças* ou tendências à repetição das mesmas experiências. Cada vez que um arquétipo aparece em sonho, na fantasia ou na vida, ele traz consigo uma "influência" específica ou uma força que lhe confere um efeito *numinoso* e fascinante ou que impele à ação.

Após este comentário sobre a formação de novas ideias a partir do tesouro das imagens primordiais, voltemos ao processo da transferência. Vimos que a libido captou seu novo objeto justamente nas fantasias extravagantes e aparentemente sem nexo, a saber: os conteúdos do inconsciente coletivo. Como já dizia, a projeção das imagens primordiais no médico é um perigo que não pode ser subestimado no prosseguimento do tratamento. Essas imagens contêm não só o que há de mais belo e grandioso no pensamento e sentimento humanos, mas também as piores infâmias e os atos mais diabólicos que a humanidade foi capaz de cometer. Graças à sua energia específica (pois comportam-se como centros autônomos carregados de energia), exercem um efeito fascinante e comovente sobre o consciente e, consequentemente, podem provocar grandes alterações no sujeito. Isso é constatado nas conversões religiosas, em influências por sugestão e, muito especialmente, na eclo-

110

---

11. Cf. "Die Struktur der Seele". In: JUNG, C.G. *Seelenprobleme der Gegenwart*. Zurique: [s.e.], 1931, 1950, p. 127 [OC, 8].

são de certas formas de esquizofrenia[12]. Se o paciente não conseguir distinguir a personalidade do médico dessas projeções, perdem-se todas as possibilidades de entendimento e a relação humana torna-se impossível. Se o paciente evitar este perigo, mas cair na *introjeção* dessas imagens, isto é, se atribuir essas qualidades não mais ao médico, mas a si mesmo, corre um perigo tão grave quanto o anterior. Na projeção ele oscila entre um endeusamento doentio e exagerado e um desprezo carregado de ódio em relação ao médico. Na introjeção passa de um autoendeusamento ridículo para uma autodilaceração moral. O erro cometido em ambos os casos consiste em atribuir os conteúdos do inconsciente coletivo a uma determinada pessoa. Assim, ele próprio, ou a outra pessoa, se transforma em deus ou no diabo. Esta é a manifestação característica do arquétipo: uma espécie de força primordial se apodera da psique e a impele a transpor os limites do humano, dando origem aos excessos, à presunção (inflação!), à compulsão, à ilusão ou à comoção, tanto no bem como no mal. Aí está a razão por que os homens sempre precisaram dos demônios e nunca puderam prescindir dos deuses. Todos os homens, exceto alguns espécimes recentes do "*homo occidentalis*", particularmente dotados de inteligência, super-homens cujo "Deus está morto" – razão por que eles mesmos se transformam em deuses, isto é, deuses enlatados, com crânios de paredes espessas e coração frio. O conceito de Deus é simplesmente uma função psicológica necessária, de natureza irracional, *que absolutamente nada tem a ver com a questão da existência de Deus*. O intelecto humano jamais encontrará uma resposta para esta

---

12. Um caso analisado em profundidade em: *Symbole der Wandlung*. Op. cit. [OC, 5]; bem como em NELKEN, J. Analytische Beobachtungen über Phantasien eines Schizophrenen. *Jahrbuch für psychoanalytische und psychopathologische Forschungen*, IV/1, 1912, p. 504. Leipzig/Viena.

questão. Muito menos pode haver qualquer prova da existência de Deus, o que, aliás, é supérfluo. A ideia de um ser todo-poderoso, divino, existe em toda parte. Quando não é consciente, é inconsciente, porque seu fundamento é arquetípico. Há alguma coisa em nossa alma que tem um poder superior – não sendo um deus conscientemente, então é pelo menos "o estômago", no dizer de Paulo. Por isso, acho mais sábio reconhecer conscientemente a ideia de Deus; caso contrário, outra coisa fica em seu lugar, em geral uma coisa sem importância ou uma asneira qualquer – invenções de consciências "esclarecidas". Nosso intelecto sabe perfeitamente que não tem capacidade para pensar Deus e muito menos para imaginar que Ele existe realmente e como Ele é. A questão da existência de Deus não tem resposta possível. Mas o *consensus gentium* (o consenso dos povos) fala dos deuses há milênios e dentro de milênios ainda deles falará. O homem tem o direito de achar sua razão bela e perfeita, mas nunca, em hipótese alguma, ela deixará de ser apenas uma das funções espirituais possíveis, e só cobrirá o lado dos fenômenos do mundo que lhe diz respeito. A razão, porém, é rodeada de todos os lados pelo irracional, por aquilo que não concorda com ela. Essa irracionalidade também é uma função psíquica, o inconsciente coletivo, enquanto a razão é essencialmente ligada ao consciente. A consciência precisa da razão para descobrir uma ordem no caos do universo dos casos individuais para depois também criá-la, pelo menos na circunscrição humana. Fazemos o esforço louvável e útil de extirpar na medida do possível o caos da irracionalidade dentro e fora de nós. Ao que tudo indica, já estamos bastante avançados neste processo. Um doente mental me disse outro dia: "Doutor, hoje à noite desinfetei o céu inteiro com cloreto mercúrico, mas não descobri deus nenhum". Foi mais ou menos o que nos aconteceu.

111   O velho Heráclito, que era realmente um grande sábio, descobriu a mais fantástica de todas as leis da psicologia: *a função reguladora dos contrários.* Deu-lhe o nome de *enantiodromia* (correr em direção contrária), advertindo que um dia tudo reverte em seu contrário. (Lembro aqui o caso do empresário americano, que ilustra claramente isso.) A cultura racional dirige-se necessariamente para o seu contrário, ou seja, para o aniquilamento irracional da cultura[13]. Não devemos nos identificar com a própria razão, pois o homem não é apenas racional, não pode e nunca vai sê-lo. Todos os mestres da cultura deveriam ficar cientes disso. O irracional não deve e não pode ser extirpado. Os deuses não podem e não devem morrer. Há pouco, dizia que sempre parece haver algo como um poder superior na alma humana. Se não é a ideia de Deus, é o estômago, para empregar a expressão de Paulo. Com isso pretendo deixar expresso o fato de sempre haver um impulso ou um complexo qualquer que concentra em si a maior parcela da energia psíquica, obrigando o eu a colocar-se a seu serviço. Habitualmente, é tão intensa a força de atração exercida por esse foco de energia sobre o eu que este se identifica com ele, passando a acreditar que fora e além dele não existe outro desejo ou necessidade. É assim que se forma uma mania, monomania, possessão ou uma tremenda unilateralidade que compromete gravemente o equilíbrio psíquico. O poder de concentrar toda a capacidade num único ponto é sem dúvida alguma o segredo de certos êxitos, razão por que a civilização se esforça ao máxi-

---

13. Esta frase foi escrita durante a Primeira Guerra Mundial. Deixei-a tal qual, pois contém uma verdade, que vai ser confirmada mais de uma vez no decorrer da história (escrita em 1925). Como se vê pelos acontecimentos atuais, esta confirmação não tardou muito. Quem é, afinal, que quer essa destruição cega?... Mas todos ajudam o demônio com o maior espírito de sacrifício, "*ó sancta simplicitas!*" (acrescentado em 1942).

mo em cultivar especializações. A paixão, ou seja, a acumulação de energia em torno de uma monomania, é o que os antigos chamavam de "deus". E mesmo na linguagem atual isso ainda persiste. As pessoas dizem: "Fulano endeusou isso ou aquilo". Estamos certos de que ainda podemos querer ou escolher e não percebemos que já estamos possessos, que o nosso interesse já é senhor e usurpou todo o poder. Esses interesses são como deuses: quando reconhecidos e aceitos por muitos, pouco a pouco formam uma "igreja", agrupando ao seu redor todo um rebanho de fiéis. Chamamos a isso "organização". Segue-se a reação desorganizadora, que pretende expulsar o demônio com Belzebu. A enantiodromia, ameaça inevitável de qualquer movimento que alcança uma indiscutível superioridade, não é a solução do problema, porque em sua desorganização é tão cega quanto em sua organização.

Só escapa à crueldade da lei da enantiodromia quem   112
é capaz de diferenciar-se do inconsciente. Não através da repressão do mesmo – pois assim haveria simplesmente um ataque pelas costas –, *mas colocando-o ostensivamente à sua frente como algo à parte, distinto de si.*

Só mediante este trabalho preparatório será possível   113
solucionar o dilema a que aludi anteriormente. O paciente precisa aprender a distinguir o eu do não eu, isto é, da psique coletiva. Assim, adquire o material com que vai ter que se haver daí em diante e por muito tempo ainda. A energia antes aplicada de forma inaproveitável, patológica, encontra seu campo apropriado. Para diferenciar o eu do não-eu é indispensável que o homem – na função de eu – se conserve em *terra firme, isto é, cumpra seu dever em relação à vida e, em todos os sentidos, manifeste sua vitalidade como membro ativo da sociedade humana.* Tudo quanto deixar de fazer nesse sentido cairá no inconsciente e reforçará a posição do mesmo. E ainda por cima ele se arrisca a ser engolido

pelo inconsciente. Essa infração, porém, é severamente punida. O velho Synesius insinua que a "alma espiritualizada" (πνευματικὴ ψυχή) se torna deus e demônio e sofre neste estado a punição divina: o estado de estraçalhamento do Zagreu, o estado pelo qual Nietzsche passou no início de sua doença mental. A enantiodromia é o estar dilacerado nos pares contrários. Estes são próprios do deus e, portanto, do homem divinizado, que deve sua semelhança a Deus à vitória sobre seus deuses. Assim que começamos a falar do inconsciente coletivo, nós nos colocamos numa esfera, numa etapa do problema que não pode ser levada em conta no início da análise prática de jovens ou de pessoas que ficaram por demasiado tempo no estágio infantil. Quando as imagens de pai e mãe ainda têm que ser superadas e quando ainda tem que ser conquistada uma parcela de experiência da vida exterior, que o homem comum possui naturalmente, é melhor nem falar de inconsciente coletivo, nem do problema dos contrários. Mas, assim que as coisas transmitidas pelos pais e as ilusões juvenis estiverem superadas ou, pelo menos, *a ponto de serem superadas*, está na hora de falar do problema dos contrários e do inconsciente coletivo. Neste ponto já nos encontramos fora do alcance das reduções freudianas e adlerianas. O que preocupa não é mais a questão de como desembaraçar-se de todos os empecilhos ao exercício de uma profissão, ao casamento ou a fazer qualquer coisa que signifique expansão de vida. Estamos diante do problema de encontrar o sentido que possibilite o prosseguimento da vida (entendendo-se por vida algo mais do que simples resignação e saudosismo).

114   Nossa vida compara-se à trajetória do sol. De manhã o sol vai adquirindo cada vez mais força até atingir o brilho e o calor do apogeu do meio-dia. Depois vem a enantiodromia. Seu avançar constante não significa mais aumento e

sim diminuição de força. Sendo assim, nosso papel junto ao jovem difere do que exercemos junto a uma pessoa mais amadurecida. No que se refere ao primeiro, basta afastar todos os obstáculos que dificultam sua expansão e ascensão. Quanto à última, porém, temos que incentivar tudo quanto sustente sua descida. Um jovem inexperiente pode pensar que os velhos podem ser abandonados, pois já não prestam para nada, uma vez que sua vida ficou para trás e só servem como escoras petrificadas do passado. É enorme o engano de supor que o sentido da vida esteja esgotado depois da fase juvenil de expansão, que uma mulher esteja "liquidada" ao entrar na menopausa. O entardecer da vida humana é tão cheio de significação quanto o período da manhã. Só diferem quanto ao sentido e intenção[14]. O homem tem dois tipos de objetivo. O primeiro é o *objetivo natural*, a procriação dos filhos e todos os serviços referentes à proteção da prole; para tanto, é necessário ganhar dinheiro e posição social. Alcançado esse objetivo, começa a outra fase: a do *objetivo cultural*. Para atingir o primeiro objetivo, a natureza ajuda; e, além dela, a educação. Para o segundo objetivo, contamos com pouca ou nenhuma ajuda. Frequentemente reina um falso orgulho que nos faz acreditar que o velho tem que ser como o moço ou, pelo menos, fingir que o é, apesar de no íntimo não estar convencido disso. É por isso que a passagem da fase natural para a fase cultural é tão tremendamente difícil e amarga para tanta gente; agarram-se às ilusões da juventude ou a seus filhos para assim salvar um resquício de juventude. Pode-se notar isso principalmente nas mães que põem nos filhos o único sentido da vida e acreditam cair num abismo sem fundo se tiverem que re-

---

14. Confrontar essas considerações com "Die Lebenswende". In: JUNG, C.G. *Seelenprobleme der Gegenwart*. Op. cit., p. 220s. [OC, 8].

nunciar a eles. Não é de admirar que muitas neuroses graves se manifestem no início do outono da vida. É uma espécie de segunda puberdade ou segundo período de "impetuosidade", não raro acompanhado de todos os tumultos da paixão ("idade perigosa"). Mas as antigas receitas não servem mais para resolver os problemas que se colocam nessa idade. Tal relógio não permite girar os ponteiros para trás. *O que a juventude encontrou e precisa encontrar fora, o homem no entardecer da vida tem que encontrar dentro de si.* Estamos diante de novos problemas, e não são poucas as dores de cabeça que o médico tem por causa disso.

115   A passagem da manhã para a tarde é uma *inversão dos antigos valores.* É imperiosa a necessidade de se reconhecer o valor oposto aos antigos ideais, de perceber o engano das convicções defendidas até então, de reconhecer e sentir a inverdade das verdades aceitas até o momento, de reconhecer e sentir toda a resistência e mesmo a inimizade do que até então julgávamos ser amor. Não são poucos os que, vendo-se envolvidos no conflito dos contrários, se desvencilham de tudo quanto lhes parecera bom e desejável, tentando viver no polo oposto ao seu eu anterior. Mudanças de profissão, divórcios, conversões religiosas, apostasias de todo tipo são sintomas desse mergulho no contrário. A desvantagem da conversão radical ao seu contrário é a repressão da vida passada, o que produz um estado de desequilíbrio tão grande quanto o anterior, quando os contrários correspondentes às virtudes e valores conscientes ainda eram recalcados e inconscientes. Às perturbações neuróticas anteriores, determinadas pela inconsciência das fantasias antagônicas, correspondem agora novas perturbações, provocadas pela repressão dos ídolos antigos. Cometemos um erro grosseiro ao acreditar que o reconhecimento do desvalor num valor ou da inverdade numa verdade impliquem na supressão

desses valores ou verdades. O que acontece é que se tornam relativos. *Tudo o que é humano é relativo, porque repousa numa oposição interior de contrários, constituindo um fenômeno energético.* A energia, porém, é produzida necessariamente a partir de uma oposição que lhe é anterior e sem a qual simplesmente não pode haver energia. Sempre é preciso haver o alto e o baixo, o quente e o frio etc., para poder realizar-se o processo da compensação, que é a própria energia. Portanto, a tendência a renegar todos os valores anteriores para favorecer o seu contrário é tão exagerada quanto a unilateralidade anterior. Mas, quando se descartam os valores incontestáveis e universalmente reconhecidos, o prejuízo é fatal. Quem age desta forma perde-se juntamente com os seus valores, como Nietzsche já dissera.

Não se trata de uma conversão no seu contrário, *mas de uma conservação dos antigos valores, acrescidos de um reconhecimento do seu contrário.* Isto significa conflito e ruptura consigo mesmo. É compreensível que assuste, tanto filosófica como moralmente; por isso, é mais frequente procurar a solução no enrijecimento convulsivo dos pontos de vista defendidos até então do que numa conversão no seu contrário. É preciso reconhecer que esse fenômeno, aliás extremamente antipático em homens de certa idade, encobre um mérito considerável; pelo menos não se transformam em apóstatas, mantêm-se de pé e não caem na indefinição e na lama. Não se transformam em falidos, mas apenas em árvores que definham – "testemunhas do passado", para falarmos com um pouco mais de cortesia. Mas os sintomas concomitantes, rigidez, petrificação, bitolamento, incapacidade de evoluir, dos *"laudatores temporis acti"* são desagradáveis e até prejudiciais, pois a maneira de representar uma verdade ou outro valor qualquer é tão rígida e violenta que a rudeza tem mais força de repulsão do que o valor possui

116

força de atração – e com isso se obtém o contrário do que se desejava. No fundo, o motivo do enrijecimento é o medo do problema dos contrários. O sinistro irmão de Medardo é pressentido e secretamente temido. Por isso é que só pode existir uma verdade e uma norma de conduta, e esta tem que ser absoluta. Caso contrário, não há proteção contra a ameaça da derrocada, pressentida em toda parte, menos em si mesmo. Mas o mais perigoso revolucionário está dentro de nós mesmos. Quem quiser transferir-se são e salvo para a segunda metade da vida tem que saber disso. No entanto, a aparente segurança de que gozávamos até então é substituí-da por um estado de insegurança, ruptura e convicções contraditórias. O pior deste estado é que *aparentemente* não há saída. "*Tertium non datur*", diz a lógica, não existe terceiro.

117 As necessidades práticas do tratamento dos doentes obrigaram-me a buscar meios e caminhos que me guiassem para fora desse estado inaceitável. Cada vez que o homem se encontra diante de um obstáculo aparentemente intransponível, ele recua; faz uma regressão, para usar a expressão técnica. Recua ao tempo em que se encontrava numa situação parecida e tentará empregar novamente os meios que outrora lhe haviam servido. Mas o que ajudava na juventude já não tem eficácia. De que serviu ao empresário americano voltar ao antigo trabalho? Simplesmente não adiantava mais. A regressão continua até a infância (por isso muitos neuróticos velhos se infantilizam) e finalmente *até o tempo anterior à infância*. Isto soa como uma aventura; na realidade, porém, trata-se de algo que não só é lógico, mas também, possível.

118 Mencionamos anteriormente o fato de o inconsciente conter como que duas camadas: uma pessoal e outra coletiva. A camada pessoal termina com as recordações infantis mais remotas; o inconsciente coletivo, porém, contém o

tempo pré-infantil, isto é, *os restos da vida dos antepassados*. As imagens das recordações do inconsciente coletivo são imagens não preenchidas, por serem formas não vividas pessoalmente pelo indivíduo. Quando, porém, a regressão da energia psíquica ultrapassa o próprio tempo da primeira infância, penetrando nas pegadas ou na herança da vida ancestral, aí despertam os quadros mitológicos: os arquétipos[15]. Abre-se então um mundo espiritual interior, de cuja existência nem sequer suspeitávamos. Aparecem conteúdos que talvez contrastem violentamente com as convicções que até então eram nossas. É tal a intensidade desses quadros, que nos parece inteiramente compreensível que milhões de pessoas cultas tenham aderido à teosofia ou à antropossofia, pois esses sistemas gnósticos modernos vêm ao encontro da necessidade de exprimir e formular os indizíveis acontecimentos interiores. As outras formas de religião cristã existentes, inclusive o catolicismo, não o conseguiram, apesar de este ser capaz de exprimir muito melhor do que o protestantismo tais realidades interiores, através de simbolismos dogmáticos e rituais. Mas, mesmo assim, nem no passado, nem no presente, atingiu a plenitude do simbolismo pagão da Antiguidade. É esta a razão por que o paganismo permaneceu ainda por muitos séculos na era cristã, transformando-se pouco a pouco em correntes subterrâneas. Estas

---

15. O leitor verá que aqui se insere um elemento novo no conceito de arquétipo, que não tinha sido mencionado antes. Essa mistura não significa uma falta de clareza involuntária, mas uma ampliação intencional do arquétipo, através do importantíssimo fator do carma da filosofia indiana. O aspecto do carma é indispensável à compreensão mais profunda da natureza de um arquétipo. Sem entrar aqui em maiores detalhes sobre esse fator, queria ao menos mencionar a sua existência. Fui muito combatido pela crítica por causa da ideia do arquétipo. Não hesito em concordar que a ideia é controversa e causa perplexidade. Mas sempre tive a curiosidade de saber que conceitos os meus críticos teriam usado para exprimir o material experimental em questão.

nunca perderam totalmente sua energia vital, desde a Baixa Idade Média até a Idade Moderna. Na realidade, desapareceram da superfície; no entanto, transfiguradas, voltam para compensar a unilateralidade da orientação da consciência moderna[16]. Nossa consciência está impregnada de cristianismo e é quase inteiramente por ele formada; por isso a posição inconsciente dos contrários não pode ser aceita, simplesmente porque parece excessiva a contradição com as concepções fundamentais dominantes. Quanto mais unilateral, rígida e incondicional for a defesa de um ponto de vista, tanto mais agressivo, hostil e incompatível se tornará o outro, de modo que a princípio a reconciliação tem poucas perspectivas de sucesso. Mas, se o consciente pelo menos reconhecer a *relativa* validade de todas as opiniões humanas, o contrário também perde algo de sua incompatibilidade. Entretanto, esse contrário procura uma expressão adequada, por exemplo, nas religiões orientais, no budismo, no hinduísmo e no taoísmo. O sincretismo (mistura e combinação) da teosofia vem amplamente ao encontro dessa necessidade e explica o seu elevado número de adeptos.

119 Através da ocupação ligada ao tratamento analítico, surgem experiências de natureza arquetípica à procura de expressão e forma. Evidentemente, não é esta a única maneira de se experimentar coisas desse tipo. Não raro se produzem experiências arquetípicas espontâneas, não apenas em pessoas com um "espírito psicológico". Muitas vezes fiquei sabendo de sonhos e visões extraordinários de pessoas de cuja saúde mental nem o próprio especialista podia duvidar. A experiência do arquétipo é frequentemente guardada como o segredo mais íntimo, visto que nos atinge no âmago. É uma

---

16. Cf. o meu estudo Paracelsus als geistige Erscheinung [OC, 13]; e *Psychologie und Alchemie* [OC, 12].

espécie de experiência primordial do não eu da alma, de um confronto interior, um verdadeiro desafio. É compreensível que se procure socorro em imagens paralelas; o acontecimento original poderá ser reinterpretado de acordo com imagens alheias com a maior facilidade. Um caso típico desses é a visão da Trindade do Irmão Niklaus von der Flüe[17]. Outro exemplo é a visão da cobra de múltiplos olhos, de Inácio de Loyola, que a princípio foi interpretada como sendo uma visão divina e depois como uma visão diabólica. Através de reinterpretações desse tipo, a experiência original é substituída por imagens e palavras emprestadas de fontes estranhas e por interpretações, ideias e formas que não nasceram necessariamente no nosso chão e, sobretudo, não estão ligadas ao nosso coração, mas apenas à cabeça. E a cabeça nem mesmo é capaz de as pensar claramente porque jamais as teria inventado. São um bem roubado, que não prospera. O sucedâneo transforma as pessoas em sombras, tornando-as irreais. Colocam letras mortas no lugar de realidades vivas e assim vão se livrando do sofrimento das oposições e vão se esgueirando para um mundo fantasmagórico, pálido, bidimensional, onde murcha e morre tudo o que é criativo e vivo.

Os acontecimentos indizíveis provocados pela regressão ao tempo pré-infantil não exigem sucedâneos, mas uma realização individual na vida e na obra de cada um. Aquelas imagens se formaram a partir da vida, do sofrimento e da alegria dos antepassados e querem voltar de novo à vida, com experiência e como ação. Mas por causa de sua oposição à consciência não podem ser traduzidas imediatamente para o nosso mundo, mas é preciso achar um caminho

---

17. Cf. meu ensaio Bruder Klaus [OC, 2]. E ainda FRANZ, M.-L. von. *Die Visionen des Niklaus von Flüe*. Zurique: [s.e.], 1959 [Estudos do C.G. Jung-Institut, 9].

intermediário conciliatório entre a realidade consciente e a inconsciente.

Referências

FRANZ, M.-L. von. *Die Visionen des Niklaus von Flüe*. Zurique, 1959.

FREUD, S. "Eine Kindheitserinnerung des Leonardo da Vinci". Ges. *Schriften*, Bd. IX. Leipzig e Viena, 1925.

HELM, G.F. *Die Energetik nach ihrer geschichtlichen Entwicklung*. Leipzig, 1898.

JUNG, C.G. Allgemeines zur Komplextheorie. In: *Psychische Energetik und das Wesen der Träume*, 1948. [GW 8 (1967, vollst, rev. 1976, [4]1982)].

_____. Bruder Klaus. In: *Neue Schweizer Rundschau*. August, 1933. [GW 11 (1963, vollst, rev. [5]1988)].

_____. *Kommentar zu*: Das Geheimnis der Goldenen Blüte [GW 13 (1978, [2]1982)].

_____. Die Lebenswende. In: *Seelenprobleme der Gegenwart*. 5. ed., 1950 [GW 8 (1967, vollst, rev. 1976, [4]1982)].

_____. "Paracelsus als geistige Erscheinung". *Paracelsica*, 1942 [GW 15 (1971, [3]1979)].

_____. *Psychologie und Alchemie*. 2. ed., 1952 [GW 12 (1972, [3]1980)].

_____. Die psychologischen Aspekte des Mutter-Archetypus. In: *Von den Wurzeln des Bewusstseins*, 1954 [GW 9/1 (1976, [5]1983)].

_____. *Psychologische Typen*. 13-15. Tausend, 1950 [GW 6 (1960, 9. ed. rev., 1967; 10. ed. rev., [14]1981)].

_____. Die Struktur der Seele. In: *Seelenprobleme der Gegenwart*. 5. ed., 1950. [GW 8 (1967, vollst, rev. 1976, [4]1982)].

_____. *Symbole der Wandlung*. 4, umgearbeitete Auflage von: Wandlungen und Symbole der Libido, 1952 [GW 5 (1973, [3]1983)].

_____. Uber den Archetypus mit besonderer Berücksichtigung des Animabegriffes. In: *Von den Wurzeln des Bewusstseins*, 1954 [GW 9/1 (1976, [5]1983)].

_____. Uber den Begriff des kollektiven Unbewussten. Als "The Concept of the Collective Unconscious". *Barrholomew's Hospital Journal*, XLIV, 3 und 4, Dez. 1936 und Jan. 1937 [GW 9/1 (1976, [5]1983)].

_____. Uber die Archetypen des kollektiven Unbewussten. In: *Von den Wurzeln des Bewusstseins*, 1954 [GW 9/1 (1976, [5]1983)].

_____. *Über psychische Energetik und das Wesen der Träume*. 2. ed., 1948 [GW 8 (1967, vollst, rev. 1976, [4]1982)].

_____. Zum psychologischen Aspekt der Kore-Figur. In: *Kerenyi und Jung*: Einfuhrung in das Wesen der Mythologie [GW 9/1 (1976, [5]1983)].

_____. Zur Psychologie des Kind-Archetypus. In: *Kerenyi und Jung*: Einfuhrung in das Wesen der Mythologie [GW 9/1 (1976, [5]1983)].

KERENYI, K. & JUNG, C.G. *Einführung in das Wesen der Mythologie*. 4. ed. Zurique, 1951 [Jungs Beiträge in: GW 9/1].

LOVEJOY, A.O. The Fundamental Concept of the Primitive Philosophy. In: *The Monist XVI*. 1906.

MAYER, R. *Kleinere Schriften und Briefe*. Stuttgart, 1893.

NELKEN, J. Analytische Beobachtungen über Phantasien eines Schizophrenen. In: *Jahrbuch für psychoanalytische und psychopathologische Forschungen*. Bd. IV, 1. Hälfte. Leipzig e Viena, 1912.

SÖDERBLOM, N. *Das Werden des Gottesglaubens*. Leipzig, 1916.

WOLFF, T. Einführung in die Grundlagen der Komplexen Psychology. In: *Die kulturelle Bedeutung der Komplexen Psychologie*. Festschrift zum 60. Geburtstag von C.G. Jung. Berli, 1935. Neuaufl. In: Studien zu C.G. Jungs Psychologie. Zurique, 1959.

A função transcendente

Prefácio

Este ensaio foi escrito em 1916. Recentemente foi descoberto por estudantes do Instituto C.G. Jung de Zurique e impresso, como edição privada, em sua versão original provisória, porém traduzida para o inglês. A fim de preparar o manuscrito para a impressão definitiva, retoquei-o estilisticamente, respeitando-lhe, porém, a ordem principal das ideias e a inevitável limitação de seu horizonte. Depois de 22 anos, o problema nada perdeu de sua atualidade, embora sua apresentação precise de ser complementada ainda em muitos pontos, como bem o pode ver qualquer um que conheça a matéria. Infortunadamente, minha idade avançada não me permite assumir esta considerável tarefa. Portanto, o ensaio poderá ficar, com todas as suas imperfeições, como um documento histórico. Pode dar ao leitor alguma ideia dos esforços de compreensão exigidos pelas primeiras tentativas de se chegar a uma visão sintética do processo psíquico no tratamento analítico. Como suas considerações básicas ainda são válidas, pelo menos no momento presente, ele poderá estimular o leitor a uma compreensão mais ampla e mais aprofundada do problema. E este problema se

---

Fonte: OC 8, §§ 131-148, bem como o Prefácio.

identifica com a questão universal: *De que maneira podemos confrontar-nos com o inconsciente?*

Esta é a questão colocada pela filosofia da Índia, e de modo particular pelo budismo e pela filosofia do Zen. Indiretamente, porém, é a questão fundamental, na prática, de todas as religiões e de todas as filosofias.

O inconsciente, com efeito, não é isto ou aquilo, mas o desconhecimento do que nos afeta imediatamente. Ele nos aparece como de natureza psíquica, mas sobre sua verdadeira natureza sabemos tão pouco – ou, em linguagem otimista, tanto quanto sabemos sobre a natureza da matéria. Enquanto, porém, a Física tem consciência da natureza modelar de seus enunciados, as filosofias religiosas se exprimem em termos metafísicos, e hipostasiam suas imagens. Quem ainda está preso a este último ponto de vista não pode entender a linguagem da Psicologia: acusá-la de metafísica ou de materialista, ou, no mínimo, de agnóstica, quando não até mesmo de gnóstica. Por isso, tenho sido acusado por estes críticos ainda medievais, ora como místico e gnóstico, ora como ateu. Devo apontar este mal-entendido como principal impedimento para uma reta compreensão do problema: trata-se de uma certa falta de cultura, inteiramente ignorante de qualquer crítica histórica e que, por isso mesmo, ingenuamente acha que o mito ou deve ser historicamente verdadeiro ou, do contrário, não é coisíssima nenhuma. Para tais pessoas, a utilização de uma terminologia mitológica ou folclórica com referência a fatos psicológicos é inteiramente "anticientífica".

Com este preconceito as pessoas barram o próprio acesso à Psicologia e o caminho para um ulterior desenvolvimento do homem interior cujo fracasso intelectual e moral é uma das mais dolorosas constatações de nossa época. Quem tem alguma coisa a dizer, fala em "deveria ser" ou em "seria preciso", sem reparar que lastimosa situação de desamparo está ele, assim, confessando. Todos os meios que recomenda são justamente aqueles que fracassaram. Em sua compreensão mais profunda, a Psicologia é *autoconhecimento*. Mas como este último não pode ser fotografado, calculado, contado, pesado e medido, é anticientífico. Mas o homem psíquico, ainda bastante desconhecido, que se ocupa com a ciência é também "anticientífico" e, por isso, não é digno de posterior investigação? Se o mito não caracteriza o homem psíquico, então seria preciso negar o ninho ao pardal e o canto ao rouxinol. Temos motivos suficientes para admitir que o homem em geral tem uma profunda aversão ao conhecer alguma coisa a mais sobre si mesmo, e que é aí que se encontra a verdadeira causa de não haver avanço e melhoramento interior, ao contrário do progresso exterior.

Complemento à edição inglesa das Obras Completas:

O método da "imaginação ativa" é o auxílio mais importante na produção dos conteúdos do inconsciente que situam-se, por assim dizer, abaixo do limiar da consciência e que, quando intensificados, teriam maior probabilidade de irromper espontaneamente na consciência. O método implica, portanto, riscos e, quando possível, não deveria ser aplicado sem supervisão médica. Um risco menor consiste em que pode facilmente acontecer que ele não traga nenhum resultado, na medida em que seu procedimento transita para a assim chamada "livre associação" de Freud, fazendo com que o paciente recaia no ciclo estéril de seus complexos, do qual ele de qualquer modo já não conseguia se libertar. Outro risco, em si, inofensivo consiste em que sejam produzidos conteúdos autênticos, pelos quais o paciente, no entanto, limita-se a demonstrar um interesse exclusivamente estético, o que faz com que ele permaneça enredado na fantasmagoria; isso naturalmente não leva a nada, pois o sentido e o valor dessas fantasias só se revelam em sua integração na personalidade global, ou seja, no momento em que a pessoa é confrontada com elas significativa e também moralmente.

Um terceiro risco, por fim – e, dependendo das circunstâncias, isso pode ser uma questão muito preocupante –, consiste em que os conteúdos subliminais já possuem uma voltagem tão alta que, quando se lhes franqueia uma saída por meio da imaginação ativa, subjugam a consciência e se apoderam da personalidade. Isso dá origem a um estado que – pelo menos temporariamente – não se consegue distinguir de uma esquizofrenia e que pode assumir a forma de um autêntico intervalo psicótico. Por essa razão, esse método não é brincadeira de criança. A subestimação do inconsciente, que predomina de modo geral, contribui consideravelmente para aumentar a periculosidade do método. Em contrapartida, porém, ele representa um auxílio psicoterapêutico inestimável.

Küsnacht, setembro de 1959.   *C.G. Jung*

A função transcendente*

Por "função transcendente" não se deve entender algo   131
de misterioso e por assim dizer suprassensível ou metafísico, mas uma função que, por sua natureza, pode-se comparar com uma função matemática de igual denominação, e é uma função de números reais e imaginários. A função psi-

---

* Publicado em *Geist und Werk*, estudo comemorativo do 75º aniversário de Daniel Brody. Rhein-Verlag, Zurique, 1958.

cológica e "transcendente" resulta da união dos conteúdos *conscientes e inconscientes*.

132   A experiência no campo da psicologia analítica nos tem mostrado abundantemente que o consciente e o inconsciente raramente estão de acordo no que se refere a seus conteúdos e tendências. Esta falta de paralelismo, como nos ensina a experiência, não é meramente acidental ou sem propósito, mas se deve ao fato de que o inconsciente se comporta de maneira compensatória ou complementar em relação à consciência. Podemos inverter a formulação e dizer que a consciência se comporta de maneira compensatória com relação ao inconsciente. A razão desta relação é que: 1) os conteúdos do inconsciente possuem um valor liminar, de sorte que todos os elementos por demais débeis permanecem no inconsciente: 2) a consciência, devido a suas funções dirigidas, exerce uma *inibição* (que Freud chama de censura) sobre todo o material incompatível, em consequência do que, este material incompatível mergulha no inconsciente; 3) a consciência é um *processo momentâneo de adaptação*, ao passo que o inconsciente contém não só todo o material esquecido do passado individual, mas todos os traços funcionais herdados que constituem a estrutura do espírito humano e 4) o inconsciente contém todas as combinações da fantasia que ainda não ultrapassaram a intensidade liminar e, com o correr do tempo e em circunstâncias favoráveis, entrarão no campo luminoso da consciência.

133   A reunião destes fatos facilmente explica a atitude complementar do inconsciente com relação à consciência.

134   A natureza determinada e dirigida dos conteúdos da consciência é uma qualidade que só foi adquirida relativamente tarde na história da humanidade e falta, amplamente, entre os primitivos de nossos dias. Também esta qualidade é frequentemente prejudicada nos pacientes neuróticos que se distinguem dos indivíduos normais pelo fato de que

o limiar da consciência é mais facilmente deslocável, ou, em outros termos: a parede divisória situada entre a consciência e o inconsciente é muito mais permeável. O psicótico, por outro lado, acha-se inteiramente sob o influxo direto do inconsciente.

A natureza determinada e dirigida da consciência é uma aquisição extremamente importante que custou à humanidade os mais pesados sacrifícios, mas que, por seu lado, prestou o mais alto serviço à humanidade. Sem ela a ciência, a técnica e a civilização seriam simplesmente impossíveis, porque todas elas pressupõem persistência, regularidade e intencionalidade fidedignas do processo psíquico. Estas qualidades são absolutamente necessárias para todas as competências, desde o funcionário mais altamente colocado até o médico, o engenheiro e mesmo o simples "boia-fria". A ausência de valor social cresce, em geral, à medida que estas qualidades são anuladas pelo inconsciente, mas há também exceções, como, por exemplo, as pessoas dotadas de qualidades criativas. A vantagem de que tais pessoas gozam consiste precisamente na permeabilidade do muro divisório entre a consciência e o inconsciente. Mas para aquelas organizações sociais que exigem justamente regularidade e fidedignidade, estas pessoas excepcionais quase sempre pouco valor representam.

Por isso não é apenas compreensível, mas até mesmo necessário que, em cada indivíduo, este processo seja tão estável e definido quanto possível, pois as exigências da vida o exigem. Mas estas qualidades trazem consigo também uma grande desvantagem: O fato de serem dirigidas para um fim encerra a inibição e ou o bloqueio de todos os elementos psíquicos que parecem ser, ou realmente são incompatíveis com ele, ou são capazes de mudar a direção preestabelecida e, assim, conduzir o processo a um fim não desejado. Mas como se conhece que o material psíquico paralelo é "incompatível"? Podemos conhecê-lo por um ato de julgamento que determina a direção do caminho escolhido e desejado. Este julgamento é parcial e preconcebido, porque escolhe uma possibilidade particular, à custa de todas as outras. O julgamento se baseia, por sua vez, na experiência, isto é, naquilo que já é conhecido. Via de regra, ele nunca se baseia no que é novo, no que é ainda desconhecido e no que, sob certas circunstâncias, poderia enriquecer consideravelmente o processo dirigido. É evidente que não pode se basear, pela simples razão de que os conteúdos inconscientes estão *a priori* excluídos da consciência.

137 Por causa de tais atos de julgamento o processo dirigido se torna necessariamente unilateral, mesmo que o julgamento racional pareça plurilateral e despreconcebido. Por fim, até a própria racionalidade do julgamento é um preconceito da pior espécie porque chamamos de racional aquilo que nos parece racional. Aquilo, portanto, que nos parece irracional está de antemão fadado à exclusão, justamente por causa de seu caráter irracional, que pode ser realmente irracional, mas pode igualmente apenas parecer irracional, sem o ser em sentido mais alto.

138 A unilateralidade é uma característica inevitável, porque necessária, do processo dirigido, pois direção implica unilateralidade. A unilateralidade é, ao mesmo tempo, uma vantagem e um inconveniente, mesmo quando parece não haver um inconveniente exteriormente reconhecível, existe, contudo, sempre uma contraposição igualmente pronunciada no inconsciente, a não ser que se trate absolutamente de um caso ideal em que todas as componentes psíquicas tendem, sem exceção, para uma só e mesma direção. É um caso cuja possibilidade não pode ser negada em teoria, mas na prática raramente acontecerá. A contraposição é inócua, enquanto não contiver um valor energético maior. Mas se a tensão dos opostos aumenta, em consequência de uma

unilateralidade demasiado grande, a tendência oposta irrompe na consciência, e isto quase sempre precisamente no momento em que é mais importante manter a direção consciente. Assim um orador comete um deslize de linguagem precisamente quando maior é seu empenho em não dizer alguma estupidez. Este momento é crítico porque apresenta o mais alto grau de tensão energética que pode facilmente explodir, quando o inconsciente já está carregado, e liberar o conteúdo inconsciente.

Nossa vida civilizada exige uma atividade concentrada e dirigida da consciência, acarretando, deste modo, o risco de um considerável distanciamento do inconsciente. Quanto mais capazes formos de nos afastar do inconsciente por um funcionamento dirigido, tanto maior é a possibilidade de surgir uma forte contraposição, a qual, quando irrompe, pode ter consequências desagradáveis. **139**

A terapia analítica nos proporcionou uma profunda percepção da importância das influências inconscientes, e com isto aprendemos tanto para a nossa vida prática, que julgamos insensato esperar a eliminação ou a parada do inconsciente depois do chamado término do tratamento. Muitos dos pacientes, reconhecendo obscuramente este estado de coisas, não se decidem a renunciar à análise, ou só se decidem com grande dificuldade, embora tanto o paciente quanto o médico achem importuno e incoerente o sentimento de dependência. Muitos têm inclusive receio de o tentar e de se pôr sobre seus próprios pés, porque sabem, por experiência, que o inconsciente pode intervir, de maneira cada vez mais perturbadora e aparentemente imprevisível, em suas vidas. **140**

Antigamente se admitia que os pacientes estariam preparados para enfrentar a vida normal, quando tivessem adquirido suficiente autoconhecimento prático, para poderem entender, por exemplo, seus próprios sonhos. Mas a experiência **141** nos tem mostrado que mesmo os analistas profissionais, dos quais se espera que dominem a arte de interpretar os sonhos, muitas vezes capitulam diante de seus próprios sonhos e têm de apelar para a ajuda de algum colega. Se até mesmo aquele que pretende ser perito no método se mostra incapaz de interpretar satisfatoriamente seus próprios sonhos, tanto menos se pode esperar isto da parte do paciente. A esperança de Freud no sentido de que se poderia esgotar o inconsciente não se realizou. A vida onírica e as instruções do inconsciente continuam – *mutatis mutandis* – desimpedidas.

142 Há um preconceito generalizado segundo o qual a análise é uma espécie de "cura" a que alguém se submete por um determinado tempo, e em seguida é mandado embora curado da doença. Isto é um erro de leigos na matéria, que nos vem dos primeiros tempos da psicanálise. O tratamento analítico poderia ser considerado um reajustamento da atitude psicológica, realizado com a ajuda do médico. Naturalmente, esta atitude recém-adquirida, que corresponde melhor às condições internas e externas, pode perdurar por um considerável espaço de tempo, mas são bem poucos os casos em que uma "cura" realizada só uma vez possa ter resultados duradouros como estes. É verdade que o otimismo, que nunca dispensou publicidade, tem sido sempre capaz de relatar curas definitivas. Mas não devemos nos deixar enganar pelo comportamento humano, subumano, do médico; convém termos sempre presente que a vida do inconsciente prossegue o seu caminho e produz continuamente situações problemáticas. Não precisamos ser pessimistas; temos visto tantos e excelentes resultados conseguidos na base da sorte e através de trabalho consciencioso. Mas isto não deve nos impedir de reconhecer que a análise não é uma "cura" que se pratica de uma vez para sempre, mas, antes do mais e tão somente, um reajustamento mais ou menos completo. Mas não há mudança que seja incondicional por um longo pe-

ríodo de tempo. A vida tem de ser conquistada sempre e de novo. Existem, é verdade, atitudes coletivas extremamente duradouras, que possibilitam a solução de conflitos típicos. A atitude coletiva capacita o indivíduo a se ajustar, sem atritos, à sociedade, desde que ela age sobre ele, como qualquer outra condição da vida. Mas a dificuldade do paciente consiste precisamente no fato de que um problema pessoal não pode se enquadrar em uma norma coletiva, requerendo uma solução individual do conflito, caso a totalidade da personalidade deva conservar-se viável. Nenhuma solução racional pode fazer justiça a esta tarefa, e não existe absolutamente nenhuma norma coletiva que possa substituir uma solução individual, sem perdas.

A nova atitude adquirida no decurso da análise mais cedo ou mais tarde tende a se tornar inadequada, sob qualquer aspecto, e isto necessariamente por causa do contínuo fluxo da vida, que requer sempre e cada vez mais nova adaptação, pois nenhuma adaptação é definitiva. Por certo, pode-se exigir que o processo de tratamento seja conduzido de tal maneira que deixe margem a novas orientações, também em época posterior da vida, sem dificuldades de monta. A experiência nos ensina que isto é verdade, até certo ponto. Frequentemente vemos que os pacientes que passaram por uma análise exaustiva têm consideravelmente menos dificuldade com novos reajustamentos, em época posterior. Mesmo assim, entretanto, tais dificuldades são bastante frequentes e por vezes assaz penosas. Esta é a razão pela qual mesmo os pacientes que passaram por um tratamento rigoroso muitas vezes voltam a seu antigo médico, pedindo-lhe ajuda, em época posterior. Comparativamente à prática médica em geral, este fato não é assim tão incomum, todavia contradiz tanto um certo entusiasmo despropositado da parte dos terapeutas quanto a opinião segundo a qual a análise constitui uma "cura" única. Em conclusão, é sumamente improvável que haja uma terapia que elimine todas as dificuldades. O homem precisa de dificuldades; elas são necessárias à sua saúde. E somente a sua excessiva quantidade nos parece desnecessária.

144   A questão fundamental para o terapeuta é não somente como eliminar a dificuldade momentânea, mas como enfrentar com sucesso as dificuldades futuras. A questão é esta: que espécie de atitude espiritual e moral é necessário adotar frente às influências perturbadoras, e como se pode comunicá-la ao paciente?

145   A resposta, evidentemente, consiste em suprimir a separação vigente entre a consciência e o inconsciente. Não se pode fazer isto, condenando unilateralmente os conteúdos do inconsciente, mas, pelo contrário, reconhecendo a sua importância para a compensação da unilateralidade da consciência e levando em conta esta importância. A tendência do inconsciente e a da consciência são os dois fatores que formam a função transcendente. *É chamada transcendente, porque torna possível organicamente a passagem de uma atitude para outra*, sem perda do inconsciente. O método construtivo de tratamento pressupõe percepções que estão presentes, pelo menos potencialmente, no paciente, e por isso é possível torná-las conscientes. Se o médico nada sabe dessas potencialidades, ele não pode ajudar o paciente a desenvolvê-las, a não ser que o médico e o paciente dediquem conjuntamente um verdadeiro estudo a este problema, o que, em geral, está fora de questão.

146   Por isto, na prática é o médico adequadamente treinado que faz de função transcendente para o paciente, isto é, ajuda o paciente a unir a consciência e o inconsciente e, assim, chegar a uma nova atitude. Nesta função do médico está uma das muitas significações importantes da *transferência*: por meio dela o paciente se agarra à pessoa que parece lhe prometer uma renovação da atitude; com a transferên-

cia, ele procura esta mudança que lhe é vital, embora não tome consciência disto. Para o paciente, o médico tem o caráter de figura indispensável e absolutamente necessária para a vida. Por mais infantil que esta dependência possa parecer, ela exprime uma exigência de suma importância, cujo malogro acarretará um ódio amargo contra a pessoa do analista. Por isso o importante é saber o que é que esta exigência escondida na transferência tem em vista: a tendência é considerá-la, em sentido redutivo, como uma fantasia infantil de natureza erótica. Isto seria tomar esta fantasia, que em geral se refere aos pais, em sentido literal, como se o paciente, ou seu inconsciente, tivesse ainda ou voltasse a ter aquelas expectativas que a criança outrora tinha em relação a seus pais. Exteriormente, ainda é aquela mesma esperança que a criança tem de ser ajudada e protegida pelos pais; mas, no entanto, a criança se tornou um adulto, e o que era normal na criança é impróprio para o adulto. Tornou-se expressão metafórica da necessidade de ajuda não percebida conscientemente em situação crítica. Historicamente é correto explicar o caráter erótico da transferência, situando sua origem no *eros* infantil, mas, procedendo desta maneira, não entenderemos o significado e o objetivo da transferência, e interpretá-la como fantasia sexual infantil nos desvia do verdadeiro problema. A compreensão da transferência não deve ser procurada nos seus antecedentes históricos, mas no seu objetivo. A explicação unilateral e redutiva torna-se absurda, em especial quando dela não resulta absolutamente nada de novo, exceto as redobradas resistências do paciente. O tédio que surge, então, no decorrer do tratamento nada mais é do que a expressão da monotonia e da pobreza de ideias – não do inconsciente, como às vezes se supõe, mas do analista, que não entende que estas fantasias não devem ser tomadas meramente em sentido concretista e redutivo, e sim em sentido construtivo. Quando se toma consciência disto, a situação de estagnação se modifica, muitas vezes, de um só golpe.

147   O tratamento construtivo do inconsciente, isto é, a questão do seu significado e de sua finalidade, fornece-nos a base para a compreensão do processo que se chama função transcendente.

148   Não me parece supérfluo tecer aqui algumas considerações acerca da objeção, frequentemente ouvida, de que o método construtivo é mera sugestão. O método, com efeito, baseia-se em apreciar o símbolo, isto é, a imagem onírica ou a fantasia, não mais semioticamente, como sinal, por assim dizer, de processos instintivos elementares, mas simbolicamente, no verdadeiro sentido, entendendo-se "símbolo" como o termo que melhor traduz um fato complexo e ainda não claramente apreendido pela consciência. A análise redutora desta expressão nos oferece unicamente uma visão mais clara daqueles elementos que a compunham originalmente. Com isto não queremos negar que um conhecimento mais aprofundado destes elementos tenha suas vantagens até certo ponto, mas ele foge da questão da finalidade. Por isso a dissolução do símbolo neste estágio da análise é condenável. Entretanto, já de início, o método utilizado para extrair o sentido sugerido pelo símbolo é o mesmo que se emprega na análise redutiva: recolhem-se as associações do paciente que, de modo geral, são suficientes para uma aplicação pelo método sintético. Aqui, mais uma vez, esta aplicação não é feita em sentido semiótico, mas simbólico. A pergunta que aqui se põe é esta: Qual o sentido indicado pelas associações A, B, C, quando vistas em conexão com o conteúdo manifesto dos sonhos?

A autonomia do inconsciente

Parece que o propósito do fundador das *Terry Lectures* 1
é o de proporcionar, tanto aos representantes das Ciências
Naturais quanto aos da Filosofia e de outros campos do
saber humano, a oportunidade de trazer sua contribuição
para o esclarecimento do eterno problema da religião. Tendo a Universidade de Yale me concedido o honroso encargo
das *Terry Lectures* de 1937, considero minha tarefa mostrar
o que a psicologia, ou melhor, o ramo da psicologia médica
que represento, tem a ver com a religião ou pode dizer sobre
a mesma. Visto que a religião constitui, sem dúvida alguma, uma das expressões mais antigas e universais da alma
humana, subentende-se que todo o tipo de psicologia que
se ocupa da estrutura psicológica da personalidade humana
deve pelo menos constatar que a religião, além de ser um
fenômeno sociológico ou histórico, é também um assunto
importante para grande número de indivíduos.

Embora me tenham chamado frequentemente de filó- 2
sofo, sou apenas um empírico e, como tal, me mantenho
fiel ao ponto de vista fenomenológico. Mas não acho que
infringimos os princípios do empirismo científico se, de vez
em quando, fazemos reflexões que ultrapassam o simples
acúmulo e classificação do material proporcionado pela
experiência. Creio, de fato, que não há experiência possível sem uma consideração reflexiva, porque a "experiência"

Fonte: OC 11/1, §§ 1-11.

constitui um processo de assimilação, sem o qual não há compreensão alguma. Daqui se deduz que abordo os fatos psicológicos, não sob um ângulo filosófico, mas de um ponto de vista científico-natural. Na medida em que o fenômeno religioso apresenta um aspecto psicológico muito importante, trato o tema dentro de uma perspectiva exclusivamente empírica: limito-me, portanto, a observar os fenômenos e me abstenho de qualquer abordagem metafísica ou filosófica. Não nego a validade de outras abordagens, mas não posso pretender a uma correta aplicação desses critérios.

3 Sei muito bem que a maioria dos homens acredita estar a par de tudo o que se conhece a respeito da psicologia, pois acham que esta é apenas o que sabem acerca de si mesmos. Mas a psicologia, na realidade, é muito mais do que isto. Guardando escassa vinculação com a filosofia, ocupa-se muito mais com fatos empíricos, dos quais uma boa parte é dificilmente acessível à experiência corrente. Eu me proponho, pelo menos, a fornecer algumas noções do modo pelo qual a psicologia prática se defronta com o problema religioso. É claro que a amplitude do problema exigiria bem mais do que três conferências, visto que a discussão necessária dos detalhes concretos tomaria muito tempo, impelindo-nos a um número considerável de esclarecimentos. O primeiro capítulo deste estudo será uma espécie de introdução ao problema da psicologia prática e de suas relações com a religião. O segundo se ocupará de fatos que evidenciam a existência de uma função religiosa no inconsciente. O terceiro versará sobre o simbolismo religioso dos processos inconscientes.

4 Visto que minhas explanações são de caráter bastante inusitado, não deve pressupor que meus ouvintes estejam suficientemente familiarizados com o critério metodológico do tipo de psicologia que represento. Trata-se de um ponto de vista exclusivamente científico, isto é, tem como objeto certos fatos e dados da experiência. Em resumo: trata de

acontecimentos concretos. Sua verdade é um fato e não uma apreciação. Quando a psicologia se refere, por exemplo, ao tema da concepção virginal, só se ocupa da existência de tal ideia, não cuidando de saber se ela é verdadeira ou falsa, em qualquer sentido. A ideia é psicologicamente verdadeira, na medida em que existe. A existência psicológica é subjetiva, porquanto uma ideia só pode ocorrer num indivíduo. Mas é objetiva, na medida em que mediante um *consensus gentium* é partilhada por um grupo maior.

Este ponto de vista é também o das Ciências Naturais. A psicologia trata de ideias e de outros conteúdos espirituais, do mesmo modo que, por exemplo, a zoologia se ocupa das diversas espécies animais. Um elefante é verdadeiro porque existe. O elefante não é uma conclusão lógica, nem corresponde a uma asserção ou juízo subjetivo de um intelecto criador. É simplesmente um fenômeno. Mas estamos tão habituados com a ideia de que os acontecimentos psíquicos são produtos arbitrários do livre-arbítrio, e mesmo invenções de seu criador humano, que dificilmente podemos nos libertar do preconceito de considerar a psique e seus conteúdos como simples invenções arbitrárias ou produtos mais ou menos ilusórios de conjeturas e opiniões. O fato é que certas ideias ocorrem quase em toda a parte e em todas as épocas, podendo formar-se de um modo espontâneo, independentemente da migração e da tradição. Não são criadas pelo indivíduo, mas lhe ocorrem simplesmente, e mesmo irrompem, por assim dizer, na consciência individual. O que acabo de dizer não é filosofia platônica, mas psicologia empírica.

Antes de falar da religião, devo explicar o que entendo por este termo. Religião é – como diz o vocábulo latino *religere* – uma *acurada e conscienciosa observação* daquilo que Rudolf Otto[1] acertadamente chamou de "numinoso", isto

---

1. OTTO, R. *Das Heilige*. Breslau: [s.e.], 1917.

é, uma existência ou um efeito dinâmico não causados por um ato arbitrário. Pelo contrário, o efeito se apodera e domina o sujeito humano, mais sua vítima do que seu criador. Qualquer que seja a sua causa, o numinoso constitui uma condição do sujeito, e é independente de sua vontade. De qualquer modo, tal como o *consensus gentium*, a doutrina religiosa mostra-nos invariavelmente e em toda a parte que esta condição deve estar ligada a uma causa externa ao indivíduo. O numinoso pode ser a propriedade de um objeto visível, ou o influxo de uma presença invisível, que produzem uma modificação especial na consciência. Tal é, pelo menos, a regra universal.

7   Mas logo que abordamos o problema da atuação prática ou do ritual deparamos com certas exceções. Grande número de práticas rituais são executadas unicamente com a finalidade de provocar deliberadamente o efeito do numinoso, mediante certos artifícios mágicos como, por exemplo, a invocação, a encantação, o sacrifício, a meditação, a prática do ioga, mortificações voluntárias de diversos tipos etc. Mas certa crença religiosa numa causa exterior e objetiva divina precede essas práticas rituais. A Igreja Católica, por exemplo, administra os sacramentos aos crentes, com a finalidade de conferir-lhes os benefícios espirituais que comportam. Mas como tal ato terminaria por forçar a presença da graça divina, mediante um procedimento sem dúvida mágico, pode-se assim arguir logicamente: ninguém conseguiria forçar a graça divina a estar presente no ato sacramental, mas ela se encontra inevitavelmente presente nele, pois o sacramento é uma instituição divina que Deus não teria estabelecido, se não tivesse a intenção de mantê-la[2].

---

2. A *gratia adiuvans* e a *gratia sanctificans* são os efeitos *sacramentam ex opere operato*. O sacramento deve sua eficácia ao fato de ter sido instituído dire-

Encaro a religião como uma atitude do espírito huma- 8
no, atitude que de acordo com o emprego originário do
termo: *religio*, poderíamos qualificar a modo de uma *consideração e observação cuidadosas* de certos fatores dinâmicos
concebidos como "potências": espíritos, demônios, deuses,
leis, ideias, ideais, ou qualquer outra denominação dada
pelo homem a tais fatores; dentro de seu mundo próprio
a experiência ter-lhe-ia mostrado suficientemente poderosos, perigosos ou mesmo úteis, para merecerem respeitosa
consideração, ou suficientemente grandes, belos e racionais,
para serem piedosamente adorados e amados. Em inglês,
diz-se de uma pessoa entusiasticamente interessada por uma
empresa qualquer, "that he is almost religiously devoted to
his cause". William James, por exemplo, observa que um
homem de ciência muitas vezes não tem fé, embora seu
"temperamento seja religioso"[3].

Eu gostaria de deixar bem claro que, com o termo "re- 9
ligião"[4], não me refiro a uma determinada profissão de fé
religiosa. A verdade, porém, é que toda confissão religiosa,
por um lado, se funda originalmente na experiência do nu-

---

tamente por Cristo. A Igreja é incapaz de unir o rito à graça de forma que
o *actus sacramentalis* produza a presença e o efeito da graça, isto é, a *res et
sacramentum*. Portanto, o rito exercido pelo padre não é *causa instrumentalis*,
mas simplesmente causa ministerialis.

3. "But our esteem for facts has not neutralized in us all religiousness. It is
itself almost religious. Our scientific temper is devout" (Porém, nosso respeito pelos fatos não neutralizou em nós toda religiosidade. Ele mesmo é quase
religioso. Nossa disposição científica é piedosa). *Pragmatism*, 1911, p. 14s.

4. "Religio est, quae superioris cuiusdam naturae (quam divinam vocant)
curam caeremoniamque affert". Cicero, De *Inventione Rhetorica*, II, p. 147
(Religião é aquilo que nos incute zelo e um sentimento de reverência por
uma certa natureza de ordem superior que chamamos divina). "Religiose
testimonium dicere ex jurisjurandi fide". Cicero, *Pro Coelio*, 55 (Prestar reli-
giosamente um testemunho com um juramento de fé).

minoso, e, por outro, na *pistis*, na fidelidade (lealdade), na fé e na confiança em relação a uma determinada experiência de caráter numinoso e na mudança de consciência que daí resulta. Um dos exemplos mais frisantes, neste sentido, é a conversão de Paulo. Poderíamos, portanto, dizer que o termo "religião" designa a atitude particular de uma consciência transformada pela experiência do numinoso.

10   As confissões de fé são formas codificadas e dogmatizadas de experiências religiosas originárias[5]. Os conteúdos da experiência foram sacralizados e, em geral, enrijeceram dentro de uma construção mental inflexível e, frequentemente, complexa. O exercício e a repetição da experiência original transformaram-se em rito e em instituição imutável. Isto não significa necessariamente que se trata de uma petrificação sem vida. Pelo contrário, ela pode representar uma forma de experiência religiosa para inúmeras pessoas, durante séculos, sem que haja necessidade de modificá-la. Embora muitas vezes se acuse a Igreja Católica por sua rigidez particular, ela admite que o dogma é vivo e, portanto, sua formulação seria, em certo sentido, susceptível de modificação e evolução. Nem mesmo o número de dogmas é limitado, podendo aumentar com o decorrer do tempo. O mesmo ocorre com o ritual. De um modo ou de outro, qualquer mudança ou desenvolvimento são determinados pelos marcos dos fatos originariamente experimentados, através dos quais se estabelece um tipo particular de conteúdo dogmático e de valor afetivo. Até mesmo o protestantismo – que, ao que parece, se libertou quase totalmente da tradição dogmática e do ritual codificado, desintegrando-se,

---

5. SCHOLZ, H. *Die Religionsphilosophie des Als-Ob*. Leipzig: [s.e.], 1921, insiste num ponto de vista semelhante; cf. tb. PEARCY, H.R. *A Vindication of Paul*. Nova York: [s.e.], 1936.

assim, em mais de quatrocentas denominações – até mesmo o protestantismo, repetimos, é obrigado a ser, pelo menos, cristão e a expressar-se dentro do quadro de que Deus se revelou em Cristo, o qual padeceu pela humanidade. Este é um quadro bem-determinado, com conteúdos precisos, e não é possível ampliá-lo ou vinculá-lo a ideias e sentimentos budistas ou islâmicos. No entanto, sem dúvida alguma, não só Buda, Maomé, Confúcio ou Zaratustra constituem fenômenos religiosos, mas igualmente Mitra, Cibele, Átis, Manes, Hermes e muitas outras religiões exóticas. O psicólogo, que se coloca numa posição puramente científica, não deve considerar a pretensão de todo credo religioso: a de ser o possuidor da verdade exclusiva e eterna. Uma vez que trata da experiência religiosa primordial, deve concentrar sua atenção no aspecto humano do problema religioso, abstraindo o que as confissões religiosas fizeram com ele.

Como sou médico e especialista em doenças nervosas e mentais, não tomo como ponto de partida qualquer credo religioso, mas sim a psicologia do *homo religiosus*, do homem que considera e observa cuidadosamente certos fatores que agem sobre ele e sobre seu estado geral. É fácil a tarefa de denominar e definir tais fatores segundo a tradição histórica ou o saber etnológico, mas é extremamente difícil fazê-lo do ponto de vista da psicologia. Minha contribuição relativa ao problema religioso provém exclusivamente da experiência prática com meus pacientes, e com as pessoas ditas normais. Visto que nossas experiências com os seres humanos dependem, em grau considerável, daquilo que fazemos com eles, a única via de acesso para meu tema será a de proporcionar uma ideia geral do modo pelo qual procedo no meu trabalho profissional.

Referências

CÍCERO, M.T. *De inventione rhetorica.*

_____. Pro coelio. Beides in: *Opera omnia.* Lyon, 1588.

OTTO, R. *Das Heilige.* Breslau, 1917.

PEARCY, H.R. *A Vindication of Paul.* Nova York, 1936.

JAMES, W. *Pragmatism.* Londres/Nova York, 1911.

SCHOLZ, H. *Die Religionsphilosophie des Als-Ob.* Leipzig, 1921.

II
SIMBOLISMO RELIGIOSO

Uma verdade só é válida a longo prazo
quando se transforma e torna a trazer seu
testemunho através de novas imagens, em
novas línguas, como um novo vinho que
é acondicionado em odres novos.
OC 5, § 553

"Símbolo é, para mim, a expressão
perceptível aos sentidos de uma vivência
interior".
Cartas, vol. 1

A função dos símbolos religiosos

Ainda que a consciência civilizada já se tenha libertado dos instintos básicos, estes não desapareceram; perderam apenas seu contato com a consciência. Por isso viram-se forçados a manifestar-se de modo indireto, ou seja, através do que Janet chamou de "automatismos"; no caso de uma neurose, através de sintomas e, no caso normal, através de incidentes de todo tipo como disposições inexplicáveis de humor, esquecimento inesperado, equívocos etc. Estas manifestações realçam de maneira clara a *autonomia* do arquétipo. É fácil achar que somos senhores em nossa própria casa, mas enquanto não estivermos em condições de dominar nossos sentimentos e disposições de espírito ou de ter consciência das centenas de caminhos secretos onde se imiscuem pressupostos inconscientes em nossos arranjos e decisões, não somos senhores. Ao contrário, temos tantos motivos de incerteza que faríamos bem em pensar duas vezes antes de agir.

A pesquisa da consciência é impopular ainda que fosse muito necessária, sobretudo em nosso tempo em que o homem está ameaçado por perigos mortais, que ele mesmo criou e que lhe fogem ao controle. Se considerarmos a humanidade como *um* indivíduo, nossa situação atual se parece à de uma pessoa que é arrastada por forças inconscientes.

Fonte: OC 18/1, cap. 6, §§ 560-577.

Pela cortina de ferro está dissociado como um neurótico. O homem ocidental que até aqui representou a consciência autêntica percebe aos poucos a vontade agressiva de poder do lado oriental e se vê forçado a medidas incomuns. Todos os seus vícios, ainda que desmentidos oficialmente e encobertos pelas boas maneiras internacionais, lhe são lançados em rosto de forma escandalosa e metódica pelo Oriente. O que o Ocidente manobrou, ainda que em segredo, e escondeu com certa vergonha sob o manto de mentiras diplomáticas, de manobras enganosas, de distorções dos fatos e de ameaças veladas, volta-se agora contra ele e o confunde totalmente. Um caso tipicamente neurótico! O rosto de nossa própria sombra ri de nós através da cortina de ferro.

562 Daí se explica o enorme sentimento de desamparo que atormenta a consciência ocidental. Começamos a admitir que a natureza do conflito seja um problema moral e espiritual, e nos esforçamos por encontrar alguma solução qualquer. Aos poucos nos convencemos de que as armas nucleares são uma solução desesperadora e indesejável, porque são uma espada de dois gumes. Compreendemos que os recursos morais e espirituais poderiam ser mais eficazes, uma vez que podem imunizar-nos psiquicamente contra a infecção que se alastra sempre mais. Mas todos esses esforços são e serão inúteis enquanto tentarmos convencer a nós mesmos e o mundo de que elas, os nossos adversários, estão completamente errados do ponto de vista moral e filosófico. Esperamos que se arrependam e reconheçam seus erros, em vez de fazermos um sério esforço de reconhecer nossas sombras e suas maquinações traiçoeiras. Pudéssemos ver nossas sombras, estaríamos imunizados contra qualquer infecção e qualquer infiltração moral e religiosa. Mas enquanto isso não acontecer, estamos expostos a todo tipo de contágio, pois na prática fazemos o mesmo que eles, só com a des-

vantagem suplementar de não vermos nem querermos ver o que praticamos sob o manto de nossas boas maneiras.

O Oriente, por sua vez, tem um grande mito que nós, em nossa vã esperança de que nosso critério superior o fará desaparecer, chamamos de ilusão. Este mito é o venerando e arquetípico sonho da época áurea ou do paraíso, onde todos teriam tudo e onde um chefe supremo, justo e sábio, dirige o jardim de infância. Este poderoso arquétipo, em sua forma infantil, tem seu encanto, e nosso critério superior sozinho não o expulsará do cenário do mundo. Ele não desaparece, mas, ao contrário, alastra-se cada vez mais porque nós o ajudamos a propagar-se através de nossa infantilidade que não reconhece que nossa civilização está presa nas garras dos mesmos preconceitos míticos. O Ocidente entrega-se às mesmas esperanças, ideias e expectativas. Acreditamos no Estado assistencialista, na paz mundial, mais ou menos na igualdade de direitos de todas as pessoas, nos direitos humanos válidos para sempre, na justiça e na verdade (e falando baixinho) no reino de Deus na Terra.

Lamentavelmente é verdade que nosso mundo e vida consistem de opostos inexoráveis: dia e noite, bem-estar e sofrimento, nascimento e morte, bem e mal. E sequer temos certeza se um compensa o outro: se o bem compensa o mal, se a alegria compensa a dor. A vida e o mundo são um campo de batalha, sempre o foram e sempre o serão; e se assim não fosse, a existência logo teria um fim. Um estado de perfeito equilíbrio não existe em lugar nenhum. Esta é também a razão por que uma religião altamente desenvolvida, como o cristianismo, esperava o fim próximo desse mundo; e por que o budismo lhe coloca realmente um fim, voltando as costas para todos os desejos terrenos. Estas soluções categóricas seriam simplesmente um suicídio, não estivessem elas ligadas a certas ideias morais e religiosas que constituem o substrato dessas duas religiões.

565   Lembro isso porque em nossa época há muitas pessoas que perderam sua fé em uma ou outra das religiões do mundo. Já não reservam nenhum lugar para ela. Enquanto a vida flui harmoniosamente sem ela, a perda não é sentida. Sobrevindo, porém, o sofrimento, a situação muda às vezes drasticamente. A pessoa procura então subterfúgios e começa a pensar sobre o sentido da vida e sobre as experiências acabrunhadoras que a acompanham. Segundo uma estatística, o médico é mais solicitado nesses casos por judeus e protestantes e menos por católicos – (Isto é assim porque a Igreja Católica se sente responsável pela *cura animarun*, pela cura das almas.) Acredita-se na ciência e por isso são colocadas hoje aos psiquiatras as questões que antigamente pertenciam ao campo do teólogo. As pessoas têm a sensação de que faz ou faria grande diferença se tivessem uma fé firme num modo de vida com sentido, ou em Deus e na imortalidade. O fantasma da morte que paira ameaçador diante delas é muitas vezes uma força motriz bem forte nesses pensamentos. Desde tempos imemoriais, as pessoas criaram concepções de um ou mais seres superiores e de uma vida no além. Só a época moderna acredita poder viver sem isso. Pelo fato de não se poder ver, com a ajuda do telescópio e do radar, o céu com o trono de Deus e pelo fato de não se haver provado (com certeza) que os entes queridos ainda vagueiam por aí com um corpo mais ou menos visível, supõe-se que essas concepções não sejam "verdadeiras". Enquanto concepções não são, inclusive, "verdadeiras" o bastante, pois acompanharam a vida humana desde os tempos pré-históricos e ainda agora estão prontas a irromper na consciência na primeira oportunidade.

É até lamentável a perda dessas convicções. Tratan- 566
do-se de coisas invisíveis e irreconhecíveis – Deus está além
de qualquer compreensão humana, e a imortalidade não
se pode comprovar – para que procurar testemunhos ou a
verdade? Suponhamos que nada soubéssemos sobre a necessidade do sal em nossa alimentação, assim mesmo nos
beneficiaríamos de seu uso. Mesmo admitindo que o uso
do sal devesse ser atribuído a uma ilusão de nosso paladar,
ou que ele procedesse de uma superstição, ainda assim contribuiria para o nosso bem-estar. Por que brigar por convicções que se mostram úteis nas crises e que podem dar
sentido à nossa existência? Como saber se estas ideias não
são verdadeiras? Muitas pessoas concordariam comigo se eu
estivesse convencido de que essas ideias são inverossímeis.
O que elas não sabem, porém, é que esta negação também
é inverossímil. A decisão cabe exclusivamente a cada um.
Somos totalmente livres para escolher nosso ponto de vista.
De qualquer forma será sempre arbitrário. Por que nutrir
ideias das quais sabemos que jamais poderão ser demons-
tradas? O único argumento empírico que se pode aduzir a
seu favor é que são úteis e que são usadas até certo ponto.
Dependemos realmente de ideias e convicções gerais porque são capazes de dar sentido à nossa existência. A pessoa
consegue suportar dificuldades inacreditáveis quando está
convencida do significado delas, e se sente derrotada quando tem de admitir que, além de sua má sorte, aquilo que faz
não tem sentido algum.

É finalidade e aspiração dos símbolos religiosos dar sen- 567
tido à vida humana. Quando os índios pueblo acreditam
que são filhos do pai Sol, então sua vida tem uma perspectiva e objetivo que ultrapassam sua existência individual e
limitada. Isto deixa um espaço precioso para o processo
de desenvolvimento de sua personalidade e é incompara-

velmente mais satisfatório do que a certeza de que se é e continua sendo um servente de bazar. Se Paulo estivesse convencido de que não era mais que um fabricante itinerante de tapetes, não teria sido ele mesmo. O que deu realidade e sentido à sua vida foi a certeza de que era um mensageiro de Deus. Poderíamos acusá-lo de megalomania, mas este aspecto esmaece diante do testemunho da História e do *consensus omnium* (consenso de todos). O mito que se apoderou dele fez de Paulo alguém maior do que um simples artesão.

568 O mito se compõe de símbolos que não foram inventados, mas que simplesmente aconteceram. Não foi o homem Jesus que criou o mito do homem-deus. Este já existia há séculos. Ao contrário, ele mesmo foi tomado por esta ideia simbólica que, segundo descreve Marcos, o tirou da oficina de carpinteiro e da limitação espiritual de seu meio ambiente. Os mitos provêm dos contadores primitivos de histórias e de seus sonhos, de pessoas que eram estimuladas pelas noções de sua fantasia e que pouco se diferenciaram daquelas que mais tarde chamaríamos de poetas ou filósofos. Os contadores primitivos de histórias nunca se perguntaram muito sobre a origem de suas fantasias. Só bem mais tarde começou-se a pensar sobre a procedência da história. Já na Grécia Antiga o intelecto humano estava suficientemente desenvolvido para chegar à suposição de que as histórias que se contavam sobre os deuses nada mais eram do que tradições antigas e exageradas de reis da Antiguidade e de suas façanhas. Já naquela época supunham que o mito não devia ser tomado literalmente por causa de seu absurdo óbvio. Por isso tentaram reduzi-lo a uma fábula de compreensão geral. É isso precisamente que nossa época tentou fazer com o simbolismo dos sonhos: pressupõe-se que o sonho não signifique exatamente o que parece dizer, mas algo conhecido e compreendido em geral que, devido à sua qualidade

inferior, não é declarado abertamente. Mas, para quem se livrara de seus antolhos convencionais já não havia mistério. Parecia certo que os sonhos não significavam exatamente aquilo que aparentavam dizer, mas outra coisa.

Esta suposição é, no entanto, completamente arbitrária. 569 Já o *Talmude* dizia com mais acerto: "O sonho é sua própria interpretação". Por que deveria o sonho significar outra coisa e não aquilo que nele se manifesta? Existe na natureza alguma coisa que seja diferente do que ela é? O platípode, por exemplo, aquele monstro primitivo que nenhum zoólogo poderia ter inventado, não é ele simplesmente o que é? O sonho é um fenômeno normal e natural que certamente é apenas aquilo que é e nada mais significa do que isso. Dizemos que seu conteúdo é simbólico não só porque ele evidentemente possui um significado, mas porque aponta para várias direções e deve significar algo que é inconsciente ou que, ao menos, não é consciente em todos os seus aspectos.

Para um intelecto científico, fenômenos como as repre- 570 sentações simbólicas são altamente irritantes porque não se deixam formular de maneira satisfatória à nossa inteligência e ao nosso modo lógico de pensar. Elas não estão isoladas dentro da psicologia. As dificuldades já começam com o fenômeno do afeto ou das emoções, que foge a qualquer tentativa do psicólogo de traçar-lhe os limites de um conceito mais preciso. A causa da dificuldade é a mesma em ambos os casos: é a intervenção do inconsciente. Estou suficientemente familiarizado com o ponto de vista científico para entender que é sumamente desagradável ter de lidar com fatos que não conseguimos entender plenamente ou, ao menos, de modo satisfatório. Em ambos os casos a dificuldade está em que nos vemos confrontados com fatos indiscutíveis, mas que não podem ser expressos através de conceitos intelectuais. Em lugar de particularidades observáveis e de características nitidamente distinguíveis, é a própria vida que se manifesta em emoções e ideias simbólicas. Em muitos casos elas são evidentemente as mesmas. Não existe fórmula intelectual capaz de resolver esta tarefa impossível e expor satisfatoriamente algo tão complexo.

571   O psicólogo acadêmico é perfeitamente livre em deixar de lado a emoção, ou o inconsciente, ou ambos, mas a realidade persiste; ao menos o psicólogo clínico deve dar-lhes muita atenção, pois os conflitos emocionais e as interferências do inconsciente são características de sua ciência. Ao tratar de um paciente, ele será confrontado com tais coisas irracionais, quer saiba formulá-las intelectualmente, quer não. Ele deve reconhecer sua existência bastante incômoda. Portanto é natural que alguém, que não tenha sentido ou experimentado os fatos de que fala o psicólogo clínico, possa não entender sua terminologia. Quem não teve a oportunidade ou a infelicidade de passar por esta situação, ou outra semelhante, quase não está em condições de entender os fatos que começam a acontecer quando a psicologia deixa de ser uma ocupação de trabalho sereno e controlado e se torna uma verdadeira aventura da vida. Tiro ao alvo num estande de tiro ainda não é uma batalha, mas o médico tem que lidar com feridos numa verdadeira guerra. Por isso tem que interessar-se pelas realidades psíquicas, mesmo que não consiga defini-las com conceitos científicos. Pode dar-lhes nomes, mas sabe que os conceitos que usa para designar os fatores principais da vida real não pretendem ser mais do que nomes para fatos que devem ser experimentados em si porque não são reproduzíveis através de seus nomes. Nomes são apenas palavras e palavras nunca equivalem aos fatos. Nenhum manual pode ensinar verdadeiramente psicologia, mas apenas a experiência real dos fatos. Não basta aprender de cor palavras para obter algum conhecimento, pois

os símbolos são realidades vivas, existenciais e não simples sinais de algo já conhecido.

Na religião cristã, a cruz é um símbolo muito significativo que exprime uma diversidade de aspectos, representações e emoções; mas uma cruz precedendo o nome de uma pessoa significa que ela já morreu. O falo (ou *lingam*) serve na religião hindu de símbolo universal; e mesmo que um garoto use um quadro desses para decorar um canto escuro, isto significa simplesmente que tem interesse em seu pênis. Na medida em que fantasias infantis e da adolescência penetram fundo na idade adulta, ocorrem muitos sonhos que contêm indiscutíveis alusões sexuais. Seria absurdo entendê-los de outra forma. Mas quando um telhador fala de monges e freiras que devem ser colocados uns sobre os outros, ou quando um serralheiro europeu fala de chaves masculinas e femininas, seria absurdo supor que ele está se ocupando com fantasias de juventude. Eles simplesmente pensam num tipo bem-determinado de telhas ou chaves. Esses objetos não são símbolos sexuais. Apenas receberam nomes sugestivos. Mas quando um hindu culto fala conosco sobre o *lingam*, ouvimos coisas que jamais teríamos ligado ao pênis. Inclusive é muito difícil adivinhar o que ele entende exatamente por este conceito, e chega-se à conclusão natural de que o *lingam simboliza* muitas coisas. O *lingam* não é de forma alguma uma alusão obscena, assim como a cruz não é apenas um sinal de morte, mas também um símbolo para grande número de outras concepções. Muito depende da maturidade do sonhador que produz tal quadro. {572}

A interpretação de sonhos e símbolos requer certa inteligência. Não é possível mecanizá-la ou inculti-la em cabeças imbecis e sem fantasia. Ela exige um conhecimento sempre maior da individualidade do sonhador bem como um autoconhecimento sempre maior por parte do intérprete. {573}

Ninguém familiarizado com este campo negará que existem regras básicas que podem ser úteis, mas devem ser usadas com cautela e inteligência. Não é dado a todos dominar a "técnica". Pode-se seguir corretamente as regras, andar pelo caminho seguro da ciência e, assim mesmo, incorrer no maior absurdo pelo fato de não ter levado em consideração um detalhe aparentemente sem importância que não teria escapado a uma inteligência mais aguçada. Mesmo uma pessoa com inteligência altamente desenvolvida pode errar muito porque não aprendeu a usar sua intuição ou sentimento que podem, inclusive, estar num grau de desenvolvimento lastimavelmente baixo.

574 Fato é que a tentativa de entender símbolos não se confronta só com o símbolo em si, mas com a totalidade de um indivíduo que gera símbolos. Se tivermos real aptidão, podemos ter algum êxito. Mas, via de regra, é necessário fazer um exame especial do indivíduo e de sua formação cultural. Com isso pode-se aprender muita coisa e aproveitar a oportunidade de preencher as próprias lacunas culturais. Tracei como norma para mim considerar todo caso como tarefa totalmente nova, do qual não sei nada. A rotina pode ser útil e, de fato é, enquanto estamos lidando com a superfície; mas quando atingimos os problemas principais, a própria vida toma o comando e, então, até as premissas teóricas mais brilhantes tornam-se palavras ineficazes.

575 Isto faz do ensino dos métodos e técnicas neste campo um grande problema. Como falei acima, o estudante precisa assimilar uma quantidade de conhecimentos específicos. Isso lhe proporciona as ferramentas intelectuais necessárias, mas o principal, isto é, o manejo delas, ele só o aprende depois de submeter-se a uma análise que lhe mostrará os seus próprios conflitos. Para alguns indivíduos ditos normais, mas sem fantasia, isto pode ser uma tarefa penosa. Eles são inca-

pazes, por exemplo, de reconhecer o simples fato de que os acontecimentos psíquicos nos acometem espontaneamente. Tais pessoas preferem ater-se à ideia de que aquilo que sempre acontece é produzido por eles mesmos ou é patológico, e deve ser curado por comprimidos ou injeções. Esses casos mostram que a normalidade enfadonha está próxima da neurose. Além do mais são também estas pessoas que mais rapidamente são vítimas de epidemias mentais.

Em todos os graus mais elevados da ciência desempenha papel cada vez mais importante, ao lado do puro intelecto e de sua formação e aplicabilidade, a fantasia e a intuição. Mesmo a física, a mais estrita das ciências aplicadas, depende em grau surpreendente da intuição que trabalha com a ajuda de processos inconscientes e conclusões não lógicas, ainda que posteriormente se possa demonstrar que um processo lógico de pensar teria levado ao mesmo resultado. 576

A intuição é quase indispensável na interpretação dos símbolos e pode trazer, por parte do sonhador, uma aceitação imediata. Por mais convincente que seja subjetivamente essa feliz ideia, é também perigosa, pois pode conduzir alguém para um sentimento falso de certeza. Pode até mesmo levar a que o intérprete e o sonhador transformem em costume esta forma de troca relativamente fácil, o que pode terminar numa espécie de sonho comum. O fundamento seguro de um conhecimento e compreensão intelectuais e morais genuínos se perde quando a gente se contenta com a vaga sensação de haver entendido. Quando perguntamos a essas pessoas sobre as razões de sua assim chamada compreensão, normalmente se verifica que não sabem dar nenhuma explicação. Só podemos explicar e conhecer quando colocamos nossa intuição sobre a base segura de um conhecimento real dos fatos e de suas conexões lógicas. Um pesquisador honesto há de concordar que isto não é possível 577 em alguns casos, pois seria desleal não levar em consideração tais casos. Sendo o cientista uma simples pessoa humana, é perfeitamente natural que odeie as coisas que não sabe explicar e caia na bem-conhecida ilusão de que aquilo que hoje sabemos é o mais alto grau do conhecimento. Nada é mais vulnerável e passageiro do que as teorias científicas que sempre são meros instrumentos e nunca verdades eternas.

A cura da divisão

É sobretudo a psicologia clínica que se ocupa com o estudo dos símbolos; por isso seu material consiste dos chamados símbolos naturais, em oposição aos *símbolos culturais*. Aqueles são derivados diretamente dos conteúdos inconscientes e apresentam, por isso, grande número de variantes de motivos individuais, chamadas imagens arquetípicas. Devem seu nome ao fato de poderem ser seguidas muitas vezes até suas raízes arcaicas, isto é, até documentos da mais antiga pré-história ou até às "représentations collectives" das sociedades primitivas. A respeito disso gostaria de remeter o leitor a livros como o trabalho de Eliade sobre o xamanismo, onde encontramos grande quantidade de exemplos esclarecedores.

Os símbolos culturais, ao contrário, são os que expressam "verdades eternas" e ainda estão em uso em todas as religiões existentes. Esses símbolos passaram por muitas transformações e por alguns processos maiores ou menores de aprimoramento, tornando-se assim as "représentations collectives" das sociedades civilizadas. Conservaram em grande parte sua numinosidade original e funcionam como "preconceitos" no sentido positivo e negativo, com os quais o psicólogo deve contar seriamente.

Fonte: OC 18/1, cap. 67, §§ 578 - 607.

580   Ninguém pode rejeitar essas coisas numinosas por motivos puramente racionais. São partes importantes de nossa estrutura mental e não podem ser erradicadas sem uma grande perda, pois participam como fatores vitais na construção da sociedade humana, e isto desde tempos imemoriais. Quando são reprimidas ou desprezadas, sua energia específica desaparece no inconsciente, com consequências imprevisíveis. A energia aparentemente perdida revive e intensifica o que sempre está por cima no inconsciente, isto é, tendências que até então não tiveram oportunidade de manifestar-se ou não puderam ter uma existência desinibida na consciência, constituindo assim uma sombra sempre destrutiva. Mesmo as tendências que poderiam exercer uma influência altamente benéfica transformam-se em verdadeiros demônios quando são reprimidas. Por isso muitas pessoas bem-intencionadas têm razão em temer o inconsciente e também a psicologia.

581   Nossa época demonstrou o que significa quando as portas do submundo psíquico são abertas. Aconteceram coisas cuja monstruosidade não poderia ser imaginada pela inocência idílica da primeira década do nosso século. O mundo foi revirado por elas e encontra-se, desde então, num estado de esquizofrenia. Não só a grande e civilizada Alemanha cuspiu seu primitivismo assustador, mas também a Rússia foi por ele comandada, e a África está em chamas. Não admira que o mundo ocidental se sinta constrangido, pois não sabe o quanto está implicado no submundo revolucionário e o que perdeu com a destruição do numinoso. Perdeu seus valores espirituais normais em proporções desconhecidas e muito perigosas. Sua tradição moral e espiritual foi ao diabo e deixou atrás de si uma desorientação e dissociação universais.

582   Poderíamos ter aprendido há muito tempo do exemplo das sociedades primitivas o que significa a perda do numi-

noso: elas perdem sua razão de ser, o sentido de sua vida, sua organização social e, então, se dissolvem e decaem. Encontramo-nos agora na mesma situação. Perdemos algo que nunca chegamos a entender direito. Não podemos eximir nossos "dirigentes espirituais" da acusação de que estavam mais interessados em proteger sua organização do que em entender o mistério que o ser humano apresentava em seus símbolos. A fé não exclui a razão na qual reside a maior força do ser humano. Nossa fé teme a ciência e também a psicologia, e desvia o olhar da realidade fundamental do numinoso que sempre guia o destino dos homens.

As massas e seus líderes não reconhecem que há uma 583 diferença essencial se tratamos o princípio universal de forma masculina e pai, ou de forma feminina e mãe (pai = espírito, mãe = matéria). É de somenos importância porque sabemos tão pouco de um quanto de outro. Desde os inícios da mente humana, ambos eram símbolos numinosos e sua importância estava em sua numinosidade e não em seu sexo ou em outros atributos casuais. Tiramos de todas as coisas seu mistério e sua numinosidade e nada mais é sagrado. Mas como a energia nunca desaparece, também a energia emocional que se manifesta nos fenômenos numinosos não deixa de existir quando ela desaparece do mundo da consciência. Como já afirmei, ela reaparece em manifestações inconscientes, em fatos simbólicos que compensam certos distúrbios da psique consciente. Nossa psique está profundamente conturbada pela perda dos valores morais e espirituais. Sofre de desorientação, confusão e medo, porque perdeu suas "idées forces" dominantes e que até agora mantiveram em ordem nossa vida. Nossa consciência já não é capaz de integrar o afluxo natural dos epifenômenos instintivos que sustentam nossa atividade psíquica consciente. Isto já não é possível como antigamente, porque a própria consciência se privou dos órgãos pelos quais poderiam ser integradas as contribuições auxiliares dos instintos e do inconsciente. Esses órgãos eram os símbolos numinosos, considerados sagrados pelo consenso comum, isto é, pela fé.

584   Um conceito como "matéria física", despido de sua conotação numinosa de "Grande Mãe", já não expressa o forte sentido emocional da "Mãe Terra". É um simples termo intelectual, seco qual pó e totalmente inumano. Da mesma forma, o espírito identificado com o intelecto cessa de ser o Pai de tudo e degenera para a compreensão limitada das pessoas. E a poderosa quantidade de energia emocional, expressa na imagem de "nosso Pai", desaparece nas areias de um deserto intelectual.

585   Por causa da mentalidade científica, nosso mundo se desumanizou. O homem está isolado no cosmos. Já não está envolvido na natureza e perdeu sua participação emocional nos acontecimentos naturais que até então tinham um sentido simbólico para ele. O trovão já não é a voz de Deus nem o raio seu projétil vingador. Nenhum rio contém qualquer espírito, nenhuma árvore significa uma vida humana, nenhuma cobra incorpora a sabedoria e nenhuma montanha é ainda habitada por um grande demônio. Também as coisas já não falam conosco, nem nós com elas, como as pedras, fontes, plantas e animais. Já não temos uma alma da selva que nos identifica com algum animal selvagem. Nossa comunicação direta com a natureza desapareceu no inconsciente, junto com a fantástica energia emocional a ela ligada.

586   Esta perda enorme é compensada pelos símbolos de nossos sonhos. Eles trazem novamente à tona nossa natureza primitiva com seus instintos e modos próprios de pensar. Infelizmente, poderíamos dizer, expressam seus conteúdos na linguagem da natureza que nos parece estranha e incom-

preensível. Isto nos coloca a tarefa incomum de traduzir seu vocabulário para os conceitos e categorias racionais e compreensíveis de nossa linguagem atual que conseguiu libertar-se de sua escória primitiva, isto é, de sua participação mística com as coisas. Falar de espíritos e de outras figuras numinosas já não significa invocá-los. Já não acreditamos em fórmulas mágicas. Já não restaram muitos tabus e restrições semelhantes. Nosso mundo parece ter sido desinfetado de todos esses numes "supersticiosos" como "bruxas, feiticeiros e duendes", para não falar de lobisomens, vampiros, almas da floresta e de todas as outras entidades estranhas e bizarras que povoam as matas virgens.

Ao menos a superfície de nosso mundo parece estar purificada de toda superstição e componentes irracionais. Outra questão é se o mundo realmente humano – e não nossa ficção desejosa dele – também está livre de todo primitivismo. O número 13 não é ainda para muitas pessoas um tabu? Não existem ainda muitos indivíduos tomados por estranhos preconceitos, projeções e ilusões infantis? Um quadro realista revela muitos traços e restos primitivos que ainda desempenham um papel como se nada tivesse acontecido nos últimos quinhentos anos. O homem de hoje é realmente uma mistura curiosa de características que pertencem aos longos milênios de seu desenvolvimento mental. Este é o ser humano com cujos símbolos temos que lidar e, quando nos confrontamos com ele, temos que examinar cuidadosamente seus produtos mentais. Pontos de vista céticos e convicções científicas existem lado a lado com preconceitos ultrapassados, modos de pensar e sentir superados, interpretações erradas, mas teimosas e ignorância cega.

Assim são as pessoas que produzem os símbolos que examinamos em seus sonhos. Para explicar os símbolos e seu significado, é necessário descobrir se as representações a eles ligadas são as mesmas de sempre, ou se foram escolhidas pelo sonho, para seu objetivo determinado, a partir de um estoque geral de conhecimentos conscientes. Quando, por exemplo, estudamos um sonho onde aparece o número 13, surge a pergunta: Será que o sonhador acredita habitualmente na natureza desfavorável desse número, ou o sonho só alude a pessoas que ainda se entregam a tais superstições? A resposta a esta pergunta é de grande importância para a interpretação. No primeiro caso, temos que contar com o fato de que o indivíduo ainda acredita no azar do número 13, sentindo-se portanto desconfortável num quarto número 13 ou à mesa com 13 pessoas. No segundo caso, o número 13 nada mais significa do que uma observação crítica ou desprezível. No primeiro caso, trata-se de uma representação ainda numinosa; no segundo, está desprovido de sua emotividade original e assumiu o caráter inofensivo de um mensageiro indiferente.

589   Pretendi demonstrar com isso como se apresentam os arquétipos na experiência prática. No primeiro caso, aparecem em sua forma original, isto é, *são imagens e ao mesmo tempo emoções*. Só podemos falar de um arquétipo quando estão presentes esses dois aspectos ao mesmo tempo. Estando presente apenas uma imagem, ela é tão somente uma imagem de palavra, como um corpúsculo sem carga elétrica. Ela é, por assim dizer, inerte, mera palavra e nada mais. Mas se a imagem estiver carregada de numinosidade, isto é, de energia psíquica, então ela é dinâmica e produzirá consequências. Por isso é grande erro em todos os casos práticos tratar um arquétipo como simples nome, palavra ou conceito. E muito mais do que isso: é um pedaço de vida, enquanto é uma imagem que está ligada a um indivíduo vivo por meio da ponte do sentimento. É um erro bastante difundido considerar os arquétipos como conceitos ou

palavras e não ver que o arquétipo é ambas as coisas: uma imagem e uma emoção. A palavra sozinha é mera abstração, uma moeda circulante no comércio intelectual. Mas o arquétipo é algo vivo, por assim dizer. Ele não é cambiável ilimitadamente, mas pertence sempre à economia psíquica do indivíduo vivo do qual não pode ser separado e usado arbitrariamente para outros fins. Não pode ser explicado de qualquer forma, apenas da forma indicada pelo respectivo indivíduo. O símbolo da cruz, por exemplo, só pode ser interpretado, no caso de um bom cristão, de maneira cristã, a não ser que o sonho traga razões bem fortes em contrário; mas ainda assim é bom não perder de vista o sentido cristão. Quando se tira das imagens arquetípicas sua carga emocional específica, a vida foge delas e elas se tornam meras palavras. E então é possível vinculá-las a outras representações mitológicas e, ao final, ainda mostrar que tudo significa tudo. Todos os cadáveres deste mundo são quimicamente iguais, mas as pessoas vivas não o são.

O simples uso de palavras é fértil quando não se sabe   590
para que servem. Isto vale principalmente para a psicologia, onde se fala de arquétipos como anima e animus, o velho sábio, a grande mãe etc. Pode-se conhecer todos os santos, sábios, profetas e outros homens de Deus e todas as grandes mães do mundo, mas se permanecerem simples imagens, cuja numinosidade nunca experimentamos, é como falar em sonho, pois não se sabe o que se está falando. As palavras que empregamos são vazias e inúteis. Elas só despertam para um sentido e para a vida quando tentamos experimentar sua numinosidade, isto é, sua relação com o indivíduo vivo. Só então começamos a perceber que os nomes significam muito pouco, mas a maneira como estão relacionados a alguém, isto é de importância decisiva.

591   A função geradora de símbolos de nossos sonhos é uma tentativa de trazer nossa mente original de volta à consciência, onde ela nunca esteve antes e nunca se submeteu a uma autorreflexão crítica. Nós fomos esta mente, mas nunca a *conhecemos*. Nós nos livramos dela, antes mesmo de a compreendermos. Ela brotou de seu berço e raspou suas características primitivas como se fossem cascas incômodas e inúteis. Parece até que o inconsciente representou o depósito desses restos. Os sonhos e seus símbolos referem-se constantemente a eles como se pretendessem trazer de volta todas as coisas velhas e primitivas das quais a mente se livrou durante o curso de sua evolução: ilusões, fantasias infantis, formas arcaicas de pensar e instintos primitivos. Este é na verdade o caso, e ele explica a resistência, até mesmo o horror e medo de que alguém é tomado quando se aproxima dos conteúdos inconscientes. Aqui a gente se choca menos com a primitividade do que com a emotividade dos conteúdos. Este é realmente o fator perturbador: esses conteúdos não são apenas neutros ou indiferentes, mas são carregados de tal emoção que são mais do que simplesmente incômodos. Produzem até mesmo pânico e, quanto mais reprimidos forem, mais perpassam toda a personalidade na forma de uma neurose.

592   É sua carga emocional que lhes dá uma importância decisiva. É como uma pessoa que, tendo passado uma fase de sua vida em estado inconsciente, de repente reconhece que existe uma lacuna em sua memória que se estende por um período onde aconteceram coisas importantes das quais não consegue lembrar-se. Admitindo que a psique é um assunto exclusivamente pessoal (e esta é a suposição usual), tentará reconduzir para a memória as recordações infantis aparentemente perdidas. Mas as lacunas de memória em sua infância são meros sintomas de uma perda bem maior, isto é, a

perda da psique primitiva – a psique que teve funções vivas antes que fosse pensada pela consciência. Assim como na evolução do corpo embrionário se repete sua pré-história, também a mente humana percorre uma série de degraus pré-históricos em seu processo de maturação.

Os sonhos parecem considerar sua tarefa principal trazer de volta uma espécie de recordação do mundo infantil e do mundo pré-histórico até ao nível mais baixo dos instintos bem primitivos, como se esta recordação fosse um tesouro valioso. Estas recordações podem de fato ter um notável efeito curador em certos casos, como Freud o notara há muito tempo. Esta observação confirma o ponto de vista de que uma lacuna infantil na memória (uma dita amnésia) representa de fato uma perda e que a recuperação da memória significa um certo aumento de vitalidade e bem-estar. Uma vez que medimos a vida psíquica da criança pela escassez e simplicidade de seus conteúdos da consciência, desconsideramos as grandes complicações da mente infantil que provêm de sua identidade original com a psique pré-histórica. Esta "mente original" está tão presente e atuante na criança quanto os graus de evolução no corpo embrionário. Se o leitor se lembrar do que eu disse sobre os sonhos da criança acima referida, terá uma boa ideia do que pretendo dizer.

Na amnésia infantil encontramos uma mistura estranha de fragmentos mitológicos que muitas vezes aparecem também em psicoses posteriores. Estas imagens são numinosas em alto grau e, portanto, de grande importância. Quando essas recordações aparecem novamente na idade adulta, podem causar as mais fortes emoções ou trazer curas admiráveis ou uma conversão religiosa. Muitas vezes trazem de volta um pedaço da vida que faltou por muito tempo e que dá plenitude à vida humana.

595   Trazer à tona lembranças infantis e modos arquetípicos da função psíquica produz um alargamento do horizonte da consciência, supondo-se que a pessoa consiga assimilar e integrar os conteúdos perdidos e reencontrados. Não sendo eles neutros, sua assimilação vai provocar uma modificação em nossa personalidade, assim como eles mesmos vão sofrer certas alterações necessárias. Nesta fase do processo de individuação, a interpretação dos símbolos tem um papel prático muito grande, pois os símbolos são tentativas naturais de lançar uma ponte sobre o abismo muitas vezes profundo entre os opostos, e de equilibrar as diferenças que se manifestam na natureza contraditória de muitos símbolos. Seria um erro particularmente funesto nesse trabalho de assimilação se o intérprete considerasse apenas as recordações conscientes como "verdadeiras" e "reais" e relegasse os conteúdos arquetípicos como simples representações da fantasia. Apesar de seu caráter fantasioso, eles representam forças emocionais ou numinosidades. Se tentarmos colocá-los de lado, haveremos de reprimi-los e reconstituir o estado neurótico anterior. O numinoso confere aos conteúdos um caráter autônomo. Isto é um fato psicológico que não se pode negar. Se, apesar de tudo, for negado, seriam anulados os conteúdos reconquistados e toda tentativa de síntese seria em vão. Como isso parece uma saída cômoda, é muitas vezes escolhida.

596   Não se nega apenas a existência dos arquétipos, mas inclusive as pessoas que admitem sua existência os tratam normalmente como se fossem imagens e esquecem completamente que eles são entidades vivas que perfazem uma grande parte da psique humana. Assim que o intérprete se livra de forma ilegítima do numinoso, começa o processo de uma infindável *substituição*, isto é, passa-se sem empecilho de arquétipo para arquétipo, tudo significando tudo,

e o processo todo foi levado ao absurdo. É verdade que as formas dos arquétipos são intercambiáveis em proporção considerável, mas a numinosidade deles é e permanece um fato. Ela possui o *valor* de um acontecimento arquetípico. O intérprete deve ter presente esse valor emocional e levá-lo em conta durante todo o processo intelectual de interpretação. O risco de perdê-lo é grande porque a oposição entre pensar e sentir é tão considerável que o pensar facilmente destrói valores do sentir, e vice-versa. A psicologia é a única ciência que leva em consideração o fator de valor, isto é, o sentir, pois é o elo entre os acontecimentos psíquicos, por um lado, e o sentido e a vida, por outro lado.

Nosso intelecto criou um novo mundo que domina a natureza e a povoa com máquinas monstruosas que se tornaram tão úteis e imprescindíveis que não vemos possibilidade de nos livrarmos delas ou de escaparmos de nossa subserviência odiosa a elas. O homem nada mais pode do que levar adiante a exploração de seu espírito científico e inventivo, e admirar-se de suas brilhantes realizações, mesmo que aos poucos tenha de reconhecer que seu gênio apresenta uma tendência terrível de inventar coisas cada vez mais perigosas porque são meios sempre mais eficazes para o suicídio coletivo. Considerando a avalanche da população mundial em rápido crescimento, procuram-se meios e saídas para deter a torrente. Mas a natureza poderia antecipar-se a todas as nossas tentativas, voltando contra o homem seu próprio espírito criativo, cuja inspiração ele deve seguir, pelo acionamento da bomba H ou de outra invenção igualmente catastrófica que poria um fim à superpopulação. Apesar de nosso domínio orgulhoso da natureza, ainda somos vítimas dela tanto quanto sempre o fomos, e não aprendemos a controlar nossa própria natureza que, devagar, mas inevitavelmente, contribui para a catástrofe.

598   Não há mais deuses que pudéssemos invocar em auxílio. As grandes religiões sofrem no mundo todo de crescente anemia porque os numes prestativos fugiram das matas, rios, montanhas e animais, e os homens-deuses sumiram no submundo, isto é, no inconsciente. E supomos que lá eles levem uma existência ignominiosa entre os restos de nosso passado, enquanto nós continuamos dominados pela grande Déesse Raison que é nossa ilusão dominadora. Com sua ajuda fazemos coisas louváveis: por exemplo, livramos da malária o mundo, difundimos em toda parte a higiene, com o resultado de que povos subdesenvolvidos aumentem em tal proporção que surgem problemas de alimentação. "Nós vencemos a natureza" é apenas um slogan. A chamada "vitória sobre a natureza" nos subjuga com o fato muito natural da superpopulação e faz com que nossas dificuldades se tornem mais ou menos insuperáveis devido à nossa incapacidade de chegar aos acordos políticos necessários. Faz parte da natureza humana brigar, lutar e tentar uma superioridade sobre os outros. Até que ponto, portanto, "vencemos a natureza"?

599   Como é necessário que toda transformação tenha início num determinado tempo e lugar, será o indivíduo singular que a fará e a levará a término. A transformação começa num indivíduo que, talvez, possa ser eu mesmo. Ninguém pode dar-se o luxo de esperar que outro faça aquilo que ele só faria de mau grado. Uma vez que ninguém sabe do que é capaz, deveria ter a coragem de perguntar a si mesmo se por acaso o seu inconsciente não pode colaborar com algo de útil quando não há à disposição nenhuma resposta consciente que satisfaça. As pessoas de hoje estão pesarosamente cientes de que nem as grandes religiões, nem suas inúmeras filosofias parecem fornecer-lhes aquelas ideias poderosas que lhes dariam a base confiável e segura de que necessitam diante da situação atual do mundo.

Sei que os budistas diriam, e realmente o dizem: se as   600
pessoas seguissem pelo menos o "nobre caminho óctuplo"
do Dharma (doutrina, lei) e tivessem uma visão verdadeira do si-mesmo; ou os cristãos: se as pessoas tivessem ao
menos a verdadeira fé no Senhor; ou os racionalistas: se as
pessoas fossem ao menos inteligentes e razoáveis – então
seria possível superar e resolver todos os problemas. A dificuldade está em que não podem superar nem resolver esses
problemas, nem são capazes de ser razoáveis. Os cristãos se
perguntam por que Deus não fala com eles, como parece
ter feito outrora. Quando ouço esse tipo de pergunta, penso sempre naquele Rabi que, quando perguntado por que
Deus se mostrava nos tempos antigos e agora ninguém mais
o via, respondeu: "Hoje em dia já não existe ninguém que
pudesse inclinar-se tão profundamente diante dele".

Esta resposta acerta em cheio a questão. Estamos tão   601
enrolados e sufocados em nossa consciência subjetiva que
esquecemos o fato antiquíssimo de que Deus fala sobretudo
através de sonhos e visões. O budista rejeita o mundo das
fantasias inconscientes como ilusões sem valor; o cristão coloca sua Igreja e sua Bíblia entre ele e seu inconsciente; e o
intelectual racional não sabe ainda que sua consciência não
é sua psique total; e isto, apesar de o inconsciente ter sido
por mais de setenta anos ao menos um conceito científico,
indispensável para todo pesquisador sério de psicologia.

Já não podemos ter a pretensão de julgar, à semelhança   602
de Deus, sobre o valor e desvalor dos fenômenos naturais.
Não podemos basear nossa botânica numa classificação de
plantas úteis e inúteis, nem nossa zoologia numa classificação de animais inofensivos e perigosos. Mas pressupomos
ainda tacitamente que a consciência tem sentido e o inconsciente não o tem; é como se estivéssemos tentando saber
se os fenômenos naturais têm sentido. Os micróbios têm

sentido ou não? Tais avaliações mostram simplesmente o estado lamentável de nossa mente que esconde sua ignorância e incompetência sob o manto da megalomania. É certo que os micróbios são muito pequenos e, em grande parte, desprezíveis e detestáveis, mas seria tolice não saber nada sobre eles.

603 Qualquer que seja a constituição do inconsciente, é um fenômeno natural que gera símbolos, e estes mostram ter sentido. Assim como não se pode esperar de alguém que nunca olhou através de um microscópio que seja uma autoridade no campo da microbiologia, também não podemos considerar como juiz competente no assunto aquele que nunca fez um estudo sério dos símbolos naturais. Mas a subestima geral da psique humana é tão grande que nem as grandes religiões, nem as filosofias e nem o racionalismo científico lhe dão qualquer atenção. Ainda que a Igreja Católica admita a ocorrência de sonhos enviados por Deus (*somnia a Deo missa*), a maioria de seus pensadores não faz nenhuma tentativa de entendê-los. Duvido que haja algum tratado protestante sobre temas dogmáticos que "descesse tanto" a ponto de considerar que a vox Dei pudesse ser ouvida nos sonhos. Se alguém acredita de fato em Deus, qual a autoridade que tem para dizer que Deus é incapaz de falar por meio de sonhos? Onde estão aqueles que realmente se dão ao trabalho de interrogar os seus sonhos, ou de experimentar uma série de fatos fundamentais sobre os sonhos e seus símbolos?

604 Passei mais de meio século pesquisando os símbolos naturais e cheguei à conclusão de que os sonhos e seus símbolos não são nenhum absurdo estúpido. Ao contrário, eles fornecem informações muito interessantes; basta esforçar-nos para entender os símbolos. É verdade que os resul-

tados pouco têm a ver com compra e venda, ou seja, com os nossos interesses terrenos. Mas o sentido de nossa vida não se esgota em nossas atividades comerciais, nem os anseios da alma humana são saciados pela conta bancária, mesmo que nunca tenhamos ouvido falar de outra coisa.

Numa época em que toda a energia disponível é em-   605
pregada na pesquisa da natureza, pouca atenção se dá ao essencial do ser humano, isto é, à sua psique, ainda que haja muitas pesquisas sobre suas funções conscientes. Mas sua parte realmente desconhecida, que produz os símbolos, continua sendo terra desconhecida. E mesmo assim ela nos envia toda noite seus sinais. A decifração dessas mensagens parece ser um trabalho odioso, e poucas pessoas do mun-do civilizado dela se ocupam. Pouco tempo é dedicado ao principal instrumento da pessoa humana, isto é, sua psique, quando não é desprezada e considerada suspeita. "É apenas psicológico" significa: não é nada.

Não sei exatamente donde provém esse preconceito   606
monstruoso. Estamos tão ocupados com a questão o que pensamos que esquecemos completamente de refletir sobre o que a psique inconsciente pensa dentro e a respeito de nós. Freud fez uma séria tentativa de mostrar por que o in-consciente não merece um melhor julgamento, e sua teoria aumentou e fortificou sem querer o desprezo já existente pela psique. Se, até então, ela foi apenas desconsiderada e negligenciada, tornou-se agora um buraco de lixo moral do qual se tem um medo indizível.

Este ponto de vista moderno é sem dúvida unilateral   607
e injusto. Não corresponde à verdade dos fatos. Nosso real conhecimento do inconsciente mostra que ele é um fenô-meno natural e que, tanto quanto a própria natureza, é no

mínimo *neutro*. Ele abrange todos os aspectos da natureza humana: luz e escuridão, beleza e feiura, bem e mal, o profundo e o insensato. O estudo do simbolismo individual bem como do coletivo é uma tarefa enorme que ainda não foi realizada, mas que finalmente foi iniciada. Os resultados obtidos até agora são animadores e parecem conter uma resposta às muitas perguntas da humanidade atual.

III
PSICOTERAPIA E RELIGIÃO

"O problema da cura é um problema religioso".
OC 11/6, § 523

A Psiconeurose, em última instância, é um sofrimento de uma alma que não encontrou o seu sentido.
OC 11/6, § 497

Introdução à problemática da psicologia religiosa da alquimia

> *Calamum quassatum non conteret*
> *et linum fumigans non extinguet (Is 42,3).*
>
> *(Ele não quebrará o caniço rachado*
> *e não apagará a mecha fumegante.)*

Quem já estiver familiarizado com a psicologia dos 1 complexos não terá necessidade alguma destas observações à guisa de introdução às investigações aqui apresentadas. Creio, no entanto, que o leitor leigo e despreparado precisa deste esclarecimento inicial. O conceito de *processo de individuação*, por um lado, e a alquimia, por outro, parecem muito distantes entre si e é quase impossível para a imaginação conceber uma ponte que os ligue. A este tipo de leitor devo os esclarecimentos que se seguem, mesmo porque, no momento em que minhas conferências foram publicadas, constatei uma certa perplexidade por parte de meus críticos.

O que tenho a dizer acerca da natureza da alma está ba- 2 seado em primeiro lugar em *observações feitas sobre o homem*.

Fonte: OC 12. Excertos do cap. 1 §§ 1-34. Foram selecionadas as partes referentes à problemática religiosa.

Os argumentos contra tais observações levantavam o problema de que elas se referiam a experiências quase inacessíveis e até então desconhecidas. É um fato curioso constatar a frequência com que todos, até os menos aptos, acham que sabem tudo sobre psicologia, como se a psique fosse um domínio acessível ao conhecimento geral. No entanto, todo verdadeiro conhecedor da alma humana concordará comigo, se eu disser que ela pertence às regiões mais obscuras e misteriosas da nossa experiência. Nunca se sabe o bastante neste domínio. Na minha atividade prática, não passa um só dia sem que eu me defronte com algo de novo e inesperado. É verdade que as minhas experiências não fazem parte das banalidades da vida cotidiana, mas elas estão ao alcance de todos os psicoterapeutas que se ocupam deste campo particular. Acho, pois, impertinente a acusação que me fazem no tocante ao caráter desconhecido das experiências por mim comunicadas. Não me sinto responsável pela insuficiência dos leigos em matéria de psicologia.

3   No processo analítico, isto é, no confronto dialético do consciente e do inconsciente constata-se um desenvolvimento, um progresso em direção a uma certa meta ou fim cuja natureza enigmática me ocupou durante anos a fio. Os tratamentos psíquicos podem chegar a um *fim* em todos os estágios possíveis do desenvolvimento, sem que por isso se tenha o sentimento de ter alcançado uma *meta*. Certas soluções típicas e temporárias ocorrem: 1) depois que o indivíduo recebeu um bom conselho; 2) depois de uma confissão mais ou menos completa, porém suficiente; 3) depois de haver reconhecido um conteúdo essencial, até então inconsciente, cuja conscientização imprime um novo impulso à sua vida e às suas atividades; 4) depois de libertar-se da psique infantil após um longo trabalho efetuado; 5) depois de conseguir uma nova adaptação racional a condições de vida

talvez difíceis ou incomuns; 6) depois do desaparecimento de sintomas dolorosos; 7) depois de uma mudança positiva do destino, tais como: exames, noivado, casamento, divórcio, mudança de profissão etc.; 8) depois da redescoberta de pertencer a uma crença religiosa, ou de uma conversão; 9) depois de começar a erigir uma filosofia de vida ("filosofia", no antigo sentido da palavra!).

Se bem que a esta enumeração possam ser introduzidas diversas modificações, ela define de um modo geral as principais situações em que o processo analítico ou psicoterapêutico chega a um fim provisório, ou às vezes definitivo. A experiência, porém, mostra que há um número relativamente grande de pacientes para os quais a conclusão aparente do trabalho junto ao médico não significa de modo algum o fim do processo analítico. Pelo contrário, o confronto com o inconsciente continua do mesmo modo que no caso daqueles que não interromperam o trabalho junto ao médico. Ocasionalmente, ao encontrarmos tais pacientes anos depois, não é raro que contem histórias interessantes de suas transformações posteriores ao tratamento. Essas ocorrências fortaleceram inicialmente minha hipótese de que há na alma um processo que tende para um fim, independentemente das condições exteriores; essas mesmas ocorrências libertaram-me da preocupação que eu pudesse ser a causa única de um processo psíquico inautêntico (e, portanto, contrário à natureza). Esse receio não era descabido, uma vez que certos pacientes não são levados ao desfecho do trabalho analítico por nenhum dos argumentos mencionados nas nove categorias – nem mesmo por uma conversão religiosa – e nem pela mais espetacular liberação dos sintomas neuróticos. Foram precisamente casos desta natureza que me convenceram de que o tratamento das neuroses se abre para um problema bem mais amplo, além do campo exclusivamente médico e diante do qual a ciência médica é de todo insatisfatória.

5   Lembrando os primórdios da análise, há cerca de cinquenta anos, com suas concepções pseudobiológicas e sua depreciação do processo de desenvolvimento anímico, podemos constatar que ainda hoje se considera a persistência no trabalho analítico como "fuga à vida", "transferência não resolvida", "autoerotismo" etc. No entanto, como todas as coisas comportam dois pontos de vista, uma apreciação negativa desse "ficar pendente" no sentido da vida só seria legítima se fosse provado que nada de positivo subjaz a ele. A impaciência do médico, aliás muito compreensível, nada prova por si mesma. E é preciso não esquecer que foi através da paciência indizível dos pesquisadores que a nova ciência conseguiu erigir um conhecimento mais profundo da natureza da alma; certos resultados terapêuticos inesperados foram obtidos graças à perseverança abnegada do médico. As opiniões negativas e injustificadas são levianas e às vezes também perniciosas, não passando de um disfarce da ignorância, ou melhor, sendo uma tentativa de esquivar-se à responsabilidade e ao confronto incondicional. O trabalho analítico conduzirá mais cedo ou mais tarde ao confronto inevitável entre o eu e o tu, e o tu e o eu, muito além de qualquer pretexto humano; assim, pois, é provável e mesmo necessário que tanto o paciente quanto o médico sintam o problema na própria pele. Ninguém mexe com fogo ou veneno sem ser atingido em algum ponto vulnerável; assim, o verdadeiro médico não é aquele que fica ao lado, mas sim dentro do processo.

6   Tanto para o médico como para o paciente, o "ficar pendente", ou a dependência pode tornar-se algo indesejável, incompreensível e até mesmo insuportável, sem que isso signifique algo de negativo para a vida. Pelo contrário, pode

até ser uma dependência (um "ficar pendente") de caráter positivo: se por um lado parece um obstáculo aparentemente insuperável, por outro, representa uma situação única, exigindo um esforço máximo que compromete o homem total. Podemos então dizer que de fato, enquanto o paciente estiver firme e inconscientemente à procura da solução de um problema insolúvel, a arte ou a técnica do médico consiste em fazer o possível para ajudá-lo nessa busca. "Ars totum requirit hominem!" (a Arte requer o homem inteiro!), exclama um velho alquimista. Justamente é este "homo totus" que se procura. O esforço do médico, bem como a busca do paciente, perseguem esse "homem total" oculto e ainda não manifesto, que é também o homem mais amplo e futuro. No entanto, o caminho correto que leva à totalidade é infelizmente feito de desvios e extravios do destino. Trata-se da "longissima via", que não é uma reta, mas uma linha que serpenteia, unindo os opostos à maneira do caduceu, senda cujos meandros labirínticos não nos poupam do terror. Nesta via ocorrem as experiências que se consideram de "difícil acesso". Poderíamos dizer que elas são inacessíveis por serem dispendiosas, uma vez que exigem de nós o que mais tememos, isto é, a *totalidade*. Aliás, falamos constantemente sobre ela – sua teorização é interminável –, mas a evitamos na vida real[1]. Prefere-se geralmente cultivar a "psicologia de compartimentos", onde uma gaveta nada sabe do que a outra contém.

Receio que a responsabilidade por este estado de coisas não deva ser apenas atribuída à inconsciência e impotência do indivíduo, mas também à educação anímica geral do

---

1. É digno de nota que, numa obra sobre homilética, um teólogo protestante tenha a coragem de exigir a integridade ética do pregador – e isto, invocando a minha psicologia (HÄNDLER. *Die Predigt*).

homem europeu. Esta não depende só da competência das religiões dominantes, mas também deriva da natureza delas; somente as religiões ultrapassam os sistemas racionalistas, referindo-se *tanto ao homem exterior quanto ao homem interior*. Podemos acusar o cristianismo de retrógrado a fim de desculpar nossas próprias falhas. Não pretendo, porém, cometer o erro de atribuir à religião algo que em primeiro lugar é devido à incompetência humana. Assim, pois, não me refiro a uma compreensão melhor e mais profunda do cristianismo, mas a uma superficialidade e a um equívoco evidentes para todos nós. A exigência da "imitatio Christi", isto é, a exigência de seguir seu modelo, tornando-nos semelhantes a ele, deveria conduzir o homem interior ao seu pleno desenvolvimento e exaltação. Mas o fiel, de mentalidade superficial e formalística, transforma esse modelo num objeto externo de culto; a veneração desse objeto o impede de atingir as profundezas da alma, a fim de transformá-la naquela totalidade que corresponde ao modelo. Dessa forma, o mediador divino permanece do lado de fora, como uma imagem, enquanto o homem continua fragmentário, intocado em sua natureza mais profunda. Pois bem, Cristo pode ser imitado até o ponto extremo da estigmatização, sem que seu imitador chegue nem de longe ao modelo e seu significado. Não se trata de uma simples imitação, que não transforma o homem, representando assim um mero artifício. Pelo contrário, trata-se de realizar o modelo segundo os meios próprios de cada um – *Deo concedente* – na esfera da vida individual. Em todo o caso, não esqueçamos que uma imitação inautêntica supõe às vezes um tremendo esforço moral; neste caso, apesar da meta não ser atingida, há o mérito da entrega total a um valor supremo, embora este permaneça externo. Não é impossível que pelo mérito do esforço total a pessoa possa ter o pressentimento de sua totalidade, mediante o sentimento da graça, peculiar a este tipo de vivência.

A concepção inadequada da "imitatio Christi" apenas exterior é reforçada pelo preconceito europeu que distingue a atitude ocidental da oriental. O homem ocidental sucumbe ao feitiço das "dez mil coisas": distingue o particular, uma vez que está preso ao eu e ao objeto, permanecendo insconsciente no que diz respeito às raízes profundas de todo o ser. Inversamente, o homem oriental vivencia o mundo das coisas particulares e o seu próprio eu como um sonho, pelo fato de seu ser encontrar-se enraizado no fundamento originário; este o atrai de forma tão poderosa que relativiza sua relação com o mundo, de um modo muitas vezes incompreensível para nós. A atitude ocidental – que dá ênfase ao objeto – tende a relegar o "modelo" de Cristo a seu aspecto objetal, roubando-lhe a misteriosa relação com o homem interior. Este preconceito faz com que, por exemplo, os exegetas protestantes interpretem ἐντὸς ὑμῶν (referindo-se ao Reino de Deus), como "entre vós" e não "dentro de vós". Nada pretendo dizer sobre a validade da atitude ocidental, já que estamos mais do que persuadidos de sua problematicidade. Se nos confrontarmos, porém, com o homem oriental – o que é tarefa do psicólogo – tal confronto suscita dúvidas difíceis de serem resolvidas. Quem tiver a pretensão de resolver essa questão cometerá uma violência, pois mesmo sem saber estará se arrogando a ser um "arbiter mundi". No que me concerne, prefiro o dom precioso da dúvida, uma vez que esta não lesa a virgindade dos fenômenos incomensuráveis.

Cristo, enquanto modelo, carregou os pecados do mundo. Ora, quando o modelo permanece totalmente exterior, o mesmo se dá com os pecados do indivíduo, o qual se torna mais fragmentário do que nunca; o equívoco superficial em que incorre lhe abre o caminho fácil de jogar literalmente sobre Cristo seus pecados, a fim de escapar a uma responsabilidade mais profunda, e isto contradiz o espírito do cristianismo. Esse formalismo e afrouxamento foram a causa da Reforma, mas são também inerentes ao protestantismo. No caso do valor supremo (Cristo) e o maior desvalor (o pecado) permanecerem do lado de fora, a alma ficará esvaziada; faltar-lhe-á o mais baixo e o mais alto. A atitude oriental (principalmente a hindu) representa o contrário dessa atitude: o mais alto e o mais baixo estão dentro do sujeito (transcendental). Por este motivo o significado do "atman", do si-mesmo, é elevado além de todos os limites. No homem ocidental, no entanto, o valor do si-mesmo desce até o grau zero. Isto explica a desvalorização generalizada da alma no Ocidente. Quem quer que fale de realidade da alma será censurado por seu "psicologismo" e quando se fala em psicologia é neste tom: "é apenas psicológico [...]" A ideia de que há fatores psíquicos equivalentes a figuras divinas determina a desvalorização destas últimas. É quase uma blasfêmia pensar que uma vivência religiosa possa ser um processo psíquico; é então introduzido o argumento de que tal vivência "não é apenas psicológica". O psíquico é só natureza – e por isso se pensa comumente que nada de religioso pode provir dele. Tais críticos não hesitam, no entanto, em fazer todas as religiões derivarem da natureza da alma, 'excetuando a que professam. Julgo significativo o fato de que duas resenhas teológicas de meu livro *Psicologia e religião* – uma católica e outra protestante – silenciaram deliberadamente minha demonstração da origem psíquica dos fenômenos religiosos.

10   Em face disto dever-se-ia perguntar: donde procede toda essa informação acerca da alma, que permite dizer: "apenas anímico"? Pois é assim que fala e pensa o homem

ocidental cuja alma, pelo visto, "de nada vale". Se tivesse valor, falar-se-ia dela com mais respeito. Como não é este o caso, conclui-se que não se dá nenhum valor a ela. Isto não ocorre sempre e necessariamente em toda parte, mas só quando não se põe nada dentro da alma, "deixando Deus do lado de fora". (Um pouco mais de Meister Eckhart não faria mal a ninguém!)

Uma projeção exclusivamente religiosa pode privar a alma de seus valores, torná-la incapaz de prosseguir em seu desenvolvimento, por inanição, retendo-a num estado inconsciente. Ela pode também cair vítima da ilusão de que a causa de todo o mal provém de fora, sem que lhe ocorra indagar como e em que medida ela mesma contribui para isso. A alma parece assim tão insignificante a ponto de ser considerada incapaz do mal e muito menos do bem. Entretanto, se a alma não desempenha papel algum, a vida religiosa se congela em pura exterioridade e formalismo. Como quer que imaginemos a relação entre Deus e a alma, uma coisa é certa: é impossível considerar a alma como "nada mais do que". Pelo contrário, ela possui a dignidade de um ser que tem o dom da relação consciente com a divindade. Mesmo que se tratasse apenas da relação de uma gota de água com o mar, este último deixaria de existir sem a pluralidade das gotas. A afirmação dogmática da imortalidade da alma a eleva acima da mortalidade do homem corporal, fazendo-a partícipe de uma qualidade sobrenatural. Deste modo, ela ultrapassa muito em significado ao homem mortal consciente, e portanto seria vedado ao cristão considerar a alma como um "nada mais do que"[2]. Assim como o olho corresponde ao

---

2. O dogma do homem à imagem e semelhança de Deus também tem a maior importância na avaliação do fator humano – sem falar da encarnação de Deus.

sol, a alma corresponde a Deus. E pelo fato de nossa consciência não ser capaz de apreender a alma, é ridículo falar acerca da mesma em tom condescendente ou depreciativo. O próprio cristão que tem fé não conhece os caminhos secretos de Deus, e deve permitir que este decida se quer agir sobre ele a partir de fora, ou internamente, através da alma. O fiel não pode contestar o fato de que há "somnia a Deo missa" (sonhos enviados por Deus) e iluminações da alma impossíveis de serem remetidas a causas externas. Seria uma blasfêmia afirmar que Deus pode manifestar-se em toda a parte, menos na alma humana. Ora, a intimidade da relação entre Deus e a alma exclui de antemão toda e qualquer depreciação desta última[3]. Seria talvez excessivo falar de uma relação de parentesco; mas, de qualquer modo, deve haver na alma uma possibilidade de relação, isto é, forçosamente ela deve ter em si algo que corresponda ao ser de Deus, pois de outra forma jamais se estabeleceria uma conexão entre ambos[4]. Esta correspondência, formulada psicologicamente, é o *arquétipo da imagem de Deus*.

12   Todo arquétipo é capaz de uma diferenciação e de um desenvolvimento infinitos. Daí o fato de poder ser mais ou menos desenvolvido. Numa forma exterior de religião, em que toda ênfase repousa na figura externa (tratando-se, neste caso, de uma projeção mais ou menos completa), o arquétipo é idêntico às representações externas, mas permanece inconsciente enquanto fator anímico. Quando um conteúdo inconsciente é quase totalmente substituído por uma

---

3. O fato de o diabo também poder possuir a alma não reduz a importância da mesma.

4. Por esta razão é totalmente impensável, do ponto de vista psicológico, que Deus seja apenas o "totalmente outro"; pois o "totalmente outro" não pode ser o íntimo mais íntimo da alma – e Deus o é. As únicas afirmações psicologicamente corretas acerca da imagem de Deus são os paradoxos ou as antonomias.

imagem projetada, isso determina sua exclusão de qualquer influência e participação no tocante à consciência. Sua própria vida é com isto profundamente prejudicada uma vez que é impedido de exercer sua função natural de formação da consciência; mais ainda, ele permanece inalterado em sua forma originária, pois no inconsciente nada se transforma. A partir de um certo ponto, o conteúdo inconsciente pode apresentar até mesmo uma tendência à regressão, a níveis mais profundos e arcaicos. Pode acontecer que um cristão, mesmo acreditando em todas as imagens sagradas, permaneça indiferenciado e imutável no mais íntimo de sua alma, porque seu Deus se encontra completamente "fora" e não é vivenciado em sua alma. Seus motivos e interesses decisivos e determinantes, bem como seus impulsos não provêm da esfera do cristianismo, mas de uma alma inconsciente e indiferenciada que é, como sempre, pagã e arcaica. Não só a vida individual, mas a soma das vidas individuais que constituem um povo, provam a verdade desta afirmação. Os grandes acontecimentos do mundo, planejados e realizados pelo homem, não são inspirados pelo cristianismo, mas por um paganismo indisfarçável. Tal fato se origina de uma alma que permaneceu arcaica, não tendo sido nem de longe tocada pelo cristianismo. Como a Igreja supõe, com razão, o "semel credidisse" (ter acreditado alguma vez) deixa alguns vestígios; entretanto, nada transparece deles nos principais fatos em curso. A cultura cristã mostrou-se assustadoramente vazia: nada mais do que um verniz externo, porquanto o homem interior permaneceu intocado, alheio à transformação. Sua alma não corresponde às crenças exteriores. O Cristo em sua alma não acompanhou o desenvolvimento exterior. Sim, exteriormente tudo aí está, na imagem e na palavra, na Igreja e na Bíblia, mas o mesmo não se dá, dentro. No interior, reinam os deuses arcaicos, como nunca; ou melhor, a correspondência entre a imagem interna e externa de Deus não se desenvolveu por carência de cultura anímica, ficando retida no paganismo. A educação cristã fez o humanamente possível, mas não bastou. Poucos experimentaram a imagem divina como a qualidade mais íntima da própria alma. Apenas travaram conhecimento com um Cristo exterior, e nunca a partir do íntimo de sua alma; este é o motivo pelo qual dentro dela reina ainda o mais obscuro paganismo. E é o paganismo que inunda a chamada cultura cristã, ora com indisfarçável clareza, ora sob um disfarce gasto que não convence a ninguém.

13　　Com os meios utilizados até hoje foi impossível cristianizar a alma, a fim de que as exigências mais elementares da ética cristã tivessem alguma influência substancial sobre os principais reclamos do europeu cristão. É verdade que os missionários cristãos pregam o Evangelho aos pobres pagãos nus, mas os pagãos interiores que povoam a Europa ainda não ouviram essa mensagem. A cristandade deverá recomeçar necessariamente do início se quiser cumprir sua elevada tarefa educativa. Enquanto a religião restringir-se à fé e à forma exterior, e a função religiosa não for uma experiência da própria alma, nada de essencial poderá ocorrer. Compreendamos ainda que o "Mysterium Magnum" não é apenas algo de existente por si mesmo, mas também algo que se enraíza principalmente na alma humana. Quem não sabe isto por experiência própria pode ser um doutor em teologia, mas nada conhece de religião e ainda menos de educação humana.

14　　Todavia, quando demonstro que a alma possui uma função religiosa natural[5] , e quando reafirmo que a tarefa mais nobre de toda a educação (do adulto) é a de transpor para a consciência o arquétipo da imagem de Deus, suas

---

5. TERTULIANO. "Anima naturaliter christiana" (A alma é naturalmente cristã) [*Apologeticus*, XVII].

irradiações e efeitos, são justamente os teólogos que me atacam e me acusam de "psicologismo". Se os valores supremos não estivessem depositados na alma, tal como mostra a experiência, sem eliminar o ἀντίμιμον πνεῦμα (o espírito da contrafação, que também nela está presente), a psicologia não me interessaria absolutamente, pois nesse caso a alma não passaria de um miserável vapor. Sei, porém, através de centenas de experiências, que não é este o caso. Ela contém e corresponde a tudo quanto o dogma formulou a seu respeito e mais ainda, aquilo que torna a alma capaz de ser um olho destinado a contemplar a luz. Isto requer, de sua parte, uma extensão ilimitada e uma profundidade insondável. Já fui acusado de "deificar a alma". Isto é falso, *não fui eu, mas o próprio Deus quem a deificou!* Não fui eu que atribuí uma função religiosa à alma; simplesmente apresentei os fatos que provam ser a alma "naturaliter religiosa", isto é, dotada de uma função religiosa: função esta que não inventei, nem coloquei arbitrariamente nela, mas que ela produz por si mesma, sem ser influenciada por qualquer ideia ou sugestão. Numa trágica cegueira, esses teólogos ignoram que não se trata de provar a existência da luz, e sim de que há cegos incapazes de saber que seus olhos poderiam enxergar. Seria muito mais importante ensinar ao homem a arte de enxergar. É óbvio que a maioria das pessoas é incapaz de estabelecer uma relação entre as imagens sagradas e sua própria alma, isto é, não conseguem perceber a que ponto tais imagens dormitam em seu próprio inconsciente. Para tornar possível esta visão interior, é preciso desimpedir o caminho que possibilita essa faculdade de ver. Sinceramente, não posso imaginar como isso seria exequível sem a psicologia, isto é, sem tocar a alma[6].

---

6. Como aqui se trata da questão do esforço humano, deixo de lado os atos da graça que fogem à alçada humana.

15   Outro mal-entendido de consequências igualmente sérias consiste em atribuir à psicologia a intenção de ser uma nova doutrina, talvez herética. Quando um cego aprende a enxergar, ninguém espera dele que descubra imediatamente novas verdades com um olhar poderoso de águia. Já é algo promissor que ele veja alguma coisa, podendo compreender até certo ponto o que está vendo. Na psicologia, trata-se do ato de ver, e não da construção de novas verdades religiosas, quando as doutrinas existentes ainda não foram reconhecidas e compreendidas. Em matéria de religião é sabido que não se pode entender o que não se experimentou interiormente. Apenas na experiência interior se revela a relação da alma com aquilo que é apresentado e pregado exteriormente, a modo de um parentesco ou correspondência de tipo "sponsus – sponsa". Ao afirmar, como psicólogo, que Deus é um arquétipo, eu me refiro ao tipo impresso na alma; a origem da palavra tipo vem do grego τύπος, que significa batida, algo que imprime. Assim, a própria palavra arquétipo já pressupõe alguma coisa que imprime. A psicologia, enquanto ciência da alma, deve restringir-se ao seu objeto e precaver-se no sentido de não ultrapassar seus limites, fazendo afirmações metafísicas ou não importa que profissão de fé. Se a psicologia pretendesse pressupor um Deus como causa hipotética, estaria reclamando implicitamente a possibilidade de uma prova de Deus. Com isso, extrapolaria seu campo de competência de um modo absolutamente inadmissível. Ciência só pode ser ciência; não há profissões de fé "científicas", nem "contradictiones in adiecto" (contradições nos termos). Ignoramos em última instância de onde se origina o arquétipo, da mesma forma que ignoramos a origem da alma. A competência da psicologia enquanto ciência empírica não vai além da possibilidade de constatar, à base de uma pesquisa comparativa, se o tipo

encontrado na alma pode ou não ser designado como uma "imagem de Deus". Desta forma, nada se afirma de positivo ou de negativo acerca de uma possível existência de Deus, do mesmo modo que o arquétipo do "herói" não pressupõe a sua existência.

As minhas pesquisas psicológicas, provando a existência de certos tipos psíquicos, bem como a sua analogia com representações religiosas conhecidas, abrem uma possibilidade de acesso a conteúdos *suscetíveis de serem experimentados*, os quais constituem incontestavelmente e de modo manifesto o fundamento empírico e palpável da experiência religiosa. O homem religioso é livre de aceitar quaisquer explicações metafísicas sobre a origem destas imagens; o mesmo não ocorre com o intelecto, que deve se ater estritamente aos princípios da explicação científica, evitando ultrapassar as possibilidades do conhecimento. Ninguém pode evitar a fé em aceitar como causa primeira Deus, Purusha, Atman ou Tao, eliminando assim a inquietude última do homem. A ciência trabalha com escrúpulo e não pretende tomar o céu de assalto. Se cedesse a uma tal extravagância já teria serrado o galho no qual se assenta.

O fato é que o conhecimento e a experiência da presença de tais imagens interiores abre para a razão e para o sentimento uma via de acesso àquelas outras imagens que a doutrina religiosa oferece ao homem. A psicologia faz, portanto, o contrário daquilo de que é acusada: ela proporciona possibilidades para um melhor entendimento do que existe, ela abre os olhos para a riqueza de sentido dos dogmas; não destrói, mas, pelo contrário, põe novos habitantes numa casa vazia. Posso confirmá-lo através de múltiplas experiências: pessoas dos mais variados credos que apostasiaram ou arrefeceram em sua fé encontraram uma nova via de acesso às suas antigas verdades: entre eles, não eram poucos os católicos. Até mesmo um parsi encontrou o caminho de volta ao templo de fogo zoroastriano, o que prova a objetividade do meu ponto de vista.

18 É justamente por essa objetividade que mais críticas recebe minha psicologia; o não optar por esta ou por aquela doutrina religiosa. Sem antecipar minhas convicções subjetivas, proponho a seguinte pergunta: não é compreensível ser também uma opção o fato de não arvorar-se em "arbiter mundi", e renunciar explicitamente a uma tal subjetividade, acreditando-se, por exemplo, que Deus se exprimiu em muitas linguagens e apareceu em múltiplas formas, e que todas essas afirmações são *verdadeiras*? A objeção apresentada particularmente por parte dos cristãos de que é impossível serem verdadeiras as afirmações mais contraditórias deve tolerar esta interpelação delicada: um é igual a três? Como três pode ser um? De que modo pode uma mãe ser virgem? E assim por diante. Então ainda não se percebeu que todas as afirmações religiosas contêm contradições lógicas e alegações absurdas por princípio, constituindo tal coisa a essência da asserção religiosa? Corroborando este ponto de vista, Tertuliano confessa: "Et mortuus est Dei filius, prorsus credibile est, quia ineptum est. Et sepultus resurrexit; certum est, quia impossibile est." (E o Filho de Deus morreu, e é isto fidedigno por ser absurdo. E sepulto, ressuscitou; isto é certo porque é impossível.)[7] Se o cristianismo exige fé em tais contradições, não pode condenar, ao que me parece, quem defende alguns paradoxos a mais. Surpreendentemente, o paradoxo pertence ao bem espiritual mais elevado. O significado unívoco é um sinal de fraqueza. Por isso a religião empobrece interiormente quando perde ou reduz seus paradoxos; no entanto, a multiplicação destes

---

7. [De carne Christi, V].

últimos a enriquece, pois só o paradoxal é capaz de abranger aproximadamente a plenitude da vida. A univocidade e a não contradição são unilaterais e, portanto, não se prestam para exprimir o inalcançável.

Nem todos possuem a força espiritual de um Tertuliano, o qual não só suportava o paradoxo, como também o considerava a máxima certeza religiosa. O número excessivo dos espiritualmente fracos torna o paradoxo ameaçador. Enquanto este último permanece oculto como algo natural e, portanto, inquestionável, sendo um aspecto habitual da vida, não oferece perigo algum. No entanto, se uma mente pouco desenvolvida (que, como sabemos, é sempre a mais segura de si mesma) pretendesse fazer do paradoxo de uma profissão de fé o objeto de suas elucubrações, tão graves quanto impotentes, não demoraria a explodir numa gargalhada sarcástica e iconoclasta, indicando as "inépcias" manifestas do mistério. Desde o Iluminismo francês o desmoronamento foi rápido; quando desperta essa mentalidade mesquinha que não suporta paradoxos não há sermão sobre a terra que a contenha. Surge então uma nova tarefa: erguer pouco a pouco essa mente não desenvolvida a um nível mais alto e multiplicar o número dos que pelo menos conseguem vislumbrar a amplidão de uma verdade paradoxal. Se isto não for possível, o acesso espiritual ao cristianismo pode ser praticamente obstruído. Não se compreende mais o que os paradoxos do dogma pretendiam dizer; quanto mais exteriormente forem concebidos, mais nos escandalizaremos com sua forma irracional até se tornarem relíquias bizarras do passado, totalmente obsoletas. Quem passar por este processo não pode imaginar a extensão de sua perda espiritual, pois jamais experimentou as imagens sagradas como interiormente suas, isto é, nunca soube do parentesco de tais imagens com sua própria estrutura anímica. Mas a psicologia do inconsciente pode proporcionar-lhe este conhecimento indispensável e sua objetividade científica é do maior valor no tocante a isso. Se a psicologia estivesse ligada a alguma confissão religiosa não poderia nem deveria permitir essa liberdade de movimentos ao inconsciente do indivíduo, que é uma condição prévia e indispensável à produção de arquétipos. O que nos convence é justamente a espontaneidade dos conteúdos arquetípicos, e a intervenção preconceituosa contra ela impede a experiência genuína. Se o teólogo acredita realmente na onipotência de Deus, por um lado, e na validez dos dogmas, por outro, por que não confia então no fato de que Deus pode exprimir-se também pela alma? Por que esse medo da psicologia? Ou então (de modo inteiramente não dogmático) deverá a alma ser considerada como o inferno a partir da qual só os demônios se manifestam? Se fosse esse o caso, tal realidade não seria menos convincente; conforme sabemos, a realidade do mal percebida com horror converteu pelo menos tantas pessoas, quanto a experiência do bem.

20   Os arquétipos do inconsciente são correspondentes aos dogmas religiosos, fato que pode ser demonstrado empiricamente. Na linguagem hermenêutica dos Padres, a Igreja possui um tesouro de analogias com os produtos individuais espontâneos que encontramos na psicologia. Aquilo que o inconsciente expressa não é arbitrário, nem corresponde a uma opinião, mas ocorre pelo fato de ser assim mesmo, como em qualquer ser natural. É óbvio que as expressões do inconsciente são naturais e não formuladas dogmaticamente como as alegorias patrísticas, as quais atraem a totalidade da natureza para a órbita de suas amplificações. Se estas produzem surpreendentes "allegoriae Christi", o mesmo acontece no que se refere à psicologia do inconsciente. A diferença, no entanto, reside no fato de que a alegoria pa-

trística "ad Christum spectat" (se refere a Cristo), ao passo que o arquétipo psíquico é apenas ele mesmo, podendo ser interpretado segundo o tempo, o lugar e o meio. No Ocidente, o arquétipo é preenchido pela imagem dogmática de Cristo; no Oriente, por Purusha, Atman, Hiranyagarbha, Buda etc. O ponto de vista religioso coloca obviamente a ênfase naquilo que imprime, o impressor, ao passo que a psicologia científica enfatiza o tipo (τύπος), o impresso, o qual é a única coisa que ela pode apreender. O ponto de vista religioso interpreta o tipo como algo decorrente da ação do impressor; o ponto de vista científico o interpreta como símbolo de um conteúdo desconhecido e inapreensível. Uma vez que o tipo é menos definido, mais complexo e multifacetado do que os pressupostos religiosos, a psicologia, com seu material empírico, é obrigada a expressar o tipo mediante uma terminologia que independe de tempo, lugar e meio. Se, por exemplo, o tipo concordasse em todos os detalhes com a figura dogmática de Cristo sem conter algum determinante que a ultrapassasse, teríamos pelo menos de considerar o tipo como uma cópia fiel da figura dogmática, dando-lhe um nome correspondente. Neste caso, o tipo coincidiria com o Cristo. Empiricamente, isto não ocorre, pois o inconsciente, do mesmo modo que nas alegorias dos Padres da Igreja, produz muitos outros determinantes que não estão contidos de um modo explícito na fórmula dogmática; ou melhor, figuras não cristãs, como as que acima mencionamos, estão contidas no tipo. Mas nem estas figuras satisfazem a indeterminação do arquétipo. É impensável que qualquer figura *determinada* possa exprimir a *indeterminação* arquetípica. Senti-me impelido por isso a dar o nome psicológico de *si-mesmo* (Selbst) ao arquétipo correspondente – suficientemente determinado para dar uma ideia da totalidade humana e insuficientemente determinado para exprimir o caráter indescritível e indefinível da totalidade. Estas qualidades paradoxais do conceito correspondem ao fato de que a totalidade consiste, por um lado, do ser humano consciente e, por outro, do homem inconsciente. Não se pode, porém, estabelecer os limites e as determinações deste último. Por isso, na linguagem científica, o termo si-mesmo não se refere nem a Cristo, nem a Buda, mas à totalidade das formas que representam, e cada uma dessas formas é um *símbolo do si-mesmo*. Este modo de expressão é uma necessidade intelectual da psicologia científica e não significa de modo algum um preconceito transcendental. Pelo contrário, como dissemos acima, este ponto de vista objetivo possibilita a alguns de se decidirem por Cristo e a outros, por Buda etc. Quem se escandalizar com esta objetividade deverá considerar que sem ela não há ciência possível. Assim pois, negando à psicologia o direito à objetividade, estará tentando extinguir extemporaneamente a luz viva da ciência. Mesmo que uma tal tentativa surtisse efeito, seu resultado apenas contribuiria para aumentar a brecha catastrófica que já existe entre a compreensão secular, por um lado, e a Igreja e a religião, por outro.

21   Não só é compreensível, como também representa uma "raison d'être" absoluta para uma ciência, poder concentrar-se com relativa exclusividade no seu objeto. Uma vez que o conceito do si-mesmo é de interesse central para a psicologia, o pensamento desta última caminha obviamente em sentido inverso relativamente à teologia; para a psicologia, as figuras religiosas apontam para o si-mesmo, enquanto que para a teologia o si-mesmo aponta para a sua própria representação central, isto é, o si-mesmo psicológico poderia ser compreendido como uma "allegoria Christi". Esta oposição é irritante, mas infelizmente inevitável, a menos que se negue por completo à psicologia o direito de existir.

Prego portanto a tolerância, o que não é difícil para a psicologia uma vez que esta, como ciência, não tem pretensões totalitárias.

O "símbolo de Cristo" é da maior importância para a psicologia, porquanto constitui, ao lado da figura de Buda, talvez o símbolo mais desenvolvido e diferenciado do si-mesmo. Isto pode ser avaliado pela amplitude e pelo conteúdo dos predicados atribuídos ao Cristo, que correspondem à fenomenologia psicológica do si-mesmo de um modo incomum, apesar de não incluir todos os aspectos deste arquétipo. A extensão incalculável do si-mesmo pode ser considerada negativa relativamente à determinação de uma figura religiosa. Mas os juízos de valor não constituem de maneira alguma uma tarefa da ciência. O si-mesmo não só é indefinido, como também comporta paradoxalmente o caráter do definido e até mesmo da unicidade. Provavelmente esta é uma das razões pela qual as religiões que foram fundadas por personalidades históricas se tornaram religiões universais, como no caso do cristianismo, budismo e islamismo. A inclusão de uma personalidade humana, única (especialmente quando ligada à natureza divina indefinível), corresponde ao individual absoluto do si-mesmo, que liga o único ao eterno e o individual ao mais geral.. O si-mesmo é uma união dos opostos κατ' ἐξοχήν. Isto o distingue essencialmente do símbolo cristão. A androginia de Cristo é a concessão máxima da Igreja à problemática dos opostos. A oposição entre o luminoso e o bom, por um lado, e o escuro e mau, por outro, permaneceu em conflito aberto, uma vez que Cristo representa só o bem e sua contrapartida, o demônio, o mal. Esta oposição é o verdadeiro problema do mundo, que até agora não foi resolvido. O si-mesmo, de qualquer modo, é o paradoxo absoluto, já que representa a tese, a antítese e a síntese em todos os aspectos. (As provas psicológicas desta afirmação são abundantes. No entanto, não me é possível enumerá-las aqui, in extenso. Remeto o conhecedor desta matéria ao simbolismo do mandala.)

23 Quando, mediante a exploração do inconsciente, a consciência se aproxima do arquétipo, o indivíduo é confrontado com a contradição abissal da natureza humana, o que lhe proporciona uma experiência imediata da luz e da treva, do Cristo e do demônio. Trata-se aqui, no melhor ou no pior dos casos, de uma possibilidade e não de uma garantia; experiências deste tipo não podem ser induzidas através de meios humanos. Há fatores a serem levados em conta que não estão sob nosso controle. A vivência dos opostos nada tem a ver com a visão intelectual, nem com a empatia. É mais aquilo a que poderíamos chamar de destino. Tal vivência pode provar a uns a verdade de Cristo, a outros, a de Buda, até à mais extrema evidência.

24 Sem a vivência dos opostos não há experiência da totalidade e, portanto, também não há acesso interior às formas sagradas. Por essa razão o cristianismo insiste na pecaminosidade e no pecado original, com a intenção óbvia de abrir em cada um, pelo menos a partir de fora, o abismo da contradição do mundo. Este método falha, porém, quando se trata de uma mente mais ou menos desperta, já que não acredita mais nessa doutrina, além de considerá-la absurda. Um tal intelecto, por ser unilateral, fica paralisado diante da "ineptia mysterii" (absurdo do mistério). Na verdade, encontra-se a uma distância infinita das antinomias de Tertuliano; o fato é que não consegue suportar o sofrimento implicado no problema dos opostos. Sabe-se como os exercícios rigorosos e certas prédicas missionárias dos católicos, assim como a educação protestante que sempre fareja o pecado, causam danos psíquicos que não levam ao Reino dos Céus, mas ao consultório médico. Apesar de ser inevitável a

visão problemática dos opostos, praticamente poucos a suportam – fato este que não escapou à experiência dos confessores. Uma reação paliativa manifestou-se no "probabilismo moral", que sofre os mais diversos ataques porquanto visa atenuar o efeito esmagador do pecado[8]. O que quer que se pense sobre esse fenômeno, uma coisa é certa: nele, além de outras coisas, está contida uma grande dose de humanidade e de compreensão da fraqueza humana, o que não deixa de compensar a tensão insuportável das antinomias. O psicólogo compreenderá facilmente o grande paradoxo entre a insistência sobre o pecado original, por um lado, e a concessão do probabilismo, por outro, como uma decorrência necessária da problemática cristã dos opostos acima esboçada. O bem e o mal se encontram tão próximos no Si-mesmo quanto dois gêmeos monovitelinos! A realidade do mal e sua incompatibilidade com o bem provoca uma separação violenta dos opostos, conduzindo inexoravelmente

---

8. Zöckler [*Probabilismus*, p. 67] define da seguinte maneira: "Probabilismo, em geral, é o modo de pensar que se dá por satisfeito com um grau de probabilidade maior ou menor quando se trata de responder questões científicas. O probabilismo moral, o único que importa aqui, consiste no princípio de orientar seus atos de liberdade moral não pela consciência, mas pelo que é dado como provavelmente certo, isto é, pelo que é recomendado por uma doutrina ou uma autoridade qualquer que serve de modelo". O probabilista Escobar († em 1669), por exemplo, é de opinião que, se o penitente invocar como fundamento para seu modo de agir um parecer provável, o confessor será obrigado a absolvê-lo, mesmo que não tenha a mesma convicção. A pergunta de quantas vezes na vida somos obrigados a amar a Deus, Escobar responde, citando uma série de autoridades jesuíticas: segundo uns, amar a Deus uma única vez, pouco antes da morte, seria o bastante; segundo outros, uma vez por ano ou uma vez a cada três ou quatro anos. Ele próprio chega à conclusão de que é suficiente amar a Deus uma vez, ao despertar da razão, depois, uma vez a cada cinco anos, e uma última vez na hora da morte. Em sua opinião o grande número de doutrinas morais diferentes é a principal prova da bondade da providência divina, pois isso torna o jugo de Cristo tão leve (op. cit., p. 68). Cf. tb. com VON HARNACK. *Lehrbuch der Dogmengeschichte* III, p. 748s.

à crucifixão e à suspensão de tudo o que é vivo. Uma vez que a alma é "naturaliter christiana" (cristã por natureza), tal consequência é inevitável, como foi na vida de Jesus: todos nós deveríamos ser "crucificados com Cristo", isto é, suspensos num sofrimento moral equivalente à verdadeira crucifixão. Na prática, isto só é possível até certo ponto, pois se trata de algo tão intolerável e hostil à vida que um ser humano comum apenas pode entrar em tal estado de vez em quando, o menos possível. Como poderia continuar a ser um homem comum dentro de um tal sofrimento? Por isso, uma atitude mais ou menos probabilística em relação ao problema do mal é inevitável. Assim sendo, a verdade do si-mesmo, isto é, a unidade inimaginável de bem e mal aparece concretamente no seguinte paradoxo: o pecado é o que há de mais difícil e grave, mas não a ponto de ser impossível livrar-se dele numa perspectiva probabilística. Este procedimento não é necessariamente frouxo ou frívolo, mas simplesmente uma necessidade prática da vida. Na confissão ocorre o mesmo que na própria vida; esta se debate para não perecer numa oposição inconciliável. Por outro lado, permanece – *nota bene* – o conflito "expressis verbis" que corresponde de novo à antinomia do si-mesmo, o qual é simultaneamente conflito e unidade.

25 O mundo cristão transformou a antinomia entre o bem e o mal num problema universal, erigindo-a em princípio absoluto através da formulação dogmática dos contrários. O cristão é atirado a este conflito ainda insolúvel como protagonista do bem e como um dos atores no drama do mundo. Esta imitação de Cristo, tomada em seu sentido mais profundo, implica um sofrimento intolerável para a maioria dos homens. Consequentemente, o exemplo crístico só é seguido em parte, ou não é seguido de modo algum e a prática pastoral da Igreja se vê obrigada a "aliviar o jugo de

Cristo". Isto significa uma redução considerável da rigidez e severidade do conflito, o que redunda praticamente numa relativização do bem e do mal. O bem equivale à imitação incondicional de Cristo e o mal representa um obstáculo a isso. A fraqueza e a inércia moral do homem são os obstáculos principais à imitação; o probabilismo os encara com uma compreensão prática e corresponde talvez mais às virtudes cristãs da tolerância, da benevolência e do amor ao próximo do que a atitude daqueles que veem no probabilismo mera frouxidão. Apesar de podermos atribuir ao esforço probabilístico as principais virtudes cristãs, não devemos ignorar o fato de que ele impede o sofrimento da imitação de Cristo, subtraindo ao conflito do bem e do mal o seu rigor, suavizando-o a proporções toleráveis. Com isto nos aproximamos do arquétipo do si-mesmo, no qual esta oposição aparece unificada; aliás, como já foi dito, contrariamente ao simbolismo cristão, que deixa o conflito em aberto. Para este último, o mundo é trincado por uma "cisão": a luz combate a noite, e o superior, o inferior. Estas dualidades não são uma unidade, como no arquétipo psíquico. Ainda que o dogma tenha horror à ideia de que "dois" sejam "um", a prática religiosa possibilita, como vimos, a aplicação do símbolo psicológico natural, a saber, do si-mesmo unificado. Por outro lado, o dogma insiste em que "três" são "um", mas se recusa a reconhecer que os "quatro" sejam "um". Sabe-se que os números ímpares sempre foram masculinos não só para nós, ocidentais, como também para os chineses; quanto aos números pares, são femininos. Assim, a trindade é uma divindade explicitamente masculina, para a qual a androginia de Cristo e a posição específica e elevação da mãe de Deus não oferecem um equivalente pleno.

Com esta constatação que talvez pareça estranha ao leitor, chegamos a um axioma central da alquimia, ou seja, ao aforisma de Maria Prophetissa: "Um torna-se dois, dois torna-se três e do três provém o um que é o quarto". Como o leitor já percebeu pelo título deste livro, ocupa-se ele com o significado psicológico da alquimia e, portanto, com um problema que, salvo raríssimas exceções, tem escapado à pesquisa científica até o presente. Até há bem pouco tempo, a ciência se ocupava apenas com o aspecto que a alquimia desempenhava na história da química e em pequena medida com seu lado filosófico e histórico-religioso. A importância da alquimia na história do desenvolvimento da química é evidente. Seu significado para a história do espírito humano, no entanto, ainda é tão desconhecido que é quase impossível precisar em poucas palavras em que consiste. Nesta introdução tentei representar a problemática histórico-religiosa e psicológica na qual se insere o tema alquímico. A alquimia constitui como que uma corrente subterrânea em relação ao cristianismo que reina na superfície. A primeira se comporta em relação ao segundo como um sonho em relação à consciência e da mesma forma que o sonho compensa os conflitos do consciente, assim o esforço da alquimia visa preencher as lacunas deixadas pela tensão dos opostos no cristianismo. Isto se exprime de modo impressionante no axioma de Maria Prophetissa acima citado, o qual percorre como um *leitmotiv* mais de dezessete séculos da alquimia. Nesta, os números ímpares da dogmática cristã são entremeados por números pares que significam o feminino, a terra, o subterrâneo e até mesmo o próprio mal. Sua personificação é a "serpens mercurii" (serpente mercurial), o dragão que se gera e se destrói a si mesmo e a "prima materia". Esta ideia básica da alquimia remonta ao Tehom[9], a Tiamat com seu atributo de dragão, e mediante

---

9. Cf. Gn 1,2. O leitor encontrará uma compilação dos temas míticos em LANG. *Hat ein Gott die Welt erschaffen?* Lamentavelmente a crítica filológica terá muitas reservas a fazer em relação a esse trabalho. No entanto, convém assinalá-lo devido a sua tendência gnóstica.

eles, ao mundo originário matriarcal que foi superado, na teomaquia do mito de Marduk, pelo mundo patriarcal e viril. A transformação histórico-universal da consciência para o lado "masculino" é em primeiro lugar compensada pelo inconsciente ctônico-feminino. Em certas religiões pré-cristãs já ocorre uma diferenciação do masculino sob a forma da especificação pai-filho, transformação esta que atinge seu significado máximo no cristianismo. Se o inconsciente fosse apenas complementar, teria acompanhado essa transformação da consciência, ressaltando as figuras de mãe-filha, e o material necessário para isto já se encontrava no mito de Demeter e Perséfone. No entanto, como a alquimia mostra, o inconsciente preferiu o tipo Cibele-Átis, sob a forma da "prima materia" e do "filius macrocosmi", provando com isto não ser ele complementar, mas compensatório. Isto ressalta o fato de o inconsciente não atuar meramente em oposição à consciência, constituindo um parceiro ou adversário que a modifica em maior ou menor grau. Não é uma imagem complementar de filha que o tipo do filho chama do inconsciente ctônico, mas um outro filho. Segundo todas as aparências, este fato digno de nota está ligado à incarnação do deus puramente espiritual na natureza humana terrestre, possibilitada pela concepção do Espírito Santo no útero da Beata Virgo. Assim, pois, o superior espiritual masculino se inclina para o inferior, terrestre, feminino; vindo ao encontro do masculino, a mãe, que precede o mundo do pai, gera então um filho, mediante o instrumento do espírito humano (da "Filosofia") no sentido alquímico: um filho que não é a antítese do Cristo, mas sua contrapartida ctônica; não um homem-deus, mas um ser fabuloso conforme à natureza da mãe primordial. Enquanto a tarefa do filho superior é a da salvação do homem (do microcosmo), a do filho inferior é a de um "salvador macrocosmi".

27   Eis, de modo abreviado, o drama que se desenrolou na obscuridade da alquimia. É inútil dizer que esses dois filhos jamais se uniram, a não ser talvez no espírito e na vivência mais íntima de poucos alquimistas, especialmente dotados. Mas não é difícil perceber a "finalidade" desse drama: a encarnação de Deus, sob a aparência de uma aproximação do princípio do mundo paterno masculino com o princípio do mundo materno feminino, incitando este último a assimilar o primeiro. Isto foi como que a tentativa de lançar uma ponte para compensar o conflito entre ambos.

28   Não se escandalize o leitor se a minha digressão soa como um mito gnóstico. Movemo-nos aqui no terreno psicológico em que está enraizada a gnose. A mensagem do símbolo cristão é gnose, e a compensação do inconsciente o é ainda mais. O mitologema é a linguagem verdadeiramente originária de tais processos psíquicos e nenhuma formulação intelectual pode alcançar nem mesmo aproximadamente a plenitude e a força de expressão da imagem mítica. Trata-se de imagens originárias cuja melhor expressão é a imagística.

29   O processo aqui descrito apresenta todos os traços característicos de uma compensação psicológica. Sabe-se que a máscara do inconsciente não é rígida, mas reflete o rosto que voltamos para ele. A hostilidade confere-lhe um aspecto ameaçador, a benevolência suaviza seus traços. Não se trata aqui de um mero reflexo ótico, mas de uma resposta autônoma que revela a natureza independente daquele que responde. Assim, pois, o "filius philosophorum" não é a mera imagem refletida do filho de Deus numa matéria imprópria; esse filho de Tiamat apresenta os traços da imagem materna originária. Embora seja nitidamente hermafrodita, seu nome é masculino, revelando a tendência ao compromisso do submundo ctônico, rejeitado pelo espírito

e identificado com o mal: ele é indiscutivelmente uma concessão ao espiritual e ao masculino, embora carregue o peso da terra e o caráter fabuloso de sua animalidade originária.

Esta resposta do mundo materno mostra não ser intransponível o abismo que o separa do mundo paterno, porquanto o inconsciente contém um germe da unidade de ambos. A essência do consciente é a diferenciação; para ampliar a consciência é preciso separar os opostos uns dos outros, e isto *contra naturam*. Na natureza, os opostos se buscam – "les extrêmes se touchent" – o mesmo se dando no inconsciente, sobretudo no arquétipo da unidade, no si-mesmo. Neste último, como na divindade, os opostos são abolidos. Mas com a manifestação do inconsciente começa a cisão, do mesmo modo que na Criação: toda tomada de consciência é um ato criador e desta experiência psicológica derivam os múltiplos símbolos cosmogônicos.

A alquimia trata principalmente do germe da unidade que está oculto no caos de Tiamat e que corresponde à contrapartida da unidade divina. Como esta, ela tem um caráter trinitário na alquimia de influência cristã, e triádico na alquimia pagã. Segundo outros testemunhos aquele germe corresponde à unidade dos quatro elementos, constituindo uma quaternidade. A grande maioria das descobertas psicológicas modernas alinha-se ao lado deste último ponto de vista. Os raros casos por mim observados que produziam o número três eram caracterizados por uma deficiência sistemática no campo da consciência, ou seja, pela inconsciência da "função inferior". O número três não é uma expressão natural da totalidade, ao passo que o número quatro representa o mínimo dos determinantes de um juízo de totalidade. É preciso ressaltar, no entanto, que ao lado da nítida tendência para a quaternidade da alquimia (como também do inconsciente), sempre há uma incerteza marcante entre o três e o quatro. Já no axioma de Maria Prophetissa, a quaternidade é encoberta e vaga. Na alquimia, fala-se tanto de quatro como de três "regimina" (processos), de três como de quatro cores. Aliás, sempre há quatro elementos, mas frequentemente três são agrupados e um deles fica numa posição especial: ora é a terra, ora o fogo. O "mercúrio"[10] é sem dúvida "quadratus", mas também uma serpente tricéfala, ou simplesmente uma tri-unidade. Esta insegurança indica que se trata de um caráter duplo, isto é, as representações centrais são tanto quaternárias quanto ternárias. O psicólogo não pode deixar de mencionar o fato de que a psicologia do inconsciente também conhece uma perplexidade análoga. A função menos diferenciada (inferior) está de tal modo contaminada pelo inconsciente coletivo, que ao se tornar consciente traz consigo entre outros também o arquétipo do si-mesmo, τὸ ἕν τέταρτον (o um que nasce com o quatro), como diz Maria. O quatro significa o feminino, o materno, o físico; o três, o masculino, o paterno, o espiritual. A incerteza entre o quatro e o três significa, portanto, o mesmo que a hesitação entre o espiritual e o físico: um exemplo marcante de que toda verdade humana é apenas uma penúltima verdade.

32   Nesta introdução, parti da totalidade do homem como meta à qual conduz em última instância o desenvolvimento anímico, no decurso do processo psicoterapêutico. Esta questão liga-se indissoluvelmente a pressupostos filosófi-

---

10. [O autor redigiu a seguinte nota para a edição inglesa (1953): "Nas obras alquímicas o significado da palavra "Mercurius" é dos mais variados; não designa apenas o elemento químico mercúrio (Hg), Mercurius (Hermes) o Deus, e Mercúrio o planeta, mas também – e antes de mais nada – a secreta "substância transformadora" que é ao mesmo tempo o "espírito" inerente a todas as criaturas vivas. Estas diversas conotações aparecerão com maior clareza no decorrer do livro".]

cos e religiosos. Mesmo que o paciente se julgue isento de preconceitos neste aspecto, o que é um caso frequente, os pressupostos de seu modo de vida, seus pensamentos, sua moral, sua linguagem, são historicamente condicionados até os mínimos detalhes; muitas vezes este fato permanece inconsciente, por falta de cultura ou de autocrítica. A análise de sua situação, porém, conduz mais cedo ou mais tarde a um esclarecimento de seus pressupostos espirituais, ultrapassando de longe os determinantes pessoais e trazendo à baila a problemática que tentei esboçar nas páginas precedentes. Esta fase do processo é caracterizada pela produção de símbolos de unidade, dos "mandalas", que aparecem quer nos sonhos quer no estado de vigília, sob a forma de impressões visuais, e que representam, não raro, uma nítida compensação das contradições e conflitos da situação consciente. Talvez não seria correto afirmar que a responsabilidade desta situação se deva a uma "fenda"[11] (Przywara) aberta na ordem cristã do mundo, na medida em que é fácil provar que o simbolismo cristão cura essa ferida ou pelo menos se esforça por fazê-lo. Sem dúvida, seria mais acertado interpretar o fato do conflito permanecer aberto como um sintoma da situação psíquica do homem ocidental e de lastimar sua incapacidade de assimilar toda a amplitude do símbolo cristão. Como médico, não posso fazer exigência alguma ao paciente no tocante a esse ponto; além disso, faltam-me os meios da graça da Igreja. Confronto-me portanto, com a tarefa de enveredar pelo único caminho possível para mim, isto é, o da conscientização das imagens arquetípicas, que de modo algum correspondem às representações dogmáticas. Por isso devo deixar que o paciente decida de acordo com seus pressupostos, com sua maturidade espiritual, cultura, origem, e

---

11. PRZYWARA. *Deus semper maior* I, p. 71s.

seu temperamento, na medida em que isso for possível sem sérios conflitos. Minha tarefa como médico é ajudar o paciente a tornar-se apto para a vida. Não posso ter a presunção de julgar suas decisões últimas, pois sei por experiência que toda coerção, desde a mais sutil sugestão ou conselho a quaisquer outros métodos de persuasão, apenas produzem, em última análise, um obstáculo à vivência suprema e decisiva, isto é, o estar a sós com o Si-mesmo, com a objetividade da alma ou como quer que a chamemos. O paciente deve estar a sós para descobrir o que o suporta quando ele não está mais em condições de se suportar a si mesmo. Somente essa experiência dar-lhe-á um alicerce indestrutível.

33   Eu confiaria ao teólogo de bom grado essa tarefa, que realmente não é fácil, se muitos de meus pacientes não viessem justamente do teólogo. Eles poderiam ter permanecido na comunidade eclesial, mas o fato é que tombaram da grande árvore como folhas secas e se vincularam então ao tratamento. Algo neles se agarra muitas vezes com a força do desespero, como se eles ou algo neles estivesse na iminência de precipitar-se no nada, caso se soltassem. Procuram um chão firme em que se apoiar. Como nenhum apoio externo é adequado devem encontrá-lo em si mesmos. Do ponto de vista da razão, isto parece o que há de mais inverossímil, não o sendo entretanto do ponto de vista do inconsciente. O arquétipo da "origem humilde do Salvador" é um testemunho deste fato.

34   O caminho para a meta a princípio é caótico e imprevisível, e só aos poucos vão se multiplicando os sinais de uma direção a seguir. O caminho não segue a linha reta, mas é aparentemente cíclico. Um conhecimento mais exato o define como uma *espiral*: os temas do sonho sempre reaparecem depois de determinados intervalos, sob certas formas que designam à sua maneira o centro. Trata-se de um ponto

central ou de uma disposição centrada que em certos casos surge a partir dos primeiros sonhos. Os sonhos, enquanto manifestações dos processos inconscientes, traçam um movimento de rotação ou de circumambulação em torno do centro, dele se aproximando mediante amplificações cada vez mais nítidas e vastas. Devido à diversidade do material simbólico é difícil a princípio reconhecer qualquer tipo de ordem. De fato, nada permite pressupor que as séries de sonhos estejam sujeitas a um princípio ordenador. A uma observação mais acurada, porém, o processo de desenvolvimento revela-se cíclico ou em espiral. Poderíamos estabelecer um paralelo entre esses processos em espiral e o processo de crescimento das plantas; o tema vegetal (árvore, flor etc.) também retorna frequentemente nesses sonhos e fantasias, ou em desenhos espontâneos[12]. Na alquimia, a árvore é o símbolo da filosofia hermética.

Referências

HAENDLER, O. *Die Predigt* – Tiefenpsychologische Grundlagen und Grundfragen. 2. ed. Berlim: Alfred Töpelmann, 1949.

HARNACK, A. von. *Lehrbuch der Dogmengeschichte*. 3 vols. 5. ed., Tübingen, 1931.

JUNG, C.G. *Psychologie und Religion* – Die Terry-Lectures, gehalten an der Yale Universiry. Zurique: Rascher, 1940. Reed. 1942, 1947 e Pb 1962. Ölten: StA Walter, 1971 [GW 11 (1963 e 1973)].

LANG, J.B. *Hat ein Gott die Welt erschaffen?* Francke, Bern, 1942.

PRZYWARA, E. *Deus semper maior* – Theologie der Exerzitien. 3 vols. Freiburg i.Br., 1938-1940.

Realencyklopädie für protestantische Theologie und Kirche. [Ed. Albert Hauck. 3. ed. 24 vols. Leipzig, 1896-1913.

---

12. Cf. as ilustrações em WILHELM & JUNG. *O segredo da flor de ouro*.

TERTULLIAN(US). Quintus Septimius Clemens. *De carne Christi*. Migne P.L. II, col. 151-792.

_____. *Apologeticus adversus Gentes pro Christianis*. Migne E L. I col. 257-536.

WILHELM, R. *Das Geheimnis der Goldenen Blüte* – Ein chinesisches Lebensbuch. Mit einem europäischen Kommentar von C.G. Jung. Munique: Dorn Verlag [Ed. Zurique: Rascher, 1938. Reed., 1939, 1944, 1948 e 1957]. [Jungs Beitrag in GW 11 (1963)].

ZÖCKLER, O. "Probabilismus". Cf. *Realencyklopädie* [XVI S. 66ff].

Sobre a relação entre a psicoterapia e a direção espiritual[1]

Senhoras e senhores,

O desenvolvimento da Psicologia médica e da Psicoterapia deve-se muito menos à curiosidade dos estudiosos do que propriamente aos problemas psíquicos urgentes impostos pelos doentes e ao impulso decisivo que deles deriva. A ciência médica evitou muito tempo – quase em oposição às necessidades dos doentes – de tocar nos problemas propriamente psíquicos, partindo da hipótese, aliás não de todo desprovida de fundamento, de que esse domínio é mais da alçada de outras Faculdades. Mas, da mesma forma que a unidade biológica do ser humano sempre obrigou a Medicina a tomar emprestado informações aos ramos mais variados do saber, tais como a Química, a Física, a Biologia, etc., assim também viu-se forçada a aceitar que a Psicologia experimental entrasse para a sua órbita.

No decorrer desses empréstimos, era natural que os domínios científicos incorporados sofressem uma refração característica em suas tendências: em lugar de um trabalho de pesquisa que constituísse um fim em si mesmo, a preocupação era a de aplicá-los ao homem, na prática. Assim,

---

Fonte: OC 11/6, §§ 488-538.

1. De acordo com uma exposição feita à Conferência Pastoral de Estrasburgo em maio de 1932.

por exemplo, a Psiquiatria hauriu abundantemente do tesouro e dos métodos da Psicologia experimental e inseriu esta última no edifício de muitos dédalos da Psicoterapia. Esta nada mais é, em última análise, do que uma Psicologia dos fenômenos psíquicos complexos. Suas origens se encontram, de uma parte, nas experiências acumuladas pela Psiquiatria, entendida no sentido mais estrito deste termo, e, de outra parte, nas experiências da Neurologia; esta disciplina compreendia também, inicialmente, o domínio daquilo que se convencionou chamar de Neurologia psicogenética, visão esta que continua até hoje nos meios acadêmicos. Na prática, porém, abriu-se um vasto abismo nas últimas décadas, principalmente a partir da utilização da hipnose, entre os especialistas em Neurologia e os psicoterapeutas. Isto não poderia deixar de produzir-se, porque a Neurologia é a ciência das doenças orgânicas, ao passo que as neuroses psicogênicas não constituem doenças orgânicas no sentido corrente do termo, assim como não fazem parte do domínio do psiquiatra que limitou seu campo de atividade às psicoses. Mas as neuroses psicogênicas também não constituem doenças mentais no sentido comum do termo; elas formam um domínio *sui generis* e isolado, com fronteiras maldefinidas, apresentando inúmeras formas de transição que se lançam para ambos os lados: o das doenças mentais e o das doenças nervosas.

490   O caráter intrínseco e inegável das neuroses consiste no fato de que elas nascem de causas psíquicas e só podem ser curadas por meios exclusivamente psíquicos. A delimitação e o estudo deste domínio particular, empreendida tanto a partir do setor psiquiátrico quanto do setor neurológico, conduziu a uma descoberta que foi para a Medicina a mais incômoda possível: *a descoberta da alma* enquanto fator etiológico suscetível de provocar enfermidades no domínio

humano. A Medicina, no decorrer do século XIX, torna-se, em seus métodos e teoria, uma disciplina tributária das ciências naturais e se apoiava nos mesmos pressupostos filosóficos que estas últimas – o causalismo e o materialismo. A alma enquanto substância espiritual não existia por si, da mesma maneira que a Psicologia experimental se esforçava ao máximo para elaborar uma Psicologia sem alma.

O estudo das psiconeuroses mostrou incontestavelmente que o fator psíquico é o causador das perturbações, isto é, a causa principal da doença; assim, este fator psíquico foi colocado em paridade com as outras causas de doença já conhecidas, tais como a hereditariedade, a constituição, a infecção bacteriana, etc. Todas as tentativas feitas no sentido de reduzir a natureza do fator psíquico a outros fatores orgânicos deram em nada. Mas uma delas teve mais êxito – a que procurou reduzir o fator psíquico à noção de *instinto* tomada de empréstimo à Biologia. Os instintos, como se sabe, são necessidades fisiológicas facilmente perceptíveis, baseados nas funções glandulares e que, como mostra a experiência, influenciam e até mesmo condicionam os processos psíquicos. Qual seria a ideia imediata senão a de procurar a causa específica da psiconeurose, não num conceito místico de alma, mas num distúrbio dos instintos – distúrbio este que, em última análise, podia esperar-se curar graças a um tratamento orgânico glandular?

Freud, como se sabe, na sua Teoria das Neuroses, delineou este ponto de vista. Sua teoria vai buscar um princípio explicativo fundamental nas perturbações do instinto sexual. A concepção de Adler também extrai seu princípio explicativo do domínio dos impulsos sexuais e, especificamente, das perturbações do instinto de poder, instinto este muito mais psíquico do que o impulso sexual fisiológico.

493   A noção de instinto está longe de ter sido cientificamente esclarecida. Ela diz respeito a um fenômeno biológico de monstruosa complexidade e representa, no fundo, um "X", isto é, pura e simplesmente um conceito-limite, cujo conteúdo é de imprecisão absoluta. Não quero aqui dar início a uma crítica do conceito de instinto, mas, pelo contrário, encarar a possibilidade de considerar o fator psíquico como, por exemplo, uma mera combinação de instintos que também repousariam, por sua parte, em funções glandulares. Aliás, é forçoso admitirmos como provável que tudo aquilo que chamamos de psíquico está incluído na totalidade dos instintos e que, portanto, o psiquismo outra coisa não é, em última análise, senão um instinto ou conglomerado de instintos, ou seja, uma função hormonal. A psiconeurose seria, assim, uma enfermidade do aparelho glandular.

494   Mas a prova desta hipótese não foi absolutamente estabelecida, não se tendo encontrado até agora a secreção glandular que pudesse curar uma neurose. Se, por um lado, sabemos, depois de um sem-número de fracassos, que a terapia orgânica falhou em princípio nas neuroses, por outro lado sabemos também que os meios psíquicos curam a neurose, como se eles fossem extratos glandulares. As neuroses, segundo nossa experiência atual, podem e devem ser influenciadas e curadas, não a partir da função proximal do sistema endócrino, mas de sua função distal, ou seja, do psiquismo em geral, tudo se passando exatamente como se o psiquismo fosse uma substância. Uma explicação apropriada ou uma palavra de consolo, por exemplo, podem obter um efeito de cura que, em última análise, estende-se até mesmo às funções glandulares. As palavras do médico nada mais são, evidentemente, do que vibrações do ar, mas seu valor intrínseco decorre do estado psíquico particular do médico que as pronuncia. As palavras não agem senão porque

transmitem um sentido ou uma significação: é justamente aí que reside o segredo de sua eficácia. Ora, o sentido é qualquer coisa de espiritual. Concedo que se possa dizer que este sentido nada mais é do que uma *ficção*. Mas não é menos verdade que, graças à ficção, podemos influenciar a doença de maneira muito mais eficaz do que por meio de produtos químicos, e, mais ainda, que até mesmo influenciamos o processo biológico químico. Que a ficção se produza em mim interiormente, ou me atinja a partir do exterior, por meio da linguagem, pouco me importa: tanto num caso como no outro ela pode me adoecer ou restituir-me a saúde. As ficções, ilusões e opiniões são certamente as coisas menos tangíveis e menos reais que possamos imaginar, e, no entanto, elas são psíquica e psicofisiologicamente as mais eficazes.

Foi mediante este processo que a Medicina descobriu a alma. Por honestidade, a Medicina não pode mais negar a substancialidade do psíquico. O instinto é reconhecido como sendo uma das condições do psíquico, da mesma forma que o psíquico passou a ser considerado, e com razão, um dos condicionamentos dos instintos. 495

Não se pode acusar as teorias freudianas e adlerianas de serem psicologias do instinto, mas sim o de serem unilaterais. Constituem psicologias sem alma, indicadas para todos aqueles que acreditam não ter necessidades nem exigências espirituais. Mas nesta abordagem, tanto se engana o médico como o paciente: embora estas teorias levem em conta a psicologia das neuroses, em grau infinitamente mais elevado do que qualquer outra concepção médica pré-analítica, não é menos verdade que sua limitação ao instintual em nada satisfaz as necessidades mais profundas da alma enferma. Sua concepção é demasiado científica, parece demasiado axiomática, fictícia ou imaginativa, em uma palavra: atribui 496 ou coloca demasiado sentido onde este não existe. Ora, *só o significativo traz a salvação.*

497   A razão cotidiana, o bom-senso comum, a ciência como corporificação do *common sense*, sob forma concentrada, certamente satisfazem por algum tempo e por uma etapa bem prolongada, mas nunca vão além das fronteiras da realidade mais terra a terra, ou de uma normalidade humana média. No fundo, não trazem qualquer solução aos problemas do sofrimento psíquico e de sua significação mais profunda. *A psiconeurose, em última instância, é um sofrimento de uma alma que não encontrou o seu sentido.* Do sofrimento da alma é que brota toda criação espiritual e nasce todo homem enquanto espírito: ora, o motivo do sofrimento é a estagnação espiritual, a esterilidade da alma.

498   Munido deste conhecimento o médico se aventura, doravante, num domínio do qual só se aproxima depois de muita hesitação. Começará a enfrentar a necessidade de transmitir a ficção salutar, a significação espiritual, pois é isto, precisamente, o que o doente espera dele, para além de tudo o que a razão pensante e a ciência lhe podem dar. O enfermo procura aquilo que o empolgue e venha conferir, enfim, ao caos e à desordem de sua alma neurótica uma forma que tenha sentido.

499   Estará o médico à altura desta tarefa? Ele poderá encaminhar seu paciente, antes de tudo, a um teólogo ou filósofo, ou abandoná-lo às incertezas e perplexidades de sua época. Enquanto médico, sua consciência profissional evidentemente não o obriga a abraçar uma determinada concepção do mundo. Mas o que acontecerá quando perceber, com inelutável clareza, as causas do mal de que o seu paciente sofre, isto é, que ele é *carente de amor* e não possui senão a sexualidade; que lhe falta a fé, porque ele receia a cegueira; que vive sem esperança, porque a vida e o mundo o

decepcionaram profundamente; e que atravessa a existência mergulhado na ignorância, porque não soube perceber sua própria significação?

Numerosos pacientes cultos se recusam categoricamente a procurar um teólogo. Quanto ao filósofo, nem sequer querem ouvir falar a respeito. A história da Filosofia os deixa frios e o intelectualismo em que vivem mergulhados se lhes afigura mais desolador do que um deserto. Onde encontrar os grandes sábios da vida e do mundo que não apenas se limitem a falar do sentido da existência, mas que também o possuam? Aliás não se pode imaginar qualquer sistema ou verdade que tragam ao doente aquilo de que necessita para a vida, a saber, a crença, a esperança, o amor e o conhecimento.

Estas quatro conquistas supremas do esforço e das aspirações humanas são outras tantas graças que não podem ser ensinadas nem aprendidas, nem dadas ou tomadas, nem retiradas ou adquiridas, pois estão ligadas a uma condição irracional que foge ao arbítrio humano, isto é, à *experiência viva* que se teve. Ora, é completamente impossível fabricar tais experiências. Elas ocorrem, não de modo absoluto, mas infelizmente de modo relativo. Tudo o que podemos, dentro de nossas limitações humanas, *é tentar um caminho de aproximação rumo a elas*. Há caminhos que nos conduzem à proximidade das experiências, mas deveríamos evitar de dar a estas vias o nome de "métodos", pois isto age de maneira esterilizante sobre a vida e, além disto, a trilha que leva a uma experiência vivida não consiste em um artifício, mas em uma empresa arriscada que exige o esforço incondicional de toda a personalidade.

A necessidade terapêutica conduz-nos, assim, a uma questão e ao mesmo tempo a um obstáculo aparentemente insuperável. Como poderemos ajudar a alma enferma a pôr-se a caminho da experiência libertadora, a partir da qual germinarão os quatro grandes carismas (crença, esperança, amor e conhecimento) que deverão curar a doença? Pleno de boas intenções, o médico talvez chegue a aconselhar ao doente: "Deverias ter o verdadeiro amor, ou a verdadeira fé, ou ainda empenhar-te em conhecer-te a ti mesmo". Mas onde vai o doente encontrar aquilo que, precisamente, só poderá receber depois do tratamento?

503   Saulo não deve sua conversão nem ao amor verdadeiro, nem à verdadeira fé, nem a uma verdade qualquer; só o seu *ódio aos cristãos* o fez pôr-se a caminho de Damasco e o conduziu àquela experiência que devia tornar-se decisiva para toda a sua vida. Ele viveu o seu maior erro com convicção, e foi isto precisamente que nele determinou a experiência vivida.

504   Aqui se abre, diante do psiquiatra, um conjunto de problemas vitais que jamais poderá ser levado suficientemente a sério, e aqui também se impõe ao médico da alma um problema que o coloca em estreito contato com o diretor espiritual.

505   O problema do sofrimento da alma concerneria, no fundo, muito mais ao diretor espiritual do que ao médico. Mas na maioria dos casos o doente consulta primeiro o médico, porque pensa estar fisicamente enfermo e sabe que certos sintomas neuróticos poderão pelo menos ser aliviados por meio de medicamentos. Por outro lado, o diretor espiritual geralmente não possui os conhecimentos que o capacitem a penetrar nas trevas do pano de fundo psíquico dos doentes, como também não possui a autoridade que lhe dê condições de convencer o doente de que seu sofrimento não é de natureza física, mas psíquica.

Há também certos doentes que conhecem a natureza espiritual de seu sofrimento, mas se recusam a procurar um diretor espiritual, justamente porque não acreditam que ele seja capaz de ajudá-los realmente. Esses mesmos doentes, aliás, sentem uma desconfiança análoga em relação aos médicos em geral, desconfiança fundada porque, de fato, tanto o médico como o diretor espiritual se acham presentes, mas de mãos vazias ou – o que é pior – capazes apenas de palavras ocas. Que o médico afinal nada tenha a dizer a respeito das últimas questões da alma é de todo compreensível. Aliás, não é do médico, mas do teólogo que o paciente deveria esperar este conhecimento. Mas o pastor protestante se encontra algumas vezes confrontado com tarefas quase insolúveis, uma vez que tem que lutar com dificuldades práticas das quais o sacerdote católico se acha impune. Este último tem o respaldo, sobretudo, na autoridade da Igreja: além disso, encontra-se numa situação social garantida e independente ao contrário do pastor protestante, quase sempre casado, tendo a pesar-lhe sobre os ombros a responsabilidade de uma família e, no pior dos casos, sem um mosteiro ou uma colegiada para acolhê-lo hospitaleiramente em suas necessidades. Quanto ao sacerdote católico, se for jesuíta, gozará dos benefícios da formação psicológica mais moderna. Assim, por exemplo, vim a saber que os meus trabalhos têm sido objeto, em Roma, de estudos sérios, muito antes que algum teólogo protestante os tivesse honrado com um rápido olhar.

Os problemas da hora são graves. O abandono da Igreja protestante, na Alemanha, por numerosos fiéis não constitui senão *um* dos sintomas. Muitos outros poderiam mostrar ao teólogo que apenas o recurso à fé ou um convite a uma atividade caritativa significam demasiado pouco para as expectativas e exigências do homem moderno. O fato de muitos teólogos procurarem apoio psicológico ou uma ajuda prática na teoria sexual de Freud ou na teoria da vontade de poder de Adler representa ao que parece uma curiosa contradição, pois estas duas concepções são, no fundo, inimigas de tudo o que há de espiritual no homem, uma vez que se trata de psicologias sem alma. São métodos racionalistas, que precisamente impedem o pleno desabrochar da experiência espiritual. Na sua imensa maioria os psicoterapeutas são adeptos de Freud ou de Adler. Isto significa também que a maioria dos doentes se tornarão necessariamente estranhos às perspectivas espirituais. Isto não pode deixar indiferente quem se interesse pelo destino da alma humana. A vaga psicológica que inunda os países protestantes da Europa está longe de decrescer. Ela avança paralelamente com o abandono em massa das Igrejas. Cito aqui as palavras de um pastor protestante: "Hoje em dia as pessoas vão ao médico da alma, ao invés de procurarem um diretor espiritual".

508   Estou convencido de que esta afirmação só vale para o público culto. Certamente não se aplica à grande massa. Mas não nos esqueçamos de que aquilo que o homem culto pensa não levará mais do que vinte anos para tornar-se objeto das preocupações da massa. A obra célebre de Büchner, *Kraft und Stoff* (Força e matéria)[2], por exemplo, tornou-se, cerca de vinte anos depois de sua publicação, quando já parecia praticamente abandonada pelos círculos cultos, um dos livros mais lidos das bibliotecas populares da Alemanha. Estou convencido de que as necessidades psicológicas dos homens cultos de hoje constituirão o centro de interesse popular de amanhã.

---

2. BÜCHNER, L. *Kraft und Stoff, oder Grundz¨ge der natürlichen Weltordnung nebst einer darauf gebauten Moral oder Sittenlehre.* Leipzig: [s.e.], 1855.

Gostaria de apresentar aqui os seguintes fatos à reflexão 509
dos meus leitores: há trinta anos minha clientela provém,
um pouco, de quase todos os países civilizados do mundo.
Várias centenas de doentes passaram pelas minhas mãos.
Em sua grande maioria, eram protestantes; havia uma minoria de judeus, e não tratei mais do que cinco ou seis católicos praticantes. De todos os meus pacientes que tinham
ultrapassado o meio da vida, isto é, que contavam mais de
trinta e cinco anos, não houve um só cujo problema mais
profundo não fosse o da atitude religiosa. Aliás, todos estavam doentes, em última análise, por terem perdido aquilo
que as religiões vivas ofereciam em todos os tempos a seus
adeptos, e nenhum se curou realmente, sem ter readquirido
uma atitude religiosa própria, o que, evidentemente, nada
tinha a ver com a questão de confissão (credo religioso) ou
com a pertença a uma determinada igreja.

Aqui se abre um imenso domínio para o diretor espi- 510
ritual. Mas parece que quase ninguém o percebeu. É improvável que o pastor protestante de hoje esteja suficientemente preparado para atender às fortes exigências da alma
contemporânea. Já está na hora de o diretor espiritual e o
médico se darem as mãos para levar a bom termo esta in-
gente tarefa espiritual.

Eu gostaria de mostrar-lhes, com um exemplo, o quan- 511
to estes problemas são atuais: Há pouco mais de um ano,
a Direção da Conferência dos Estudantes Cristãos de Aa-
rau perguntou-me por que as pessoas de hoje, em casos de
sofrimento moral, dirigem-se de preferência ao médico e
não ao pastor. Esta questão é direta e prática. Até então eu
constatara apenas que *meus* pacientes tinham procurado o
médico e não o pastor. Mas isto era um fato geral. Tal coisa
me parecia duvidosa; em todo caso, eu não dispunha de
dados precisos sobre o problema. Por isso, promovi a este

respeito uma pesquisa em círculos que me eram totalmente estranhos, por meio de terceiros; a ela responderam protestantes franceses, alemães e suíços. Paralelamente, recebemos também um certo número de respostas de círculos católicos. Os resultados desta pesquisa são muito interessantes. De modo geral, 57% de todos os protestantes e somente 25% dos católicos declaravam optar pelo médico nos casos de sofrimento moral. Pelo pastor, somente 8% dos protestantes, contra 58% dos católicos. Estas foram as opções claramente definidas. O resto das respostas protestantes, ou seja, 35%, ficou indeciso. Do lado católico, o número de indecisos não ultrapassou 17%.

512   E quais foram as razões principalmente alegadas para não se consultar o pastor? Em 52% das respostas foi mencionada a falta de conhecimentos psicológicos e da compreensão daí decorrente. 28% indicaram como motivo de sua abstenção que o pastor tem uma concepção preestabelecida e se acha muito preso a uma formação dogmática estreita e tradicional. Notemos, a título de curiosidade, que até mesmo um pastor declarou optar pelo médico, ao passo que outro me respondeu irritado: "A Teologia nada tem a ver com o tratamento de doentes". Todos os membros de família dos teólogos que responderam à pesquisa de opinião se pronunciaram contra o pastor.

513   Esta pesquisa, evidentemente restrita a círculos cultos, nada mais é do que uma sondagem de valor muito limitado. Estou convencido de que certas camadas populares sem cultura reagiriam de modo diferente. Mas minha tendência é a de admitir que, pelo menos em relação aos meios que responderam, a pesquisa possui um certo valor, pois é fato bem-conhecido que a indiferença pelas coisas da Igreja e da religião é muito grande e cresce cada vez mais nestes círculos. E não esqueçamos, quanto à psicologia das massas acima mencionada, que os problemas ideológicos dos círculos cul-

tos não levam mais do que vinte anos para atingir as classes populares sem cultura. Quem teria previsto, por exemplo, há vinte ou mesmo há dez anos, a imensa reviravolta espiritual que ocorreu na Espanha, o mais católico de todos os países da Europa?[3] E, no entanto, ele foi abalado repentinamente, como que pela violência de uma catástrofe natural.

Parece-me que paralelamente à decadência da vida religiosa o número de neuroses vai aumentando consideravelmente. Entretanto, não há qualquer estatística que ateste este crescimento. Mas uma coisa me parece certa: o estado de espírito geral do europeu mostra mais ou menos por toda parte uma ausência inquietante de equilíbrio. Não se pode negar que vivemos em uma época de grande agitação, de nervosismo, de atividade mais ou menos desordenada e de notável desconcerto em tudo que se refere às concepções do mundo. No seio de minha clientela que provém, sem nenhuma exceção, dos meios cultos, figura um número considerável de pessoas que me consultaram, não porque sofressem de uma neurose, mas porque não encontravam um sentido para suas vidas ou porque se torturavam com problemas para os quais a filosofia e a religião não traziam qualquer solução. Alguns pensavam que eu talvez possuísse alguma fórmula mágica, mas tive prontamente de desenganá-los e dizer-lhes – e isto nos leva aos problemas práticos – que eu também não possuía qualquer resposta pronta.

Tomemos, por exemplo, a mais frequente e a mais comum destas questões – a do sentido da vida. O homem moderno acredita saber à saciedade o que o pastor vai responder a esta interrogação, e mesmo o que ele deve responder... Do filósofo essas pessoas geralmente riem; do médico

---

3. (Esta conferência foi pronunciada durante a Segunda República da Espanha, proclamada em 1931 e surpresa em 1936).

de clínica geral não esperam muita coisa; mas do especialista da alma, que passa seu tempo a analisar o inconsciente, quem sabe, afinal de contas, se não terá alguma coisa para dizer? Talvez se possa esperar que ele tenha desenterrado dos subterrâneos obscuros da alma, entre outras coisas, também um sentido para a vida, que poderíamos adquirir barato, em troca do pagamento dos honorários. Por isso, constitui quase um alívio da consciência para qualquer pessoa séria saber que o próprio médico nada tem a dizer, *a priori*, sobre o assunto. E assim a pessoa se consola, sabendo que não errou o alvo que estava a seu alcance. É muitas vezes por meio deste contato que se abre o caminho da confiança em relação ao médico.

516   Descobri que há no homem moderno uma resistência invencível contra as opiniões pré-fabricadas e as verdades tradicionais que se pretende impor. O homem moderno é como um bolchevista para o qual todas as formas e normas espirituais anteriores perderam de algum modo a validez, e assim ele quer experimentar com o espírito o que o bolchevista faz com a economia. Em face desta tendência do espírito moderno, qualquer sistema da Igreja Católica ou protestante, budista ou confucionista, acha-se numa situação incômoda. É inegável que entre os modernos existem naturezas destruidoras, perversas, tipos originais degenerados, desequilibrados, que não se sentem bem em parte alguma e que, por conseguinte, aderem a todos os novos experimentos e a todos os movimentos – aliás com grande dano para estes últimos – na esperança de descobrir aí, enfim, aquilo que possa atenuar as suas próprias deficiências. Evidentemente, por força de minha profissão conheço um grande número de pessoas de nossa época e, consequentemente, também os sujeitos patológicos, assim como os normais. Mas façamos abstração dos sujeitos patológicos.

Os indivíduos normais não são tipos originais doentios, mas muitas vezes homens particularmente capazes, bons e corajosos; entretanto, não é por maldade que rejeitam as verdades tradicionais, e sim por motivos de correção e de honestidade. Eles sentem globalmente que nossas verdades religiosas se tornaram, de alguma forma, ocas e vazias. Ou não conseguem harmonizar sua concepção das coisas com as verdades religiosas, ou então sentem que as verdades cristãs perderam sua autoridade e justificação psicológica. As pessoas não se sentem mais salvas pela morte de Cristo e não conseguem mais crer. Feliz, por certo, é aquele que pode crer em alguma coisa, mas não se pode obter a fé pela força. O pecado é qualquer coisa inteiramente relativa: o que é mau para um é bom para o outro. Por que Buda não teria tanta razão quanto Cristo?

Creio que todos aqui conhecem estas questões e dúvidas tanto quanto eu. A análise freudiana coloca todas estas coisas de lado, declarando-as impróprias, porque na sua opinião trata-se, quanto ao essencial, de recalques da sexualidade, fatos encobertos por pretensos problemas filosóficos e religiosos. Quando se estuda, em sua realidade, um caso individual em que surgem problemas desta natureza, logo se constata, efetivamente, que o domínio sexual se acha perturbado de maneira muito singular, de modo geral, a esfera inteira dos instintos inconscientes. Freud explica toda desordem psíquica, partindo da existência dessa desordem sexual, e se interessa unicamente pela causalidade dos sintomas psíquico-sexuais. Assim procedendo, ignora completamente que existem casos em que as pretensas causas estavam presentes desde há muito, mas não se manifestavam, até que alguma perturbação da atitude consciente fizesse o indivíduo soçobrar na neurose. Este procedimento é semelhante ao que aconteceria se, num barco que fosse a

517

pique, por ter-se aberto um rombo no seu casco, a tripulação se interessasse essencialmente pela composição da água que irrompesse no casco, ao invés de esforçar-se por tapar o buraco. A perturbação da esfera sexual não é um fenômeno primário, mas constitui, como tal, um fenômeno secundário. A consciência perdeu seu sentido e sua esperança. Tudo se passa como se um pânico tivesse irrompido ("comamos e bebamos porque amanhã estaremos mortos"). Este estado de alma, nascido em seres que perderam o sentido de sua existência, determina a perturbação do mundo subterrâneo e desencadeia os instintos domesticados a duras penas. O motivo pelo qual alguém se torna neurótico está tanto no presente como no passado. Só um motivo atualmente existente pode manter viva uma neurose. Uma tuberculose existe hoje, não porque há vinte anos houve uma infecção de bacilos tuberculosos, mas porque o sujeito apresenta, *no momento*, focos bacilares em rápido desenvolvimento. Onde e como teve lugar a infecção é de todo secundário. Mesmo o mais exato conhecimento dos antecedentes do enfermo não o curaria da tuberculose. A mesma coisa acontece com a neurose.

518   É por esta razão que sempre levo a sério os problemas religiosos que um paciente me submeta, e os considero como causas possíveis de uma neurose. Mas se os levo a sério, devo confessar a meu paciente: "Sim, você tem razão; pode-se sentir as coisas como você o faz; Buda pode ter tanta razão quanto Cristo; o pecado é relativo, e não se vê realmente como e por que motivo deveríamos sentir-nos salvos pela morte de Cristo". Confirmar o doente nestas suas dúvidas é certamente muito fácil para mim, enquanto médico, mas é difícil para o pastor. O paciente percebe a atitude do médico como resultante de uma compreensão, ao passo que tomará as hesitações do pastor como o reflexo de um aprisionamento deste na história ou na tradição – atitude que

o separaria humanamente do enfermo. E o paciente pensa consigo mesmo: Se assim é, o que acontecerá e o que irá dizer o pastor quando eu começar a falar-lhe de todas aquelas coisas que perturbam minha vida instintiva? Com toda razão o paciente esperará que o pastor esteja muito mais preso ainda aos seus conceitos morais do que os seus pontos de vista dogmáticos. Podemos lembrar neste contexto a anedota deliciosa que se conta a respeito do lacônico Presidente Coolidge. Num domingo pela manhã ele saiu e ao retornar sua mulher lhe perguntou: "Onde estiveste?" "Na Igreja!" "E o que disse o pastor?" "Falou do pecado". "E o que disse ele sobre o pecado?" "Ele foi contra".

Dir-me-ão que o médico, nesta perspectiva, pode facilmente ser compreensivo. Mas nós nos esquecemos de que entre os médicos também existem naturezas morais e que entre as confissões dos pacientes há algumas que o médico também tem certa dificuldade em digerir. E, no entanto, o interlocutor não se sentirá aceito enquanto não for admitido aquilo que há de mais sombrio nele. Ora, nessa aceitação não se trata apenas de palavras, e a ela se pode chegar em função da mentalidade de cada um e da atitude que se adota no confronto consigo próprio e com seu lado sombrio. Se o médico quer conduzir a alma de alguém, ou mesmo somente acompanhá-la, é preciso, pelo menos, que esteja em contato com ela. Este contato, entretanto, não se estabelecerá enquanto o médico mantiver uma atitude de condenação no que diz respeito à pessoa que lhe foi confiada. Que nada diga acerca desta condenação ou que a exprima mais ou menos claramente, isto em nada altera as consequências produzidas por sua atitude no paciente. Mas também não adianta assumir a atitude inversa e dar sempre razão ao paciente, em qualquer circunstância. Este procedimento determinará o mesmo alheamento que uma condenação moral. O contato, com efeito, só se estabelece graças a uma *objetividade isenta de qualquer preconceito*. Esta afirmação tem um aspecto quase científico. Alguém poderia confundir o meu pensamento com uma atitude puramente abstrata e intelectual. Ora, o que aqui estou dizendo é algo de inteiramente diverso: trata-se de uma atitude humana profundamente respeitosa em relação ao fato, em relação ao homem que sofre esse fato e em relação ao enigma que a vida desse homem implica. O homem autenticamente religioso assume precisamente tal atitude. Ele sabe que Deus criou todas as espécies de estranhezas e coisas incompreensíveis, e que procurará atingir o coração humano pelos caminhos mais obscuros possíveis. É por isso que a alma religiosa sente a presença obscura da vontade divina em todas as coisas. É esta atitude que pretendo designar quando falo de "objetividade isenta de qualquer preconceito". Ela constitui o desempenho moral do médico, o qual não deve sentir repugnância pela enfermidade e pela podridão. *Não se pode mudar aquilo que interiormente não se aceitou.* A condenação moral não liberta; ela oprime e sufoca. A partir do momento em que *condeno alguém*, não sou seu amigo e não compartilho de seus sofrimentos; sou o seu opressor. Isto não quer dizer, evidentemente, que nunca se deva condenar alguém. Mas não se deve condenar ali onde se espera e se pode ajudar alguém a melhorar sem recorrer a essa condenação. Se um médico quer ajudar um homem, deve primeiramente aceitá-lo tal como é. E não poderá fazer isso enquanto não se aceitar a si mesmo previamente, tal como é, em seu ser, com todas as suas falhas.

520   Isto talvez pareça muito simples. Mas o que é simples em geral é sempre o mais difícil. De fato, a simplicidade constitui a arte suprema e assim a aceitação de si mesmo é a essência do problema moral e o centro de toda uma concep-

ção do mundo. Que eu faça um mendigo sentar-se à minha mesa, que eu perdoe àquele que me ofende e me esforce por amar, inclusive o meu inimigo, em nome de Cristo, tudo isto, naturalmente, não deixa de ser uma grande virtude. O que faço ao menor dos meus irmãos é ao próprio Cristo que faço. Mas o que acontecerá, se descubro, porventura, que o menor, o mais miserável de todos, o mais pobre dos mendigos, o mais insolente dos meus caluniadores, o meu inimigo, reside dentro de mim, sou eu mesmo, e precisa da esmola da minha bondade, e que eu mesmo sou o inimigo que é necessário amar? Assistimos aqui a uma inversão total da verdade cristã, pois já não temos mais amor nem paciência e somos nós próprios a dizer ao *irmão que está dentro de nós*: "Raca!" (louco), condenando-nos, dessa forma, a nós próprios e irando-nos contra nós mesmos. Exteriormente, dissimulamos aquilo de que somos feitos e negamos categoricamente haver encontrado à nossa frente esse miserável que habita dentro de nós, e mesmo que o próprio Deus tivesse se aproximado de nós, oculto sob estes traços repugnantes, nós o teríamos rejeitado milhares de vezes, muito antes que o galo cantasse.

Quem quer que com a ajuda da Psicologia moderna 521 tenha lançado um olhar não só por trás dos bastidores de seus pacientes, mas também e principalmente por trás dos seus próprios bastidores (e isto constitui uma necessidade para o psicoterapeuta moderno, que não for um charlatão ingênuo), reconhecerá que o mais difícil, para não dizer o impossível, é aceitar-se tal como se é, com sua miserável natureza. Basta a simples alusão a esta necessidade para mergulhar o indivíduo em um suor de angústia, e é por isso, em geral, que se prefere adotar, com certa alegria e sem hesitação, uma atitude mais complexa ou mais ambígua, a saber, a ignorância de si mesmo e o desvelo duvidoso em relação aos outros, às dificuldades e aos pecados alheios. É nesta atitude que está a demonstração das virtudes tangíveis, graças às quais enganamos não só aos outros como a nós mesmos, deixando a nossa consciência tranquila. Com isto (graças a Deus) escapamos de nós mesmos. Um sem-número de pessoas puderam agir assim impunemente, mas isto não acontece com todas, e estas então mergulham em uma neurose, na caminhada para Damasco. Como pode o médico ajudar estes indivíduos, se ele é um daqueles que se esquivou ao conhecimento de si mesmo e talvez tenha sido atingido pelo "Morbus sacer" (mal sagrado) da neurose? Só possui uma "objetividade isenta de preconceitos" aquele que se aceitou tal como é. Ora, ninguém pode vangloriar-se de o ter conseguido plenamente. Poderíamos alegar o caso de Cristo que sacrificou sua encarnação histórica ao Deus que estava nele e viveu sua vida tal como ela era, até o amargo fim, sem levar em conta, na verdade, qualquer convenção humana ou o que pudesse parecer bom aos olhos dos fariseus.

522   Nós, os protestantes, achamo-nos em melhores condições de abordar este problema. Devemos compreender a imitação de Cristo no sentido de que se trataria de copiar a sua vida, macaquear de algum modo os seus estigmas, as suas chagas, ou, entendendo-o em seu sentido mais profundo, viver a nossa vida como Ele viveu a sua, naquilo que Ele tinha de mais próprio e irredutível. Imitar a vida de Cristo não é coisa fácil, mas é indiscutivelmente mais difícil viver a própria vida no espírito em que Cristo viveu a sua. Se alguém se esforçasse por consegui-lo, estaria correndo o risco de se chocar contra os próprios condicionamentos históricos e, mesmo que atendesse às suas exigências, ainda assim seria, a seu modo, ignorado, desprezado, escarnecido, torturado e pregado numa cruz. Com efeito, tal homem seria uma espécie de bolchevista demente, e não é sem mo-

tivo que o crucificariam. Por isso é que se prefere a *imitatio Christi* (imitação de Cristo) coroada pela história e transfigurada pela santidade. Eu jamais tentaria perturbar um monge que se esforçasse por realizar esta identificação com Cristo. Acho que é digno de uma admiração especial. Mas acontece que não sou monge, e meus pacientes também não; além do mais, tenho a missão, como médico, de indicar a meus doentes o caminho segundo o qual poderão viver a sua vida sem se tornarem neuróticos. A neurose é uma cisão interior, uma discórdia íntima. Tudo o que reforça esta discórdia agrava o mal; tudo o que a reduz devolve a saúde. Aquilo que provoca a discórdia é o pressentimento ou mesmo o conhecimento de que há dois seres no coração do mesmo sujeito, e que eles se comportam de modo antagônico, algo assim como o que diz Fausto: "Duas almas – ai! – habitam em meu peito"; estes dois seres são o homem sensual e o homem espiritual, o eu e sua sombra. A neurose é uma cisão da personalidade.

O problema da cura é um problema religioso. Uma das imagens que ilustram o sofrimento neurótico no interior de cada um é a da guerra civil no plano das relações sociais que regulam a vida das nações. É pela virtude cristã que nos impele a amar e a perdoar o inimigo que os homens curam o estado de sofrimento entre as pessoas. Aquilo que por convicção cristã recomendamos exteriormente é preciso que o apliquemos internamente no plano da terapia das neuroses. É por isso que os homens modernos não querem mais ouvir falar em culpa ou pecado. Cada um já tem muito o que fazer com a própria consciência já bastante carregada e o que todos desejam saber e aprender é como conseguir *reconciliar-se* com as próprias falhas, como amar o inimigo que se tem dentro do próprio coração e como chamar de "irmão" ao lobo que nos quer devorar.

524   O homem moderno também não está mais interessado em saber como poderia imitar a Cristo. O que quer, antes de tudo, é saber como conseguir viver em função de seu próprio tipo vital, por mais pobre ou banal que seja. Tudo o que lhe lembra imitação se lhe afigura contrário ao impulso vital, contrário à vida, e é por isso que ele se rebela contra a história que gostaria de retê-lo em caminhos previamente traçados. Ora, para ele todos esses caminhos conduzem ao erro. Ele está mergulhado na ignorância, mas se comporta como se sua vida individual constituísse a expressão de uma vontade particular divina, que deveria ser cumprida antes e acima de tudo – daí o seu egoísmo, que é um dos defeitos mais perceptíveis do estado neurótico. Mas quem disser ao homem moderno que ele é demasiado egoísta perdeu irremediavelmente a partida com ele. O que se entende perfeitamente, pois, agindo assim, não faz senão empurrá-lo cada vez mais para a neurose.

525   É precisamente o egoísmo dos doentes que me impele, em função de sua própria cura, a reconhecer o profundo sentido de um tal egoísmo. Há nele (e para não o ver seria preciso que eu estivesse cego) algo que se apresenta como uma autêntica vontade divina. Quer dizer, se o doente consegue impor seu egoísmo (e eu devo ajudá-lo em tal sentido), ele se tornará estranho aos demais, repeli-los-á e, assim, tanto ele como os outros ficarão apenas consigo próprios. Nada mais justo que isto lhes aconteça, pois quiseram arrancá-lo do seu "sagrado egoísmo". Ora, este deve ser-lhe deixado, pois constitui sua força mais poderosa e mais sadia, que é, como acabo de dizer, uma espécie de manifestação da autêntica vontade divina, impelindo-o, na maioria das vezes, a um isolamento total. Por mais miserável que seja este isolamento, ele não deixa de ser útil, porque somente então é que o doente vai poder conhecer-se a si próprio; só então poderá aprender a

medir o bem inestimável que reside no amor dos outros homens. Além disso, só no seio do abandono e da mais profunda solidão consigo mesmo, pode-se experimentar os poderes benéficos que cada um traz dentro de si.

Quando observamos, em várias ocasiões, evoluções desta natureza, só pudemos reconhecer que aquilo que era mau tornou-se um degrau para o bem, e aquilo que parecia bom não fazia senão manter o mal em ação. O demônio do egoísmo torna-se assim a via régia para aquele silêncio que uma experiência religiosa exige. Encontramos aqui a grande lei da vida que é a enantiodromia, ou seja, a conversão no contrário, que pouco a pouco torna possível a unificação das duas componentes opostas da personalidade, pondo um fim à guerra civil que nela se trava. **526**

Escolhi o egoísmo neurótico como exemplo por se tratar de um dos sintomas mais frequentes na vida do homem. Mas poderia ter escolhido qualquer outro sintoma do caráter, para demonstrar qual deve ser a atitude do psiquiatra em face das insuficiências de seus pacientes; em outros termos: para mostrar como utilizar-se com proveito de atitudes negativas e do problema do mal que elas implicam. **527**

Talvez tudo isto pareça ainda muito simples. Na realidade, porém, a aceitação do lado sombrio da natureza humana constitui algo que raia pelo impossível. Basta pensar no que significa aceitarmos o irracional, o insensato e o mau, seu direito à existência. Entretanto, é a isto que o homem moderno aspira; ele quer viver com aquilo que ele próprio é; quer saber o que ele é, e por esta razão é que rejeita a história. Quer ser sem história, para poder viver da forma experimental e constatar o que as coisas possuem de valor e de sentido em si mesmas, independentemente daquilo que os preconceitos históricos afirmam a seu respeito. A juventude **528** moderna nos fornece exemplos surpreendentes em tal sentido. Uma consulta feita a mim por uma sociedade alemã nos mostra até onde vai esta tendência: Deve-se rejeitar o incesto? E quais os fatos que podem ser alegados contra ele?

529   Mas é difícil imaginar a que conflitos tais tendências poderão arrastar os homens. Compreendo que se queira tentar o impossível para proteger os homens contemporâneos de tais aventuras. Mas é estranho como nos parecem faltar os meios eficazes: Todos os argumentos que atuavam contra a insensatez, a ilusão e a imoralidade perderam em grande parte sua força de persuasão. Colhem-se agora os frutos da educação do século XIX. Enquanto a Igreja pregava uma fé cega ao adolescente, a universidade ensinava um intelectualismo racionalista, e de tudo isto resultou que o argumento da fé e da razão acabaram se desgastando e perdendo a eficácia e capacidade de convencer. O homem, farto e cansado do choque de opiniões, quer saber por si mesmo o que as coisas têm a lhe dizer em si mesmas. E esta tendência, que abre as portas, é verdade, às mais temíveis possibilidades, constitui no entanto uma empresa corajosa à qual não podemos negar a nossa simpatia. Este passo ousado do espírito moderno não é um empreendimento aventuroso e extravagante, mas uma tentativa nascida da mais profunda necessidade psíquica de redescobrir, graças a uma experiência original, feita sem preconceitos, a unidade da vida e de seu próprio sentido. Certamente o medo e a pusilanimidade têm suas excelentes razões de ser, mas é preciso encorajar e apoiar uma tentativa ao mesmo tempo audaciosa e séria, que desafia e empenha o homem inteiro. Lutar contra esta tentativa seria, no fundo, reprimir aquilo que o homem tem de melhor: sua coragem, suas altas aspirações; e se se chegasse a este resultado, ter-se- -ia abortado aquela experiência infinitamente preciosa que é a única capaz de conferir um sentido à vida. Que teria acon-

tecido se São Paulo se desviasse de sua viagem a Damasco, por qualquer razão sutil?

É com este problema que o psicoterapeuta sério e consciencioso se deve confrontar. Ele deve dizer em cada caso especial que está pronto, em seu íntimo, a prestar a sua orientação e ajuda a uma pessoa que se lança numa tentativa e numa busca ousada e incerta. O médico, em tal situação, não deverá mais saber nem presumir que sabe o que é verdadeiro e o que não o é, para nada excluir daquilo que compõe a plenitude da vida, mas deverá concentrar sua atenção sobre aquilo que é verdadeiro. Ora, é verdadeiro aquilo que atua. Se aquilo que me parece um erro é, afinal de contas, mais eficaz e mais poderoso do que uma pretensa verdade, importa em primeiro lugar seguir este erro aparente, pois é nele que residem a força e a vida que eu deixaria escapar se perseverasse naquilo que reputo como verdadeiro. A luz necessita da obscuridade, pois, senão, como poderia ela ser luz?

A psicanálise de Freud se limita, como se sabe, a tornar consciente o mal e o mundo das sombras no interior do homem. Ela simplesmente mostra a guerra civil latente, até então, no interior do indivíduo, e aí termina sua tarefa. É o próprio paciente que deve ver como poderá sair da situação. Freud infelizmente ignorou por completo o fato de que o homem em momento algum da história esteve em condições de enfrentar sozinho as potências do mundo subterrâneo, isto é, de seu inconsciente. Para isto, ele sempre necessitou da ajuda espiritual que lhe proporcionava a religião do momento. A abertura do inconsciente significava a explosão de um tremendo sofrimento da alma, pois tudo se passa precisamente como se uma civilização florescente fosse submersa pela súbita invasão de uma horda de bárbaros, ou como se campos férteis fossem abandonados à fúria avassaladora das águas, depois de se terem rompido

530

531

os diques de proteção. A Primeira Guerra Mundial foi uma dessas explosões – e ela nos mostrou, melhor do que tudo, como é frágil a barreira que separa um mundo aparentemente bem-ordenado do caos sempre pronto a submergi--lo. É isto o que acontece em relação a cada indivíduo: por trás de seu mundo racionalmente ordenado, uma natureza espera, ávida de vingança, pelo momento em que ruirá a parede de separação, para se expandir, destruidoramente, na existência consciente. Desde os tempos mais recuados e mais primitivos, o homem tem consciência deste perigo – o perigo da alma; e é por isso que ele criou ritos religiosos e mágicos para proteger-se contra esta ameaça ou para curar as devastações psíquicas que daí decorrem. É por isso que o curandeiro, entre os povos primitivos, é sempre e ao mesmo tempo o sacerdote, o salvador tanto do corpo como da alma, e que as religiões formam sistemas de cura dos sofrimentos da alma. Isto se aplica de modo muito particular às duas maiores religiões da humanidade: o cristianismo e o budismo. O que alivia o homem não é o que ele próprio imagina, mas somente uma verdade sobre-humana e revelada que o arranca de seu estado de sofrimento.

532   Já fomos atingidos por uma vaga de destruição. A alma sofreu danos, e é por isso que os doentes exigem que o médico da alma assuma uma função sacerdotal, porque esperam e exigem dele que os liberte de seus sofrimentos. É por este motivo que nós, médicos da alma, devemos atualmente ocupar-nos de problemas que, a rigor, compete à Faculdade de Teologia. Mas não podemos pura e simplesmente abandonar tais problemas à Teologia, pois cotidianamente somos desafiados pela miséria psíquica com que nos defrontamos de maneira direta. Como, entretanto, todas as noções e tradições em geral se revelam inúteis, é preciso, antes de tudo, trilhar a via da doença, o labirinto de erros, que agrava ini-

cialmente ainda mais os conflitos e aumenta a solidão até torná-la insustentável. Mas há a esperança de que do fundo da alma, de onde provêm todos os elementos destruidores, nasçam igualmente os fatores de salvação.

No começo de minha carreira, quando decidi trilhar este caminho, não sabia aonde ele me conduziria. Ignorava o que as profundezas da alma encerravam e dissimulavam, aquelas profundezas que desde então tenho definido como sendo o inconsciente coletivo e cujos conteúdos denomino de arquétipos. Já nas épocas mais obscuras da pré-história, e sem que isto tenha deixado de se repetir, produziram-se irrupções do inconsciente, porque a consciência nem sempre existiu, e deve ter-se formado nos primórdios da história da humanidade, mais ou menos como se forma, sempre de novo, nos primeiros anos de nossa infância. No começo, a consciência é débil e facilmente sufocada pelo inconsciente. É isto que deve ter acontecido na história psíquica da humanidade. As lutas intestinas decorrentes destes fenômenos deixaram suas marcas. Podemos dizer, usando a linguagem das ciências naturais: formaram-se os mecanismos instintivos de defesa que intervêm automaticamente quando a miséria da alma atinge o seu ponto máximo. Tais mecanismos surgem sob a forma de representações salutares, de ideias inatas à alma humana, inextirpáveis, e que intervêm ativamente por si mesmas quando a desgraça o exige. As ciências não podem senão constatar a existência destes fatores psíquicos e tentar explicá-los racionalmente, mas com isto simplesmente transfere a solução do enigma para um estágio anterior que continua hipotético, sem chegar a um resultado satisfatório. Encontramos aqui algumas questões finais: De onde provém a consciência? O que é propriamente a alma? E aqui a ciência toca o seu limite.

Tudo se passa como se no ponto culminante da doença os elementos destrutivos se transformassem em elementos de salvação. Isto se produz graças ao fato daquilo que chamei:

arquétipos. Estes despertam para uma vida independente, assumindo a direção da personalidade psíquica, em vez e no lugar do eu, incapaz de suas volições e aspirações impotentes. Um homem religioso diria que Deus toma a direção. Diante do que conheço a respeito da maioria de meus pacientes devo evitar esta fórmula em si perfeitamente completa, pois ela lembra demais aquilo que de início eles precisam rejeitar. Devo exprimir-me de modo mais modesto e dizer que a *atividade autônoma da alma desperta* – formulação esta que leva mais em conta os fatos observados. A grande inversão, com efeito, tem lugar no momento em que, nos sonhos ou nas fantasias, surgem conteúdos ou temas cuja origem não pode ser detectada na consciência. O fato de o doente ver-se confrontado com algo estranho que brota do reino obscuro da alma – mas que não se identifica com o eu e, por isso, se acha fora do arbítrio do eu – é sentido como uma iluminação decisiva: o sujeito reencontra o caminho de acesso para as fontes da vida da alma, e isto constitui o início da cura.

535   A fim de ilustrar este processo, recorrerei a exemplos, mas é quase impossível encontrar um caso individual ao mesmo tempo breve e convincente, porque, em geral, trata-se de evoluções extremamente sutis e complexas. Muitas vezes, é a impressão profunda que causa no paciente a maneira tipicamente independente com que os sonhos tratam de seus problemas. Outras vezes será um tema decisivo que surge sob a forma de fantasmas e para o qual a consciência não está de modo algum preparada. Mas na maior parte dos casos trata-se de conteúdos ou conglomerados de conteúdos de natureza arquetípica que, compreendidos ou não pela consciência, e independentemente deste fato, exercem por si mesmos um efeito considerável. Às vezes a atividade autônoma da alma se exacerba a ponto de suscitar a percepção de uma voz interior ou de imagens visionárias, e criar uma experiência que, a rigor, constitui uma experiência original da ação do espírito no homem.

Experiências desta natureza facilmente conciliam os 536
erros dolorosos do passado, porque é a partir delas que se
clarificará a desordem interior, e mais ainda: é a partir delas
que o sujeito conseguirá reconciliar-se também com seus an-
tagonismos interiores e eliminar, num nível superior de sua
evolução, o estado de dissolução doentia de que foi vítima.

Em razão da importância e da amplidão das questões 537
de princípio colocadas pela Psicoterapia moderna, renun-
cio a entrar em detalhes, por mais desejável que isto pareça,
em vista de uma melhor compreensão do tema tratado. De
qualquer forma, espero ter conseguido descrever, de modo
claro, a atitude que o médico da alma deve assumir perante
seus doentes. Espero, igualmente, que meu auditório tenha
tirado mais proveito destas considerações do que de métodos
e receitas que só conseguem agir como devem, nas coisas da
alma, quando utilizados segundo o espírito que presidiu à
sua elaboração. A atitude do psicoterapeuta é infinitamente
mais importante do que as suas teorias e os métodos psicológicos. É por esta razão que me empenho sobretudo em levar
ao conhecimento de meu público os problemas levantados
por esta atitude. Quero crer que lhes proporcionarei, a este
respeito, informações honestas, fornecendo a cada um dos
presentes os meios para decidir em que medida e de que
modo um pastor de almas pode se associar aos esforços em-
preendidos pela psicoterapia. Longe de mim a pretensão da
infalibilidade; mas creio, contudo, que o quadro do estado
do espírito moderno que acabo de esboçar é exato e corresponde à realidade. Em todo caso, aquilo que eu lhes disse
em matéria de princípios, a respeito dos problemas do tratamento das neuroses, constitui a verdade sem retoques. Nós,
médicos, naturalmente nos sentiríamos gratificados, se os
esforços que fazemos para curar os sofrimentos da alma en-
contrassem uma certa compreensão e alguma simpatia por
parte dos teólogos. Por outro lado, porém, compreendemos

as dificuldades insólitas ligadas à ordem dos princípios, que se opõem a uma colaboração efetiva. Embora minha posição no parlamento do espírito seja de extrema-esquerda, não deixo de ser o primeiro a prevenir contra uma generalização sem crítica de meus próprios pontos de vista. Se bem que suíço, e como tal visceralmente democrata, devo reconhecer que a natureza é aristocrática e, mais ainda, é esotérica. "Quod licet Iovi, non licet bovi" – o que é permitido a Júpiter não é permitido ao boi – eis aí uma verdade que, embora desagradável, não é menos eterna. Quem tem seus inúmeros pecados perdoados? Aqueles que muito amaram, ao passo que os que pouco amaram merecem o mínimo de perdão. Estou inabalavelmente convencido de que um número imenso de homens pertencem ao grêmio da Igreja Católica e não a outro lugar, pois é nela que encontram o acolhimento espiritual mais seguro e proveitoso, como também estou convencido – e isto em virtude de minha própria experiência – de que uma religião primitiva convém infinitamente mais aos primitivos do que a imitação nauseante de um cristianismo que lhes é incompreensível e congenitamente estranho. Por isso, aliás, creio que, neste sentido, deve haver protestantes que se elevem contra a Igreja Católica, da mesma forma que protestantes que se elevem contra os próprios protestantes; porque as manifestações do espírito são singulares e múltiplas como a própria criação.

538 E um espírito vivo cresce e supera suas próprias formas anteriores, procurando através de uma livre-escolha os homens nos quais ele vivera e que o anunciarão. Ao lado desta vida do espírito, que se renova eternamente ao longo de toda a história da humanidade, procurando atingir sua meta por vias múltiplas e muitas vezes incompreensíveis, os nomes e as formas aos quais os homens se agarram com todas as forças representam muito pouca coisa, pois nada mais são que frutos e folhas caducas do mesmo tronco da árvore eterna.

"Religião e psicologia": uma resposta a Martin Buber*

Há algum tempo, os leitores de sua revista tiveram a oportunidade de ler um artigo do Conde Keyserling[1], no qual fui classificado como um "negador do espírito" (*ungeistig*). E eis que agora, no último número, encontro um artigo de Martin Buber[2], que se preocupa igualmente com minha qualificação. Sinto-me tanto mais no dever de agradecer-lhe esta exposição, pois ele me elevou da condição de negador do espírito, na qual o Conde Keyserling me havia apresentado ao público de língua alemã, à esfera da espiritualidade, ainda que daquela espiritualidade do gnosticismo dos primórdios do cristianismo, e que sempre foi encarada com desconfiança pelos teólogos. O cômico é que esta apreciação coincide cronologicamente com a opinião provinda de fonte teológica autorizada e que me acusa de agnosticismo, que é justamente o oposto do "gnosticismo".

Ora, se as opiniões divergem tanto umas das outras sobre uma determinada questão, é porque, segundo me parece, existe a suposição bem-fundada de que nenhuma

---

Fonte: OC 18/2, §§ 1499-1513.

* Carta de 22 de fevereiro de 1952 ao editor, publicada em *Merkur* VI/5, maio de 1952, p. 467-473. Stuttgart.

1. Hermann Keyserling (1880-1946), "Begegnungen mit der Psychoanalyse". *Merkur*, IV/11, novembro de 1950, p. 1.151-1.168. Stuttgart.

2. "Religion und modernes Denken". *Merkur*, VI/2, fevereiro de 1952.

delas é verdadeira, isto é, há um mal-entendido. Por que se dedica tanta atenção ao problema de saber se sou gnóstico ou agnóstico? Por que não dizer simplesmente que sou um psiquiatra cujo interesse principal é expor e interpretar o material colhido em suas experiências? O que tento fazer é investigar os fatos concretos e torná-los acessíveis à inteligência. A crítica não tem o direito de agir apressadamente, atacando apenas afirmações isoladas e fora do contexto.

1501 Para apoiar o seu diagnóstico, Buber se utiliza até mesmo de um pecado que cometi em minha juventude, há cerca de quarenta anos, isto é, o de perpetrar uma poesia[3] na qual eu expunha certos conhecimentos psicológicos em estilo "gnóstico", pois na época estava estudando os gnósticos com grande entusiasmo. Este entusiasmo se baseava na constatação de que parecia terem sido eles os primeiros pensadores a se ocuparem a seu modo com os conteúdos do assim chamado inconsciente coletivo. Mandei imprimir o poema sob pseudônimo e dei alguns exemplares de presente a determinados conhecidos, sem suspeitar que um dia ele seria arrolado contra mim num processo de heresia.

1502 Permito-me lembrar aos meus críticos que fui considerado não só gnóstico e o contrário disso, mas também teísta e ateu, místico e materialista. Em meio ao concerto de tantas e tão variadas opiniões, não quero atribuir demasiada importância àquilo que eu próprio penso de mim, mas citar apenas uma opinião expressa a meu respeito, extraída de fonte aparentemente insuspeita: um artigo publicado no *British Medical Journal*, de 9 de fevereiro de 1952: "Facts first and theories later is the keynote of Jung's

---

3. *Sete sermões sobre os mortos*, de Basílides de Alexandria. Escrito em 1916. A partir da 2ª edição em *Erinnerungen, Träume, Gedanken*, org. por Aniela Jaffé.

work. He is an empiricist first and last"[4]. Esta opinião tem todo o meu apoio.

Quem não conhece meus trabalhos certamente indagará qual o motivo determinante e a razão dessas opiniões tão conflitantes a respeito de um só e mesmo objeto. A resposta é que todas elas, sem exceção, foram expressas por "metafísicos", isto é, por pessoas que julgam saber acerca da existência de coisas incognoscíveis, situadas no além. Eu nunca ousei afirmar que tais coisas não existem: mas também não tive a ousadia de pensar que alguma de minhas afirmações atinge, de um modo ou de outro, tais coisas ou que as exponha corretamente. Eu duvido que nossas concepções (a minha e a deles) a respeito da natureza das coisas em si sejam idênticas, e isto por razões evidentes de ordem científica.

1503

Como, porém, as concepções e opiniões a respeito de determinados objetos metafísicos ou religiosos desempenham papel de grande importância na psicologia experimental[5], sou obrigado, por razões de ordem prática, a manejar conceitos correlatos. Mas, ao fazê-lo, dou-me plenamente conta de que estou lidando com noções antropomórficas e não com divindades ou anjos reais, embora tais imagens (arquetípicas) se comportem com tal autonomia, devido à sua energia específica, a ponto de podermos denominá-las metaforicamente de "demônios psíquicos". A realidade desta autonomia deve ser levada muito a sério: primeiramente, sob um ponto de vista teórico, dado que ela expressa a dissociabilidade e a dissociação efetiva da psique e, em segundo lugar, sob um ponto de vista prático, consi-

1504

---

4. "Primeiro os fatos, depois as teorias: eis a tônica da obra de Jung. Ele é em primeira e última análise um empírico" ("A Great Thinker", p. 315).

5. Cf. a este respeito a exposição elucidativa de G. Schmaltz, *Östliche Weisheit und westliche Psychotherapie*. Stuttgart: [s.e.], 1951.

derando que ela constitui a base da confrontação dialética entre o eu e o inconsciente, que é um dos pontos principais do método psicoterapêutico. Quem dispuser de algum conhecimento sobre a estrutura da neurose sabe que o conflito patogênico tem suas raízes na oposição entre o inconsciente e a consciência. As chamadas "forças do inconsciente" não são *conceitos* abstratos que podemos manipular arbitrariamente, mas antagonistas perigosos que às vezes provocam terríveis devastações na economia da personalidade. Eles são o que de mais temível se possa esperar como "contrapartida" psíquica. Mas para o leigo no assunto parece que se trata de uma doença orgânica de natureza obscura. O teólogo, imaginando que por detrás disto há a presença do diabo, é quem mais próximo se acha da verdade psíquica.

1505   Receio que Buber, por compreensível desconhecimento da experiência psiquiátrica, não entenda o que pretendo dizer por "realidade da psique" e pelo processo dialético da individuação. O eu, com efeito, se contrapõe em primeiro lugar às forças psíquicas que trazem nomes consagrados desde os tempos antigos, e foram por isso invariavelmente identificadas com seres metafísicos. A análise do inconsciente demonstrou, há muito tempo, a existência de tais "forças" sob a forma de imagens arquetípicas que, entretanto, *não se identificam com os conceitos abstratos correspondentes*. Talvez alguém acredite que os conceitos da consciência sejam representações diretas e corretas de seu objeto metafísico, por virtude da inspiração do Espírito Santo. Não há dúvida de que uma tal convicção só é possível para aquele que possui o carisma da fé. Infelizmente não posso gloriar-me dessa posse, e por isso não penso que ao dizer alguma coisa sobre um arcanjo faça uma afirmação de caráter metafísico. Pelo contrário, o que expressei foi uma opinião a respeito de algo que pode ser experimentado, ou seja, a respeito de uma das "forças do inconsciente" que podemos sentir. Estas forças são *typi* (tipos) numinosos ou conteúdos, processos e dinamismos inconscientes. Esses *typi* são, se assim podemos dizer, imanentes e transcendentes ao mesmo tempo. Como meu único meio de conhecer as coisas é a experiência, não tenho a possibilidade de ultrapassar este limite, imaginando que minha descrição tenha reproduzido a imagem perfeita de um arcanjo metafísico real. Apenas descrevi um fator psíquico que apesar de tudo exerce uma grande influência sobre a consciência. Por causa de sua autonomia, este fator representa um polo oposto do eu subjetivo, na medida em que representa um segmento da *psique objetiva*. É por isso que podemos denominá-lo "tu". Em favor de sua realidade temos o testemunho dos fatos diabólicos de nossa época: os seis milhões de judeus assassinados, as vítimas incontáveis do trabalho escravo na Rússia e a invenção da bomba atômica – para dar apenas alguns exemplos do lado tenebroso da humanidade. Em compensação, tenho sido testemunha de tudo aquilo que pode ser expresso pelas palavras "beleza, bondade, sabedoria e graça". Estas experiências das profundezas e das alturas da natureza humana autorizam-nos a usar o termo "demônio" em sentido metafórico.

Não se deve esquecer de que eu me ocupo com os fenômenos psíquicos que podem ser demonstrados empiricamente como fundamentos de *conceitos* metafísicos, e de que, ao pronunciar a palavra "Deus", por exemplo, não posso referir-me senão a paradigmas psíquicos demonstráveis, mas que são de uma realidade tremenda. Se alguém achar isto inacreditável, eu o aconselho a fazer um giro de reflexão através de um manicômio. 1506

A "realidade da psique" é minha hipótese de trabalho, e minha atividade precípua consiste em coletar, descrever e interpretar o material que os fatos me oferecem. Não elabo- 1507 rei um sistema nem uma teoria geral. Formulei apenas conceitos auxiliares que me servem de instrumentos de trabalho, tal como se faz habitualmente nas ciências naturais. Se Buber considera meu empirismo como gnosticismo, então cabe-lhe o ônus de provar que os fatos por mim descritos nada mais são do que meras invenções. Se ele conseguir isso através de material empírico, é lícito concluir que sou gnóstico. Mas, neste caso, ele se acharia na situação incômoda de concordar que todas as experiências religiosas não passam de autoilusões. Atualmente minha opinião é a de que o julgamento de Buber bateu no endereço errado. Isto se percebe sobretudo no fato de que aparentemente ele não é capaz de entender o modo pelo qual um "conteúdo psíquico autônomo" como a imagem de Deus possa contrapor-se ao eu, não faltando vivacidade a essa relação. Não há dúvida de que não é tarefa da ciência experimental verificar até que ponto um conteúdo psíquico desta natureza foi produzido e determinado pela existência de uma divindade metafísica. Isto é da competência da teologia, da revelação e da fé. Parece que meu crítico não percebe que ele mesmo, ao falar de Deus, o faz partindo principalmente do que lhe diz sua consciência, e depois de seus pressupostos inconscientes. Não sei de que Deus metafísico ele fala. Se é um judeu ortodoxo, fala de uma divindade ainda não revelada por sua encarnação ocorrida no ano I de nossa era. Se é cristão, conhece a encarnação a respeito da qual Javé ainda não deixa entrever coisa alguma. Não ponho em dúvida a convicção que ele tem de estar em relação viva com um tu divino, mas, como sempre, acho que tal relação tem como objeto primeiramente um conteúdo psíquico autônomo, definido de modo diferente por ele e pelo Papa. Quanto a isto não me compete absolutamente julgar até que ponto aprouve ao Deus metafísico revelar-se ao judeu fiel como o Deus anterior à encarnação, aos padres da Igreja como o Deus trino posterior, aos protestantes como o único Redentor, *sem* Corredentora, e ao Papa atual como Redentor *com* uma *Corredemptrix* (Corredentora). Ou devemos duvidar de que os representantes de outras religiões como o islã, o budismo, o hinduísmo e o taoismo não tenham também esta mesma relação vital com "Deus", com o Nirvana ou com o Tao, tal como Buber com o seu próprio conceito de Deus?

É estranho que Buber se escandalize com a minha afir- **1508** mação de que Deus não pode existir sem uma ligação com o homem, e a considere como uma proposição de caráter transcendente. Mas eu digo expressamente que tudo, absolutamente tudo o que dizemos a respeito de "Deus" é uma afirmação humana, isto é, psíquica. Mas será que a noção que temos ou formamos de Deus nunca está "desligada do homem"? Poderá Buber informar-me onde foi que Deus criou sua própria imagem, sem ligação com o homem? Como e por quem semelhante coisa pode ser constatada? Vou especular ou "fabular" aqui – excepcionalmente – em termos transcendentes. Deus, na realidade, formou uma imagem sua, ao mesmo tempo incrivelmente esplêndida e sinistramente contraditória, sem a ajuda do homem, e a implantou no inconsciente do homem como um arquétipo, um ἀρχέτυπον ὦζ, não para que os teólogos de todos os tempos e de todas as religiões se digladiassem por causa dela, mas sim para que o homem despretensioso pudesse olhar, no silêncio de sua alma, para dentro desta imagem que lhe é aparentada, construída com a substância de sua própria psique, encerrando tudo quanto ele viesse, um dia, a imaginar a respeito de seus deuses e das raízes de sua própria psique.

Este arquétipo, cuja existência é atestada não somente **1509** pela história dos povos, como também através da experiência psicológica com os indivíduos em particular, satisfaz-me perfeitamente. Ele é humanamente tão próximo e, ao mesmo tempo, tão estranho e diferente e, como todos os arquétipos, de atuação sumamente determinante, sinal inequívoco de uma confrontação interior. É por isso que a relação dialética com os conteúdos autônomos do inconsciente coletivo constitui parte essencial da terapia.

1510 Buber engana-se ao afirmar que eu "elaboro" enunciados metafísicos partindo de uma "concepção fundamentalmente gnóstica". Não é lícito tomar um resultado da experiência como pressuposto filosófico, pois este resultado não foi obtido dedutivamente e sim através de material fornecido pela experiência clínica. Eu recomendaria ao meu crítico que lesse as biografias de doentes mentais como as que se encontram, por exemplo, em John Custance: *Wisdom, Madness and Folly* (Londres 1951) ou em Daniel Paul Schreber: *Denkwürdigkeiten eines Nervenkranken* (Leipzig 1903), que certamente não partiram de pressupostos gnósticos, como eu também não, ou a análise de um material mitológico como o que se encontra no excelente trabalho de seu vizinho de Tel Aviv, o Dr. Erich Neumann: *Apuleius: Amor und Psyche* (Zurique 1952). Minha afirmação de que existe uma analogia e um parentesco muito próximo entre os produtos do inconsciente e certas representações metafísicas se baseia em minha experiência profissional. Permito-me, neste contexto, lembrar que conheço um grande número de abalizados teólogos, tanto católicos como protestantes, que não têm dificuldade de compreender meu ponto de vista empírico. Por isso não vejo motivos para considerar minha maneira de expor tão errônea como se depreende das alusões de Buber.

1511 Gostaria ainda de mencionar um equívoco que tenho constatado com muita frequência. É o referente à estranha hipótese segundo a qual, se as projeções fossem "retiradas", nada mais restaria do objeto. O fato de eu corrigir minhas opiniões errôneas a respeito de uma determinada pessoa não significa que eu a renegue ou a faça desaparecer. Pelo contrário, agora é que a vejo de modo mais ou menos correto, coisa que só poderá ser útil para uma determinada relação. Mas o fato de considerar que todos os enunciados referentes a Deus provêm sobretudo da alma, não implica a negação de Deus ou que se substitua Deus pelo homem. Devo confessar que não me é nada simpático pensar necessariamente que, todas as vezes que um pregador cita a Bíblia ou ventila suas opiniões religiosas, é o próprio Deus metafísico que fala por meio dele. Não há dúvida de que a fé, quando a possuímos, é algo de grandioso e que o conhecimento da fé é talvez muito mais perfeito do que tudo quanto conseguimos com nossa fatigante experiência de curto fôlego. O edifício da dogmática cristã está, por exemplo, num patamar muito mais alto do que os "philosophoumena" agrestes dos gnósticos. Os dogmas são estruturas pneumáticas de imensa beleza e de sentido admirável com os quais eu me tenho ocupado a meu modo. A seu lado simplesmente se desvanecem as nossas tentativas científicas de estabelecer paradigmas da "psique objetiva". Elas estão presas à terra e à realidade, são contraditórias, incompletas, lógica e esteticamente insatisfatórias. As noções das ciências naturais e da psicologia clínica não derivam de princípios teóricos imaculados e irrepreensíveis, mas do trabalho quotidiano realizado no terra a terra da existência humana e de seus males. Os conceitos empíricos são de natureza irracional. O filósofo que os critica, como se fossem conceitos filosóficos, trava uma batalha contra moinhos de vento e se envolve, como Buber com seu conceito do *si-mesmo*, nas maiores dificuldades. Os conceitos empíricos são nomes que usamos para designar complexos de fatos reais e existentes.

Dado o caráter paradoxal de nossa existência, é compreensível que o inconsciente encerre uma imagem de Deus também paradoxal que não se harmoniza com a beleza, a sublimidade e a pureza do conceito dogmático de Deus. O Deus de Jó e do Salmo 18 é, porém, um pouco mais realista, e seu comportamento não conflita com a imagem de Deus do inconsciente. Este último favorece a ideia da encarnação, com seu simbolismo do *anthropos*. Não me sinto responsável pelo fato de a história dos dogmas ter feito algum progresso depois do Antigo Testamento. Não prego, com isto, uma nova religião, pois para tanto precisaria apoiar-me, segundo o antigo costume, pelo menos em uma revelação divina. Sou um médico que se ocupa com a enfermidade do homem e de sua época, voltado para aqueles meios terapêuticos que correspondam à realidade do mal. Não somente Buber, como qualquer um é livre para curar meus pacientes com a "palavra de Deus", evitando minha odiosa psicologia. Acolherei de braços abertos esta sua tentativa. Mas como a "cura animarum" espiritual nem sempre tem produzido os efeitos desejados, é do modo acima indicado que deverão proceder por enquanto os médicos que não dispõem de coisa melhor do que a modesta "gnose" que a experiência lhes oferece. Ou algum de meus críticos conhece algo melhor?

1512 Como médico que sou encontro-me numa situação aflitiva, pois infelizmente não é possível fazer alguma coisa com a palavrinha "deveria". Não podemos exigir de nossos pacientes uma fé que eles próprios rejeitam porque nada entendem, ou porque ela nada significa para eles, mesmo que a possuíssem. Temos sempre de contar com as possibilidades de cura encerradas na natureza do doente, pouco importando que as concepções daí decorrentes estejam ou não de acordo com qualquer uma das confissões ou filosofias conhecidas. O meu material empírico parece conter de tudo um pouco: de primitivo, ocidental e oriental. Quase não se encontra um mitologema que não seja mencionado e nenhuma heresia que não misture aí alguma de suas singularidades. É assim que deve ser constituída a camada coletiva das profundezas da alma humana. O intelectualista e o racionalista contentes com a própria crença talvez se indignem contra isso e me acusem de ecletismo ímpio, como se eu tivese inventado os fatos da natureza e da história humanas e preparado com eles uma beberagem teosófica intragável. Ora, quem tem uma crença ou prefere falar uma linguagem filosófica não precisa preocupar-se com os fatos. Mas um médico não pode deixar de encarar a realidade repugnante da natureza humana.

Os representantes dos sistemas tradicionais dificilmente entenderão as minhas formulações corretamente. Um gnóstico, por exemplo, de maneira alguma estaria satisfeito comigo, mas criticaria a ausência de uma cosmogonia, bem como o desalinho de minha gnose, em relação aos acontecimentos ocorridos no pleroma. Um budista reclamaria contra o fato de eu me deixar cegar pela maya (ilusão) e um taoista criticaria meu caráter complicado. Um cristão bem ortodoxo dificilmente deixaria de censurar-me a despreocupação e a falta de respeito com que navego no céu das ideias dogmáticas. Mas sou obrigado a pedir a meus críticos impiedosos que observem, por bondade, que parto de fatos, buscando para eles uma interpretação.

1513

Referências

BUBER, M. *Eclipse of God* – Studies in the Relation Between Religion and Philosophy. Nova York, 1952. Deutsch: Gottesfinsternis. Betrachtungen zur Beziehung zwischen Religion und Philosophie. Zurique, 1953 [Enthält "Religion und modernes Denken" aus: Merkur VI/2 (Stuttgart, 1952)].

JUNG, C.G. *Erinnerungen, Träume, Gedanken.* Hg. von Aniela Jaffé. Zurique, 1961.

_____. Septem sermones ad mortuos. [Privatdruck, 1916.] In: *Erinnerungen, Träume, Gedanken.* [Von der 2. Auflage an.] Siehe dort.

KEYSERLING, G.H. Begegnungen mit der Psychoanalyse. In: *Merkur. Deutsche Zeitschrift für europäisches Denken* IV/11 (Stuttgart, November, 1950), p. 1.151-1.168.

SCHMALTZ, G. *Östliche Weisheit und westliche Psychotherapie.* Stuttgart, 1951.

IV
CAMINHOS ESPIRITUAIS E SABEDORIA ORIENTAL

O objetivo da prática oriental é idêntico ao da mística ocidental: desloca-se o centro de gravidade do ego para o si-mesmo, do homem para Deus; o que quer dizer que o eu desaparece no si-mesmo, e o homem em Deus.
OC 11/5, § 958

Em matéria de religião é sabido que não se pode entender o que não se experimentou interiormente.
OC 12, § 15

Comentário psicológico sobre o Livro Tibetano da Grande Libertação[1]

1. Diferença existente entre o pensamento oriental e o pensamento ocidental

O Dr. Evans-Wentz confiou-me a tarefa de escrever o comentário sobre um texto que contém uma apresentação muito importante da "psicologia" oriental. O fato de que eu precise usar aspas já está indicando a problematicidade do emprego desse termo. Talvez não seja fora de propósito lembrar que o Oriente não produziu algo de equivalente à nossa psicologia, mas apenas uma metafísica. A filosofia crítica, que é a mãe da psicologia moderna, é estranha tanto ao Oriente quanto à Europa medieval. Por isso, o termo "espírito", no sentido em que é empregado no Oriente, tem uma conotação metafísica. Nosso conceito ocidental de espírito perdeu este sentido depois da Idade Média, e a palavra agora designa uma "função psíquica". Embora não saibamos nem pretendamos saber o que é a "psique" em si, podemos entretanto ocupar-nos com o fenômeno "espírito". Não afirmamos que o espírito seja uma entidade metafísica ou

---

Fonte: OC 11/5, §§ 759-787.

1. Escrito em 1939. Apareceu pela primeira vez em inglês, em *The Tibetan Book of the Great Liberation*, organizado por W.Y. Evans-Wentz, 1954. Versão alemã publicada em 1955.

que exista alguma ligação entre o espírito individual e um espírito universal (*Universal Mind*) hipotético. Por isso nossa psicologia é uma ciência dos fenômenos puros, sem implicações metafísicas de qualquer ordem. O desenvolvimento da filosofia ocidental nos dois últimos séculos teve como resultado o isolamento do espírito em sua própria esfera e a ruptura de sua unidade original com o universo. O próprio homem deixou de ser o microcosmos, e sua alma já não é mais a *scintilla* consubstancial ou uma centelha da *anima mundi* [da alma do mundo].

760 Em razão disto, a psicologia trata todas as pretensões e afirmações metafísicas como fenômenos espirituais, considerando-as como enunciados acerca do espírito e sua estrutura que, em última análise, decorre de certas disposições inconscientes. A psicologia não os considera como possuidores de valor absoluto, nem também lhes reconhece a capacidade de expressar uma verdade metafísica. Não temos meios intelectuais que nos permitam verificar se uma tal colocação é correta ou errônea. O que sabemos unicamente é que não há nem a certeza nem a possibilidade de demonstrar a validade de um postulado metafísico como, por exemplo, o de um espírito universal. Mesmo que a inteligência nos garanta a existência de um espírito universal, temos a convicção de que ela estabelece apenas uma afirmação. Não acreditamos que tal afirmação demonstre a existência de um espírito universal. Não há argumento contra essa consideração, mas não há também certeza em relação à validade de nossa conclusão. Ou dito em outras palavras: é igualmente possível que nosso espírito não seja mais do que a manifestação de um espírito universal; mas também quanto a isto, não temos a possibilidade de saber se, de fato, é assim, ou não. Por isso, a psicologia acha que o espírito não pode constatar nem demonstrar o que ultrapassa esses limites.

Portanto, ao reconhecermos os limites de nosso espí- 761
rito, estamos mostrando o nosso bom-senso. Admito que
constitui um sacrifício despedir-se do mundo maravilho-
so no qual vivem e se movimentam seres produzidos pelo
nosso espírito. Trata-se do mundo do primitivo, onde até
mesmo objetos sem vida são dotados de uma força vital,
salvadora e mágica, mediante a qual estes objetos tornam-se
parte integrante de nós mesmos. Mais cedo ou mais tarde
tivemos de compreender que seu poder, no fundo, era o
nosso próprio poder, e que seu significado era uma projeção
de nós mesmos. A teoria do conhecimento constitui apenas
o último passo dado, ao sairmos da juventude da humanidade, ou seja, daquele mundo em que figuras criadas pelo
nosso espírito povoavam um céu e um inferno metafísico.

Apesar da inevitável crítica da teoria do conhecimen- 762
to, permanecemos presos à concepção de que um órgão de
fé capacita o homem a conhecer a Deus. Foi assim que o
Ocidente desenvolveu a nova enfermidade de um conflito
entre a ciência e a religião. A filosofia crítica da ciência tornou-se, por assim dizer, metafisicamente negativa – ou, para
dizer em outras palavras: materialista – partindo justamente
de um julgamento errôneo. Consideramos a matéria como
uma realidade tangível e cognoscível. Entretanto, esta matéria é uma noção absolutamente metafísica, hipostasiada por
cérebros não críticos. A matéria é uma hipótese. Quando se
fala em "matéria", está se criando, no fundo, um símbolo
de algo que escapa ao conhecimento, e que tanto pode ser
o espírito como qualquer outra coisa; pode ser inclusive o
próprio Deus. A crença religiosa, por outro lado, recusa-se
a abandonar sua *concepção do mundo*. Contradizendo as palavras de Cristo, os crentes tentam *permanecer* no estado de
crianças. Agarram-se ao mundo da infância. Um teólogo fa-
moso confessa, em sua autobiografia, que Jesus era seu bom

amigo "desde a infância". Jesus é, precisamente, o exemplo elucidativo de uma pessoa que pregava algo bem diverso da religião de seus pais. Mas não parece que a *imitatio Christi* comporte o sacrifício espiritual e psíquico que Ele próprio teve de oferecer no início de sua carreira e sem o qual jamais ter-se-ia tornado um redentor.

763   O conflito surgido entre ciência e religião no fundo não passa de um mal-entendido entre as duas. O materialismo científico introduziu apenas uma nova hipótese, e isto constitui um pecado intelectual. Ele deu um nome novo ao princípio supremo da realidade, pensando, com isto, haver criado algo de novo e destruído algo de antigo. Designar o princípio do ser como Deus, matéria, energia, ou o que quer que seja, nada cria de novo. Troca-se apenas de símbolo. O materialista é um metafísico *malgré lui*. O crente, por outro lado, procura manter-se em um estado espiritual primitivo, por motivos meramente sentimentais. Não se mostra disposto a abandonar a relação infantil primitiva relativamente às figuras criadas pelo espírito. Prefere continuar gozando da segurança e confiança que lhe oferece um mundo em que pais poderosos, responsáveis e bondosos exercem a vigilância. A fé implica, potencialmente, um *sacrificium intellectus* (desde que o intelecto exista para ser sacrificado), mas nunca num sacrifício dos sentimentos. Assim os crentes permanecem em estado infantil, em vez de se *tornarem* como crianças, e não encontram a sua vida, porque não a perdem. Acresce ainda que a fé entra em choque com a ciência, recebendo deste modo a sua recompensa, pois se nega a tomar parte na aventura espiritual de nossa época.

764   Qualquer pensador honesto é obrigado a reconhecer a insegurança de todas as posições metafísicas, em especial a insegurança de qualquer conhecimento de fé. É também obrigado a reconhecer a natureza insustentável de quais-

quer afirmações metafísicas e admitir que não existe uma possibilidade de provar que a inteligência humana é capaz de arrancar-se a si mesma do tremedal, puxando-se pelos próprios cabelos. Por isso é muito duvidoso saber se o espírito humano tem condições de provar a existência de algo transcendental.

O materialismo é uma reação metafísica contra a intuição súbita de que o conhecimento é uma faculdade espiritual ou uma projeção, quando seus limites ultrapassam os da esfera humana. Esta reação era "metafísica", na medida em que o homem de formação filosófica mediana não podia encarar a hipóstase que daí resultaria necessariamente. Não percebia que a matéria não passava de outro nome para designar o princípio supremo da existência. Inversamente, a atitude de fé mostra-nos como as pessoas resistem em acolher a crítica filosófica. Mostra-nos também como é grande o temor de terem de abandonar a segurança da infância para se lançarem a um mundo estranho e desconhecido, mundo regido por forças para as quais o homem é indiferente. Fundamentalmente, nada se altera nos dois casos: o homem e o ambiente que o cerca permanecem idênticos. O homem precisa apenas tomar consciência de que está contido na sua própria psique e que nem mesmo em estado de demência poderá ultrapassar estes limites. Também deve reconhecer que a forma de manifestação de seu mundo ou de seus deuses depende, em grande parte, de sua própria constituição espiritual.

Como já frisei anteriormente, a estrutura do espírito é responsável sobretudo por nossas afirmações a respeito de objetos metafísicos. Também ficamos sabendo que o intelecto não é um *ens per se* ou uma faculdade espiritual independente, mas uma função psíquica e, como tal, depende da psique como um todo. Um enunciado filosófico é o produto de uma determinada personalidade que vive em época bem-determinada e num determinado lugar. Não é fruto de um processo puramente lógico e impessoal. Sob este aspecto, o enunciado filosófico é antes de tudo subjetivo. Que ele seja válido ou não subjetivamente depende do maior ou menor número de pessoas que pensem do mesmo modo. O isolamento do homem no interior de sua própria psique, como resultado da crítica da teoria do conhecimento, conduziu-o logicamente à crítica psicológica. Esta espécie de crítica não goza de muita aceitação entre os filósofos, porque estes consideram o intelecto filosófico como um instrumento da filosofia perfeito e livre de preconceitos. Entretanto, o intelecto é uma função que depende da psique individual e é determinado por condições subjetivas, para não mencionarmos as influências do meio ambiente. Na realidade, já nos habituamos de tal modo com esta concepção que o "espírito" perdeu seu caráter universal. Tornou-se uma grandeza mais ou menos humanizada, sem qualquer vestígio do aspecto cósmico ou metafísico de outrora, quando era considerado como *anima rationalis*. O espírito é considerado, hoje, como algo de subjetivo ou até mesmo arbitrário. Depois que ficou demonstrado que as ideias universais hipostasiadas de outrora eram princípios espirituais, passamos a compreender melhor que toda a nossa experiência da chamada realidade é psíquica: cada pensamento, cada sentimento e cada ato de percepção são formados de imagens psíquicas, e o mundo só existe na medida em que formos capazes de produzir sua imagem. Recebemos de tal modo a impressão profunda de nosso cativeiro e de nosso confinamento em nossa psique, que nos sentimos propensos a admitir na psique a existência de coisas que desconhecemos e a que denominamos "o inconsciente".

A amplitude aparentemente universal e metafísica do 767
espírito foi reduzida assim a um estreito círculo da consciência reflexa individual, a qual se acha profundamente
marcada por sua subjetividade quase sem limites e pela
tendência infantil e arcaica à projeção e à ilusão desenfrea-
das. Muitos pensadores científicos sacrificaram, inclusive,
suas inclinações religiosas e filosóficas, receosos de cair num
subjetivismo incontrolado. Para compensar a perda de um
mundo que pulsava com o nosso sangue e respirava com o
nosso sopro, alimentamos um entusiasmo pelos *fatos concretos*, por montanhas de fatos que o indivíduo jamais conseguirá abarcar com um só olhar. Afagamos a doce esperança
de que este acúmulo aleatório venha um dia a formar um
todo pleno de sentido. Mas ninguém tem certeza disto, porque nenhum cérebro humano é capaz de abranger a gigan-
tesca soma final deste saber produzido em massa. Os fatos
nos submergem e quem ousa especular deve pagar por isto
com uma consciência má – e não sem razão, pois não tarda
a tropeçar nos fatos reais.

Para a psicologia ocidental, o espírito é uma função 768
da psique. É a *mentalidade* de um indivíduo. Na esfera da
filosofia ainda é possível encontrar um espírito universal e
impessoal que parece representar um resquício da "alma"
humana primitiva. Esta maneira de interpretar a concepção
ocidental talvez pareça um tanto drástica, mas no meu entender não está muito distante da verdade. Em todo caso,
é esta a impressão que temos, quando a comparamos com
a *mentalidade oriental*. No Oriente, o espírito é um princípio cósmico, a existência do ser em geral, ao passo que
no Ocidente chegamos à conclusão de que o espírito é a
condição essencial para o conhecimento e, por isso, também
para a existência do mundo enquanto representação e ideia.
No Oriente não existe um conflito entre a ciência e a reli-

gião, porque a ciência não se baseia na paixão pelos fatos, do mesmo modo que a religião não se baseia apenas na fé. O que existe é um conhecimento religioso e uma religião cognoscitiva[2]. Entre nós, ocidentais, o homem é infinitamente pequeno, enquanto a graça de Deus é tudo. No Oriente, pelo contrário, o homem é deus e se salva por si próprio. Os deuses do budismo tibetano pertencem à esfera do ilusório suceder-se das coisas e às projeções produzidas pelo espírito, mas nem por isso deixam de ter existência; entre nós, porém, uma ilusão continuará sempre uma ilusão e, como tal, não é coisa alguma. É paradoxal, mas ao mesmo tempo verdadeiro, o fato de que, para nós, o pensamento não possui realidade em seu verdadeiro sentido. Nós o tratamos como se fosse nada. Embora o pensamento possa ser correto, só admitimos sua existência devido a determinados fatos expressos por ele. Podemos inventar certos objetos altamente destrutivos como, por exemplo, a bomba atômica, com a ajuda desses fantásticos produtos de um pensamento que não existe na realidade, pois achamos que é totalmente absurdo admitir-se seriamente a realidade do pensamento em si.

769 A "realidade psíquica" é um conceito discutível, da mesma forma que a "psique" ou o "espírito". Alguns consideram estes últimos como sendo a consciência de seus conteúdos, ao passo que outros admitem a existência de imagens "obscuras" e "inconscientes". Uns incluem os instintos na esfera do psíquico, ao passo que outros os excluem daí. A grande maioria dos autores considera a alma como o resultado de processos bioquímicos ocorridos nas células cerebrais. Para poucos, na psique reside a causa da função das células corticais. Alguns identificam a "vida" com a psique. Mas só uma minoria inexpressiva considera o fenômeno psíquico como

---

2. Omito, de propósito, o Oriente modernizado.

uma categoria do ser enquanto tal, tirando daí as consequências lógicas. Na verdade, é uma contradição considerar que a categoria do ser, uma das condições essenciais de todo o existente, ou seja, da psique, seja real apenas pela metade. Na verdade, o ser psíquico é a única categoria do ser da qual temos um conhecimento direto e imediato, pois nenhuma coisa pode ser conhecida sem apresentar-se como imagem psíquica. A existência psíquica é a única que pode ser demonstrada diretamente. Se o mundo não assume a forma de uma imagem psíquica, é praticamente como se não existisse. Este é um fato de que o Ocidente não se deu plenamente conta, com raras exceções como, por exemplo, a filosofia de Schopenhauer. Mas Schopenhauer, como se sabe, foi influenciado pelo budismo e pelos *Upanishads*.

Até mesmo um conhecimento superficial é suficiente para mostrar que existe uma diferença fundamental entre o Oriente e o Ocidente. O Oriente se baseia na realidade psíquica, isto é, na psique, enquanto condição única e fundamental da existência. A impressão que se tem é a de que este conhecimento é mais uma manifestação psicológica do que o resultado de um pensamento filosófico. Trata-se de um ponto de vista tipicamente introvertido, ao contrário do ponto de vista ocidental que é tipicamente extrovertido[3]. A introversão e a extroversão, como se sabe, são atitudes temperamentais ou mesmo constitucionais, que jamais são intencionalmente assumidas em situações normais. Excepcionalmente, elas podem ser desenvolvidas de modo premeditado, mas somente em condições muito especiais. A introversão é, se assim podemos nos exprimir, o estilo do Oriente, ou seja, uma atitude habitual e coletiva, ao passo

---

3. Cf. em *Psychologische Typen* (*Tipos psicológicos*) as definições de "extroversão" e "introversão" [OC, 6].

que a extroversão é o estilo do Ocidente. Neste a introversão é encarada como uma anomalia, um caso patológico ou, de qualquer maneira, inadmissível. Freud identificou-a com uma atitude autoerótica do espírito. Ele sustenta a mesma posição negativa da filosofia nazista da Alemanha moderna[4], filosofia que considera a introversão como um delito grave contra o sentimento comunitário. No Oriente, pelo contrário, a extroversão, que cultivamos com tanto carinho, é considerada como um apetite ilusório e enganador, como existência no Samsâra, como o ser mais íntimo da cadeia dos nidanas que atinge seu ponto culminante na soma dos sofrimentos do mundo[5]. Quem experimentou, na prática, o mútuo rebaixamento dos valores entre introvertidos e extrovertidos dar-se-á bem conta do conflito emocional que existe entre o ponto de vista oriental e o ponto de vista ocidental. A discussão acirrada acerca dos universalia, que teve início com Platão, oferece um exemplo instrutivo para quem é versado na história da filosofia na Europa. Não quero examinar aqui todas as ramificações do conflito existente entre introvertidos e extrovertidos. Devo, porém, mencionar os aspectos religiosos do problema. O Ocidente cristão considera o homem inteiramente dependente da graça de Deus ou da Igreja, na sua qualidade de instrumento terreno exclusivo da obra da redenção sancionado por Deus. O Oriente, pelo contrário, sublinha o fato de que o homem é a única causa eficiente de sua própria evolução superior; o Oriente, com efeito, acredita na "autorredenção".

771   O ponto de vista religioso representa sempre a atitude psicológica e seus preconceitos específicos, mesmo para aquelas pessoas que esqueceram sua religião, ou que dela

---

4. Este comentário foi redigido em 1939.

5. *Samyutta-nikâya* 12, *Nidâna-samyutta*.

nunca ouviram falar. Em relação à psicologia, o Ocidente é cristão em todos os sentidos, apesar de tudo. O *anima naturaliter christiana* de Tertuliano vale para todo o Ocidente, não somente no sentido religioso, como ele pensava, mas também no sentido psicológico. A graça provém de uma outra fonte; de qualquer modo, ela vem de fora. Qualquer outra perspectiva é pura heresia. Assim compreende-se perfeitamente que a alma humana tenha complexos de inferioridade. Quem ousa pensar em uma relação entre a alma e a ideia de Deus é logo acusado de psicologismo ou suspeito de misticismo doentio. O Oriente, pelo contrário, tolera compassivamente estes graus espirituais "inferiores" em que o homem se ocupa com o pecado devido à sua ignorância cega a respeito do *carma*, ou atormenta a sua imaginação com uma crença em deuses absolutos, os quais, se ele olhar um pouco mais profundamente, perceberá que não passam de véus ilusórios tecidos pelo seu próprio espírito. Por isso, a psique é o elemento mais importante, é o sopro que tudo penetra, ou seja, a natureza de Buda; é o espírito de Buda, o uno, o *Dharma-Kâya*. Toda vida jorra da psique e todas as suas diferentes formas de manifestação se reduzem a ela. É a condição psicológica prévia e fundamental que impregna o homem oriental em todas as fases de seu ser, determinando todos os seus pensamentos, ações e sentimentos, seja qual for a crença que professe.

De modo análogo, o homem ocidental é cristão, independentemente da religião à qual pertença. Para ele, a criatura humana é algo de infinitamente pequeno, um quase nada. Acrescenta-se a isso o fato de que, como diz Kierkegaard, "o homem está sempre em falta diante de Deus". O homem procura conciliar os favores da grande potência mediante o temor, a penitência, as promessas, a submissão, auto-humilhação, as boas obras e os louvores. A grande potência não é o homem, mas um *totaliter aliter*, o totalmente outro, absolutamente perfeito e exterior, a única realidade existente[6]. Se modificarmos um pouco a fórmula e em lugar de Deus colocarmos outra grandeza, como, por exemplo, o mundo, o dinheiro, teremos o quadro completo do homem ocidental zeloso, temente a Deus, piedoso, humilde, empreendedor, cobiçoso, ávido de acumular apaixonada e rapidamente toda espécie de bens deste mundo, tais como riqueza, saúde, conhecimentos, domínio técnico, prosperidade pública, bem-estar, poder político, conquistas etc. Quais são os grandes movimentos propulsores de nossa época? Justamente as tentativas de nos apoderarmos do dinheiro ou dos bens dos outros e de defendermos o que é nosso. A inteligência se ocupa principalmente em inventar "ismos" adequados para ocultar os seus verdadeiros motivos ou para conquistar o maior número possível de presas. Não pretendo descrever o que sucederia a um oriental se se esquecesse do ideal de Buda. Não quero colocar, assim, tão deslealmente, e para nossa vantagem, o preconceito ocidental. Mas não posso deixar de propor a questão de saber se seria possível ou mesmo conveniente para ambos os lados imitar o ponto de vista do outro. A diferença entre ambos é tão grande que não se vê uma possibilidade de imitá-los, e muito menos ainda a oportunidade de o fazer. Não se pode misturar fogo com água. A posição oriental idiotiza o homem ocidental, e vice-versa. Não se pode ser ao mesmo tempo um bom cristão e seu próprio redentor, do mesmo modo como não se pode ser ao mesmo tempo um budista e adorar a Deus. Muito mais lógico é admitir o conflito, pois se existe realmente uma solução, só pode tratar-se de uma solução irracional.

---

6. OTTO, R. *Das Heilige*, 1918, p. 28; cf. tb.: *Das Gefühl des Überweltlichen*, 1932, p. 212s.

Por inevitável desígnio do destino, o homem ocidental 773
tomou conhecimento da maneira de pensar do oriental. É
inútil querer depreciar esta maneira de pensar ou construir
pontes falsas ou enganadoras por sobre abismos. Em vez de
aprender de cor as técnicas espirituais do Oriente e querer
imitá-las, numa atitude forçada, de maneira cristã – *imitatio Christi* –, muito mais importante seria procurar ver se
não existe no inconsciente uma tendência introvertida que
se assemelhe ao princípio espiritual básico do Oriente. Aí,
sim, estaríamos em condições de construir, com esperança,
em nosso próprio terreno e com nossos próprios métodos.
Se nos apropriarmos diretamente dessas coisas do Oriente,
teremos de ceder nossa capacidade ocidental de conquista. E com isso estaríamos confirmando, mais uma vez, que
"tudo o que é bom vem de fora", onde devemos buscá-lo e
bombeá-lo para nossas almas estéreis[7]. A meu ver, teremos
aprendido alguma coisa com o Oriente no dia em que en-
tendermos que nossa alma possui em si riquezas suficientes
que nos dispensam de fecundá-la com elementos tomados
de fora, e em que nos sentirmos capazes de desenvolver-nos
por nossos próprios meios, com ou sem a graça de Deus.
Mas não poderemos entregar-nos a esta tarefa ambiciosa,
sem antes aprender a agir sem arrogância espiritual e sem
uma segurança blasfema. A atitude oriental fere os valores
especificamente cristãos e não adianta ignorar estas coisas.
Se quisermos que nossa atitude seja honesta, isto é, radicada
em nossa própria história, é preciso apropriarmo-nos desta
atitude, com plena consciência dos valores cristãos e cons-

---

7. "Quem não possui Deus desta maneira, mas tem necessidade de buscá-lo
todo fora... não possui Deus de maneira nenhuma, e então é fácil que algo
o perturbe". *Meister Eckeharts Schriften und Predigten.* Organizado por H.
Büttner, 1909, II, p. 8.

cientes do conflito que existe entre estes valores e a atitude introvertida do Oriente. É a partir de dentro que devemos atingir os valores orientais e procurá-los dentro de nós mesmos, e não a partir de fora. Devemos procurá-los em nós próprios, em nosso inconsciente. Aí, então, descobriremos quão grande é o temor que temos do inconsciente e como são violentas as nossas resistências. É justamente por causa destas resistências que pomos em dúvida aquilo que para o Oriente parece tão claro, ou seja, a capacidade de autolibertação própria da mentalidade introvertida.

774 Este aspecto do espírito é, por assim dizer, desconhecido no Ocidente, embora seja o componente mais importante do inconsciente. Muitas pessoas negam de todo a existência do inconsciente ou afirmam que este é constituído apenas pelos instintos ou por conteúdos recalcados ou esquecidos, que antes formavam parte da consciência. Podemos admitir com toda a tranquilidade que a expressão oriental correspondente ao termo "mind" se aproxima bastante do nosso "inconsciente", ao passo que o termo "espírito" é mais ou menos idêntico à consciência reflexa. Para nós, ocidentais, a consciência reflexa é impensável sem um eu. Ela se equipara à relação dos conteúdos com o eu. Se não existe o eu, estará faltando alguém que possa se tornar consciente de alguma coisa. O eu, portanto, é indispensável para o processo de conscientização. O espírito oriental, pelo contrário, não sente dificuldade em conceber uma consciência sem o eu. Admite que a existência é capaz de estender-se além do estágio do eu. O eu chega mesmo a desaparecer neste estado "superior". Semelhante estado espiritual permaneceria inconsciente para nós, pois simplesmente não haveria uma testemunha que o presenciasse. Não ponho em dúvida a existência de estados espirituais que transcendam a cons-

ciência. Mas a consciência reflexa diminui de intensidade à medida em que o referido estado a ultrapassa. Não consigo imaginar um estado espiritual que não se ache relacionado com um sujeito, isto é, com um eu. O seu poder não pode subtrair-se ao eu. O eu, por exemplo, não pode ser privado do seu sentimento corporal. Pelo contrário, enquanto houver capacidade de percepção, deverá haver alguém presente que seja o sujeito da percepção. É só de forma mediana e indireta que tomamos consciência de que existe um inconsciente. Entre os doentes mentais podemos observar manifestações de fragmentos do inconsciente pessoal que se desligaram da consciência reflexa do paciente. Mas não temos prova alguma de que os conteúdos inconscientes se achem em relação com um centro inconsciente, análogo ao eu. Antes, pelo contrário, existem bons motivos que nos fazem ver que um tal estado nem sequer é provável.

O fato de o Oriente colocar de lado o eu com tanta facilidade parece indicar a existência de um pensamento que não podemos identificar com o nosso "espírito". No Oriente, o eu desempenha certamente um papel menos egocêntrico que entre nós; seus conteúdos parecem estar relacionados com um sujeito apenas frouxamente, e os estados que pressupõem um eu debilitado parecem ser os mais importantes. A impressão que se tem, igualmente, é de que a hatha-ioga serve, antes de tudo, para extinguir o eu pelo domínio de seus impulsos não domesticados. Não há a menor dúvida de que as formas superiores da ioga, ao procurar atingir o samâdhi, têm como finalidade alcançar um estado espiritual em que o eu se ache praticamente dissolvido. A consciência reflexa, no sentido empregado por nós, é considerada como algo inferior, isto é, como um estado de avidyâ (ignorância), ao passo que aquilo a que denominamos de "pano de fundo obscuro da consciência reflexa" é entendido, no Oriente, como consciência reflexa "superior"[8]. O nosso conceito de "inconsciente coletivo" seria, portanto, o equivalente europeu do buddhi, o espírito iluminado.

776 Destas considerações podemos concluir que a forma oriental da "sublimação" consiste em retirar o centro de gravidade psíquico da consciência do eu, que ocupa uma posição intermédia entre o corpo e os processos ideais da psique. As camadas semifisiológicas inferiores da psique são dominadas pela prática da ascese, isto é, pela "exercitação", e, assim, mantidas sob controle. Não são negadas ou reprimidas diretamente por um esforço supremo da vontade, como acontece comumente no processo de sublimação ocidental. Pelo contrário, poder-se-ia mesmo dizer que as camadas psíquicas inferiores são ajustadas e configuradas pela prática paciente da hatha-ioga, até chegarem ao ponto de não perturbarem mais o desenvolvimento da consciência "superior". Este processo singular parece ser estimulado pela circunstância de que o eu e seus apetites são represados pelo fato de o Oriente atribuir maior importância ao "fator subjetivo"[9]. A atitude introvertida caracteriza-se, em geral, pelos dados *a priori* da apercepção. Como se sabe, a apercepção é constituída de duas fases: a primeira é a apreensão do objeto, e a segunda a assimilação da apreensão à imagem previamente existente ou ao conceito mediante o qual o objeto é "compreendido". A psique não é uma não entidade, desprovida de qualquer qualidade. A psique

---

8. A psicologia do Ocidente não classifica os conteúdos desta maneira, isto é, como julgamentos da consciência que distinguem entre a ideia de "superior" e de "inferior". Parece que o Oriente reconhece a existência de condições psíquicas subumanas, uma verdadeira "subconsciência" que compreende os instintos e os psiquismos semifisiológicos, mas é classificada de "consciência superior".

9. *Tipos psicológicos*, 2011 [OC, 6, p. 406s.].

constitui um sistema definido, consistente de determinadas condições e que reage de maneira específica. Qualquer representação nova, seja ela uma apreensão ou uma ideia espontânea, desperta associações que derivam do tesouro da memória. Estas se projetam imediatamente na consciência e produzem a imagem complexa de uma impressão, embora este fato já constitua, em si, uma espécie de interpretação. Designa a disposição inconsciente, da qual depende a qualidade da impressão, que designo pelo nome de "fator subjetivo". Este merece o qualificativo de "subjetivo" porque é quase impossível que uma primeira impressão seja objetiva. Em geral é preciso antes um processo cansativo de verificação, análise e comparação, para que se possa moderar e ajustar as reações imediatas do fator subjetivo.

Apesar da propensão da atitude extrovertida a designar o fator subjetivo como "apenas subjetivo", a proeminência atribuída a este fator não indica, necessariamente, um subjetivismo de caráter pessoal. A psique e sua natureza são bastante reais. Como já assinalei, elas convertem até mesmo os objetos materiais em imagens psíquicas. Não captam as ondas sonoras em si, mas o tom: não captam os comprimentos das ondas luminosas, mas as cores. O ser é tal qual o vemos e entendemos. Existe um número infinito de coisas que podem ser vistas, sentidas e entendidas das mais diversas maneiras. Abstração feita dos preconceitos puramente pessoais, a psique assimila fatos exteriores de maneira própria que, em última análise, baseia-se nas leis ou formas fundamentais da apercepção. Estas formas não sofrem alteração, embora recebam designações diferentes em épocas diferentes ou em partes diferentes do mundo. Em nível primitivo, o homem teme os magos e feiticeiros. Modernamente, observamos os micróbios com igual medo. No primeiro caso, todos acreditam em espíritos; no segundo, acredita-se em vitaminas.

Antigamente, as pessoas eram possuídas do demônio; hoje elas o são, e não menos, por ideias etc.

778   O fator subjetivo é constituído, em última análise, pelas formas eternas da atividade psíquica. Por isto, todo aquele que confia no fator subjetivo está se apoiando na realidade dos pressupostos psíquicos. Se agindo assim ele consegue estender a sua consciência para baixo, de sorte a poder tocar as leis fundamentais da vida psíquica, estará em condições de entrar na posse da verdade que promana naturalmente da psique, se esta não for, então, perturbada pelo *mundo exterior* não psíquico. Em qualquer caso, esta verdade compensará a soma dos conhecimentos que podem ser adquiridos através da pesquisa do mundo exterior. Nós, do Ocidente, acreditamos que uma verdade só é convincente quando pode ser constatada através de fatos externos. Acreditamos na observação e na pesquisa o mais exatas possíveis da natureza. Nossa verdade deve concordar com o comportamento do mundo exterior, pois, do contrário, esta verdade será meramente subjetiva. Da mesma forma que o Oriente desvia o olhar da dança da prakrti (*physis*, natureza) e das múltiplas formas aparentes da mâyâ, assim também o Ocidente tem medo do inconsciente e de suas fantasias vãs. O Oriente, no entanto, sabe muito bem haver-se com o mundo, apesar de sua atitude introvertida; o Ocidente também sabe agir com a psique e suas exigências, apesar de sua extroversão. Ele possui uma instituição, a Igreja, que confere expressão à psique humana, mediante seus ritos e dogmas. As ciências naturais e a técnica não são também, de modo algum, invenções puramente ocidentais. Seus equivalentes orientais parecem um pouco fora de moda ou mesmo primitivos, mas o que temos para apresentar no tocante ao conhecimento espiritual e à técnica psicológica deve parecer tão atrasado, comparado à *ioga*, como

a astrologia e a medicina orientais, comparadas às ciências do Ocidente. Não quero negar a eficácia da Igreja cristã, mas se compararmos os *Exercícios* de Inácio de Loyola com a ioga compreende-se o que quero dizer. Existe uma diferença, e uma diferença muito grande. Passar diretamente deste nível para a ioga oriental é tão inoportuno quanto a súbita transformação dos asiáticos em europeus pela metade. Os benefícios da civilização ocidental parecem-me duvidosos, e semelhante reparo tenho a fazer também quanto à adoção da mentalidade oriental por parte do Ocidente. Mas estes mundos antitéticos se defrontaram um com o outro. O Oriente está em pleno processo de transformação; foi seriamente perturbado, e de modo mais profundo e prenhe de consequências. Até mesmo os métodos mais eficazes da arte bélica europeia foram imitados, com sucesso, pelo Oriente. Quanto a nós, a dificuldade parece mais de ordem psicológica. Nossa fatalidade são as ideologias, que correspondem ao Anticristo há tanto tempo esperado. O nacional-socialismo (nazismo) se assemelha tanto a um movimento religioso quanto qualquer outro movimento a partir de 622 d.C. O comunismo tem a pretensão de instaurar o paraíso na terra. Estamos, de fato, mais protegidos contra as más colheitas e epidemias do que contra nossa miserável inferioridade espiritual, que parece oferecer tão pouca resistência às epidemias psíquicas.

O Ocidente é também extrovertido em sua atitude religiosa. Hoje em dia soa como uma ofensa afirmar que o cristianismo possui um caráter hostil ou pelo menos uma atitude de indiferença em relação ao mundo e suas alegrias. Pelo contrário, o bom cristão é um cidadão jovial, um homem de negócios empreendedor, um excelente soldado, o melhor em todas as profissões. Os bens profanos são considerados, muitas vezes, como recompensa especial do comportamento cristão, e o adjetivo ἐπιούσιος, *supersubstantialis*[10] do Pai-nosso, que se referia ao pão, foi abandonado há muito tempo, pois o pão real é, evidentemente, muito mais importante. Nada mais lógico, portanto, que uma extroversão tão ampla não pudesse conceder ao homem uma alma que encerrasse em si algo que não proviesse exteriormente do conhecimento humano ou que não fosse produzido pela graça divina. Sob este ponto de vista, a afirmação de que o homem traz em si a possibilidade da autorredenção é uma blasfêmia manifesta. Em nossa religião não há nada que apoie a ideia de uma força de autolibertação do espírito. Existe, entretanto, uma forma bastante moderna de psicologia – a psicologia dita analítica ou complexa – segundo a qual há a possibilidade de que, no inconsciente, ocorram determinados processos que compensam, com o seu simbolismo, as deficiências e os desnorteamentos da atitude consciente. Quando as compensações inconscientes se tornam conscientes por meio da técnica analítica, provocam uma mudança tão grande na atitude consciente, que podemos falar de um novo nível de consciência. Mas o método em si não é capaz de produzir o processo propriamente dito da compensação inconsciente. Este depende inteiramente da psique inconsciente ou da "graça divina" – o nome pouco importa. Mas o processo inconsciente em si quase nunca atinge a consciência sem a ajuda da técnica. Quando é trazido à tona, revela conteúdos que formam um contraste notável com a orientação geral das ideias e dos sentimentos conscientes. Se assim não fosse, tais conteúdos não teriam efeito compensatório. Mas o primeiro resultado, em geral, é um conflito, pois a atitude consciente opõe

---

10. O termo *substantialis* não corresponde ao verdadeiro (correto) sentido de ἐπιούσιος, como mostraram pesquisas posteriores.

resistência à penetração de tendências aparentemente incompatíveis e estranhas. É nas esquizofrenias onde se veem os exemplos mais espantosos de semelhantes intrusões de conteúdos totalmente estranhos e inaceitáveis. Nestes casos, trata-se, naturalmente, de deformações e aberrações patológicas, e com o simples conhecimento do material moral é possível constatar a semelhança do esquema que está na base desses fenômenos. Aliás, são nossas próprias imagens que podem ser encontradas na mitologia e em outras formas arcaicas de pensamento.

Em circunstâncias normais, qualquer conflito impele a psique a agir no sentido de chegar a uma solução mais satisfatória. Por via de regra – vale dizer: no Ocidente – o ponto de vista consciente é que decide arbitrariamente contra o inconsciente, porque tudo quanto procede do interior do homem é, por preconceito, considerado como algo de inferior ou não inteiramente correto. Mas nos casos aqui mencionados todos os estudiosos são concordes em admitir que os conteúdos aparentemente incompatíveis e ininteligíveis não devem ser recalcados de novo, e que é preciso também aceitar e suportar o conflito. Em um primeiro momento, parece impossível qualquer solução, e este fato deve ser suportado com paciência. A estase assim verificada "constela" o inconsciente – ou, em outras palavras, o protelamento consciente provoca uma nova reação compensatória no inconsciente. Esta reação, que se manifesta geralmente nos sonhos, é levada, então, ao plano da realização consciente. A consciência se vê, deste modo, confrontada com um novo aspecto da psique, e isto suscita um novo problema, ou modifica inesperadamente os dados do problema já existente. Este modo de proceder dura até o momento em que o conflito original é resolvido de maneira satisfatória. Todo este processo é chamado de "função transcendente". Trata-se, ao mesmo tempo, de um processo e de um método. A produção de compensações inconscientes é um processo espontâneo, ao passo que a realização consciente é um método. A função é chamada "transcendente"[11] porque favorece a passagem de uma constituição psíquica para outra, mediante a mútua confrontação dos opostos.

781 Esta é uma descrição bastante esquemática da função transcendente. Para os detalhes, devo remeter o leitor às referências das notas de rodapé. Mas não pude deixar de chamar a atenção para estas observações e para estes motivos de ordem psicológica, porque eles nos indicam o caminho de acesso àquele espírito com o qual nosso texto se relaciona. Trata-se do espírito gerador de imagens da matriz de todas aquelas formas fundamentais que conferem à apercepção o seu caráter próprio. Estas formas são exclusivas da psique inconsciente. Estas constituem seus elementos estruturais e só elas podem explicar por que é que certos motivos mitológicos surgem com maior ou menor frequência por toda parte, mesmo onde a migração é improvável como via de transmissão. Os sonhos, os fantasmas e as psicoses produzem imagens que se identificam aparentemente, em todos os aspectos, com os motivos mitológicos de que as pessoas implicadas não tinham conhecimento algum, mesmo indiretamente, graças a expressões de uso corrente ou por meio da linguagem simbólica da Bíblia[12]. Não há dúvida de que

---

11. Cf. as definições em *Tipos psicológicos* [OC, 6], no verbete "símbolo".

12. Muitas pessoas acham que estas afirmações não merecem crédito; mas, ou não conhecem a psicologia do homem primitivo, ou nada sabem a respeito dos resultados das pesquisas psicológicas. Em minha obra *Symbole der Wandlung* (*Símbolos da transformação*), encontram-se observações específicas, como também em *Psychologie und Alchemie* (Psicologia e alquimia), e ainda em NELKEN, J. *Analytische Beobachtungen über Phantasien eines Schizophrenen*, 1912, p. 504s. • SPIELREIN, S. *Über den psychologischen Inhalt eines Falles von Schizophrenie*, 1912, p. 329s. • MEIER, C.A. *Spontanmanifestationen des kollektiven Unbewussten*.

tanto a psicopatologia da esquizofrenia quanto a psicologia do inconsciente revelam a presença de material arcaico. Seja qual for a estrutura do inconsciente, uma coisa é inteiramente certa: ele contém um número determinado de motivos ou formas de caráter arcaico que, no fundo, identificam-se com as ideias fundamentais da mitologia e formas análogas de pensamento.

Pelo fato do inconsciente ser a matriz espiritual, ele traz consigo a marca indelével do criador. É o lugar onde se dá o nascimento das formas de pensamento, como o é também o espírito universal, sob o ponto de vista do nosso texto. Como não podemos atribuir uma forma definida ao inconsciente, a afirmação oriental segundo a qual o espírito universal não tem forma é *arupaloka*, mesmo sendo o lugar de origem de todas as formas, parece justificar-se sob o ponto de vista psicológico. Como as formas do inconsciente não estão ligadas a nenhuma época determinada e, por isso, parecem eternas, causam-nos a impressão singular e única de intemporalidade quando se realizam no plano da consciência. Podemos constatar a mesma coisa na psicologia do primitivo: a palavra australiana *altjira*[13], por exemplo, significa, ao mesmo tempo, "sonho", "país dos espíritos" e "tempo" no qual os seus antepassados vivem e continuarão a viver. É, segundo dizem, o "tempo em que não havia tempo". Isto nos parece uma concretização e projeção manifestas do inconsciente, com todas as suas características – suas manifestações oníricas, suas formas originais de pensamento e sua intemporalidade.

Por isso é que uma atitude introvertida, na qual a tônica recai no fator subjetivo (o pano de fundo da consciência) e não no mundo exterior (o mundo da consciência), provoca

---

13. LÉVY-BRUHL, L. *La Mythologie primitive*, 1935, p. 23s.

necessariamente as manifestações características do inconsciente, ou seja, as formas arcaicas de pensamento impregnadas de sentimentos "ancestrais" ou "históricos", e também do sentimento de indeterminação, de intemporalidade e de unidade. O sentimento peculiar de *unidade* é uma experiência típica que ocorre em todas as formas de misticismo e é provável que provenha da contaminação geral dos conteúdos que se fortalecem com a debilitação da consciência reflexa (*abaissement du niveau mental*). A mistura quase sem limites das imagens nos sonhos e também nos produtos dos enfermos mentais nos atesta sua origem inconsciente. Ao contrário da distinção e da diferença bem claras das formas no plano da consciência, os conteúdos inconscientes são extremamente indeterminados e é por isso que podem misturar-se com facilidade. Se começássemos a imaginar um estado em que nada fosse claro, certamente perceberíamos o todo como uno. Por isso não é muito improvável que a sensação singular de unidade do conhecimento subliminar do complexo universal derive do inconsciente.

784 Graças à função transcendente temos não só acesso ao "espírito uno", como aprendemos igualmente a entender as razões pelas quais o Oriente acredita na possibilidade da autolibertação. Parece-me justo falar-se em "autolibertação", se se consegue modificar o estado psíquico mediante a introspecção e a realização consciente das compensações inconscientes e, assim, chegar à solução dos conflitos dolorosos. Mas, como já indiquei acima, não é tão fácil realizar a ambiciosa pretensão de autolibertação, pois as compensações inconscientes não podem ser provocadas voluntariamente; talvez seja preciso esperar que elas sejam produzidas. Também não se pode mudar o caráter peculiar da compensação: *est aut non est* – ela é ou simplesmente não é. É estranho que a filosofia oriental parece não ter prestado atenção

a este fator de suma importância. E é precisamente tal fato que justifica psicologicamente o ponto de vista ocidental. Parece que a psique ocidental tem um conhecimento intuitivo da dependência do homem em relação a um poder obscuro que deve cooperar para que tudo corra bem. Onde e quando o inconsciente não coopera, o homem se vê embaraçado até mesmo em suas atitudes costumeiras. Em tal situação pode tratar-se de uma falha da memória, da ação ou do interesse coordenados, e da concentração; e esta falha pode dar origem a inconvenientes sérios ou eventualmente também a um acidente fatal que pode levar à ruína tanto profissional como moral. Antigamente, em tais casos, os homens diziam que os deuses haviam sido inclementes; hoje falamos de neurose. Sua causa, nós a procuramos na falta de vitaminas, nos distúrbios glandulares ou sexuais, ou no excesso de trabalho. Se cessa de repente a cooperação do inconsciente, o que jamais consideramos como inteiramente natural, então se trata de uma situação gravíssima.

Comparativamente a outras raças – como, por exemplo, a chinesa – parece que o ponto fraco do europeu é o equilíbrio espiritual ou – para dizê-lo grosseiramente – o cérebro. É compreensível que queiramos distanciar-nos o máximo possível de nossas fraquezas, fato este que explica aquela espécie de extroversão com que se procura dominar o meio ambiente. A extroversão caminha paralelamente à desconfiança em relação ao homem interior, quando, de alguma forma, não nos damos conta dela. Além disto, todos nós tendemos a subestimar aquilo que tememos. Nossa convicção absoluta de que "nihil est in intellectu quod non antea fuerit in sensu" – de que no intelecto não se encontra nada que não tenha sido apreendido, primeiramente, pelos sentidos, que constitui a divisa da extroversão ocidental –, deve ter um fundamento semelhante. Mas, como frisamos anteriormente, esta extroversão se justifica psicologicamente pela razão essencial de que a compensação inconsciente escapa ao controle humano. Sei que a ioga se orgulha de poder controlar até mesmo os processos inconscientes, de sorte que nada há na psique que não seja dirigido por uma consciência suprema. Não duvido, absolutamente, de que um tal estado seja mais ou menos possível, mas só com uma condição: de que o indivíduo se identifique com o inconsciente. Esta identidade é o equivalente oriental de nossa idolatria ocidental da objetividade absoluta, da orientação maquinal para um determinado fim, para uma ideia ou objeto, mesmo com o risco de perder todo o vestígio de vida interior. Do ponto de vista oriental esta objetividade é apavorante, é sinônimo da identidade completa com o samsâra; para o Ocidente, pelo contrário, o samâdhi outra coisa não é senão um estado onírico sem importância. No Oriente o homem interior sempre exerceu sobre o homem exterior um poder de tal natureza que o mundo nunca teve oportunidade de separá-lo de suas raízes profundas. No Ocidente, pelo contrário, o homem exterior sempre esteve de tal modo no primeiro plano, que se alienou de sua essência mais íntima. O espírito único, a unidade, a indeterminação e a eternidade se achavam sempre unidas no Deus uno. O homem tornou-se pequeno, um nada, e fundamentalmente sempre num estado de má consciência.

786   Creio que através de minha exposição tornou-se claro que estes dois pontos de vista, embora se contradigam mutuamente, têm um fundamento psicológico. Ambos são unilaterais, porque não levam em conta os fatores que não se ajustam à sua atitude típica. O primeiro subestima o mundo da consciência reflexa; o segundo, o mundo do espírito uno. O resultado é que ambos, com sua atitude

extrema, perdem metade do universo; sua vida se acha separada da realidade total, tornando-se facilmente artificial e desumana. O Ocidente tem a mania da "objetividade", seja a atitude ascética do cientista ou a atitude do corretor de Bolsa que esbanja a beleza e a universalidade da vida em troca de um objetivo mais ou menos ideal. No Oriente o que se procura é a sabedoria, a paz, o desprendimento e imobilidade de uma psique que foi conduzida de volta às suas origens obscuras, e deixou para trás todas as preocupações e alegrias da vida, tal como ela é e provavelmente será. Não é de admirar que esta unilateralidade, em ambos os lados, assuma formas muito semelhantes às do monaquismo. É ela que garante ao eremita, ao homem santo, ao monge ou ao cientista uma concentração tranquila e sem distúrbios sobre um determinado objetivo. Nada tenho a objetar contra semelhante unilateralidade. É evidente que o homem, o grande experimento da natureza ou seu próprio grande experimento, acha-se autorizado a semelhantes empreendimentos, se for capaz de os suportar. Sem unilateralidade, o espírito humano não poderia desenvolver-se em seu caráter diferenciado. Mas creio que não faz mal tentarmos compreender ambos os lados.

A tendência extrovertida do Ocidente e a tendência introvertida do Oriente possuem um objetivo comum muito importante: ambos fazem esforços desesperados por vencer aquilo que a vida tem de natural. É a afirmação do espírito sobre a matéria, o *opus contra naturam*, indício da juventude do homem, que se delicia toda a sua vida a usar da mais poderosa das armas jamais inventadas pela natureza: o espírito consciente. O entardecer da humanidade, que se situa ainda num futuro longínquo, pode suscitar um ideal diferente. Com o passar do tempo talvez nem sequer se sonhe mais com conquistas.

Referências

BÜTTNER, H. *Meister Eckehart's Schriften und Predigten*. 2 vols. Jena, 1917.

EVANS-WENTZ, W.Y. *Das tibetische Buch der grossen Befreiung*. Munique, 1955.

JUNG, C.G. *Psychologie und Alchemie*. (Psychologische Abhandlungen V). Zurique: Rascher, 1944. Rev. Neuaufl., 1952 [GW 12 (1972, ³1980)].

_____. *Symbole der Wandlung* – Analyse des Vorspiels zu einer Schizophrenie. Zurique: Rascher, 1952. 4., umgearbeitete Auflage von: Wandlungen und Symbole der Libido (1912) [GW 5 (1973, ³1983)].

_____. *Psychologische Typen*. Zurique: Rascher, 1921. Neuaufl. 1925, 1930, 1937, 1940, 1942, 1947 e 1950. [GW 6 (1960 neunte, rev. Aufl., 1967 zehnte, rev. Aufl., I ⁴1981)].

LÉVY-BRUHL, L. *Les Fonctions mentales dans les sociétiés inférieures*. 2. ed. Paris, 1912.

MEIER, C.A. Spontanmanifestationen des kollektiven Unbewussten. In: *Zentralblatt für Psychotherapie* XI. Leipzig, 1939, p. 284-303.

NELKEN, J. Analytische Beobachtungen über Phantasien eines Schizophrenen. In: *Jahrbuch für psychoanalytische und psychopathologische Forschung* IV. Viena e Leipzig, 1912.

OTTO, R. *Das Gefühl des Überweltlichen*. Munique, 1932.

_____. *Das Heilige*. Breslau, 1917.

SAMYUTTA-NIKÄYA. *Übers, von Wilhelm Geig*. 2 vols. Munique, 1930.

SPIELREIN, S. Über den psychologischen Inhalt eines Falles von Schizophrenie. In: *Jahrbuch für psychoanalytische und psychopathologische Forschung* III. Leipzig e Viena, 1912, p. 329-400.

A ioga e o Ocidente[1]

Há pouco menos de um século o Ocidente adquiriu alguma noção da ioga. Embora seja verdade que há mais de dois mil anos tenham chegado à Europa os mais variados tipos de narrativas maravilhosas provenientes da Índia fabulosa, com seus sábios e céticos onfálicos, contudo, só mediante os primeiros contatos com os Upanishads, trazidos ao Ocidente por Anquetil du Perron, teve início um verdadeiro conhecimento da filosofia hindu e da prática filosófica da Índia. Mas um conhecimento mais geral e mais aprofundado só foi possível graças ao trabalho de Max Müller, Oxford, e aos *Sacred Books of East*, editados por ele. Este conhecimento real, no entanto, restringiu-se inicialmente aos indólogos e filósofos. Mas o movimento teosófico desencadeado por Madame Blavatsky não tardou em apoderar-se das tradições orientais e as colocou ao alcance do público. Durante várias décadas o conhecimento da ioga foi cultivado no Ocidente; de um lado, como ciência estritamente acadêmica e, de outro, como algo que talvez possamos classificar de religião, conquanto não se tenha desenvolvido a ponto de tornar-se uma igreja organizada, apesar dos esforços de Annie Besant e do fundador do ramo antroposófico, Rudolf Steiner, que, por sua vez, deriva de Madame Blavatsky.

Fonte: OC 11/5, §§ 859-876.

1. Aparecido em tradução inglesa em *Prabuddha Bharata*, Calcutá, fevereiro de 1936.

860   Dificilmente se pode comparar o caráter desta evolução com aquilo que a ioga significa para a Índia. Ou seja, no Ocidente, as doutrinas orientais encontraram uma situação espiritual peculiar que a Índia – pelo menos a Índia antiga – desconhecia, ou seja, a rigorosa separação entre ciência e religião existente em maior ou menor grau há trezentos anos, quando a doutrina da ioga começou pouco a pouco a tornar-se conhecida no Ocidente. Esta separação, que é uma característica típica do Ocidente, começou com o Renascimento, no século IV, época em que surgiu um interesse geral e apaixonado pela antiguidade clássica, favorecido pela queda do Império Romano do Oriente, que sucumbiu às investidas do Islamismo. Pela primeira vez difundiu-se o conhecimento da língua e da cultura gregas no Ocidente. A esta irrupção da assim chamada filosofia pagã seguiu-se, imediatamente, o grande Cisma da Igreja Romana, ou seja, o Protestantismo, que em breve se alastrou por toda a Europa setentrional. Mas esta renovação do Cristianismo já não era capaz de exorcizar os espíritos libertados.

861   Começara a época das descobertas mundiais no sentido geográfico e científico do termo, enquanto o pensamento ia se emancipando de forma crescente das cadeias opressivas da tradição religiosa. As igrejas continuaram a existir, mantidas pela necessidade estritamente religiosa do público, mas perderam a liderança no plano cultural. Enquanto a Igreja Romana continuou formando uma unidade, graças à sua inexcedível forma de organização, o protestantismo se esfacelou em cerca de quatrocentas denominações diferentes. Isto revela, de um lado, a sua incapacidade intrínseca, mas também o seu dinamismo, a sua vitalidade religiosa, que o impele sempre para diante, para mais longe. No decorrer do século XIX houve uma paulatina formação sincrética e a importação maciça de sentimentos religio-

sos exóticos, como, por exemplo, a religião formada por Abdul Bahai, as seitas sufistas, a pregação de Ramakrishna, o budismo etc. Muitos destes sistemas, como a teosofia, por exemplo, incorporaram elementos cristãos. A imagem que daí resultou corresponde quase ao sincretismo helenístico dos séculos III e IV, que chegou também à Índia, pelo menos em seus resquícios[2].

Mas todos estes sistemas se situam na linha religiosa e recrutam a maior parte de seus adeptos no seio do protestantismo. No fundo, trata-se nada mais do que de seitas protestantes. O protestantismo concentrava seus golpes contra a *autoridade* da Igreja, abalando principalmente a fé nessa mesma Igreja enquanto transmissora e comunicadora da salvação divina. Isso fez com que coubesse ao indivíduo o ônus da autoridade e, consequentemente, uma responsabilidade religiosa que até então não tivera. O declínio da prática da confissão dos pecados e da absolvição agravou ainda mais o conflito moral interior do indivíduo, sobrecarregando-o de uma série de problemas de que a Igreja outrora o poupara, na medida em que seus sacramentos, e em particular o sacrifício da missa, garantiam a salvação ao fiel, graças à realização da ação sagrada pelo ministério do sacerdote. Para tanto, o indivíduo devia contribuir apenas com a confissão pessoal dos pecados, com o arrependimento e a penitência. Com a eliminação da ação sagrada eficaz, passou a faltar a resposta de Deus ao propósito do indivíduo. São estas as lacunas que explicam o anseio e a busca de sistemas que prometessem essa resposta, ou seja, um gesto de complacência e aceitação por parte de outrem (superiores, diretores espirituais ou mesmo Deus).

862

---

2. Cf. Apolônio de Tiana, bem como as doutrinas dos mistérios órficos e pitagóricos e a gnose etc.

863   A ciência europeia não tomava na devida conta estas esperanças e expectativas. Mantinha-se distanciada e isolada das convicções e necessidades religiosas do grande público. Este isolamento do espírito ocidental, inevitável do ponto de vista histórico, apoderou-se também da doutrina da ioga, na medida em que foi acolhida no Ocidente, transformando-a, de um lado, em objeto de ciência, e, de outro, saudando-a como processo terapêutico. É verdade que não se pode negar a existência, no seio deste movimento, de toda uma série de tentativas no sentido de conciliar a ciência com a convicção religiosa e a prática, como no caso da Christian Science, a teosofia e antroposofia, das quais notadamente a última gosta de se apresentar com laivos de ciência; por isto a antroposofia, do mesmo modo que a Christian Science, invalida certos ambientes de cultura intelectual.

864   Como o protestantismo não tem um caminho previamente traçado, qualquer sistema que lhe permita um desenvolvimento adequado é, por assim dizer, bem-visto por ele. No fundo, deveria fazer tudo aquilo que a Igreja sempre fez como mediadora, só que agora não sabe *como* fazê-lo. Tendo levado a sério as próprias necessidades religiosas, também fez esforços inauditos para crer. Mas a fé é um carisma, um dom da graça, e não um método. E é justamente um método que faz falta aos protestantes, a ponto de muitos deles terem se interessado seriamente pelos exercícios espirituais de Inácio de Loyola, rigorosamente católicos. Mas o que mais os perturba é a contradição entre a verdade religiosa e a verdade científica, o conflito entre a fé e o saber que, através do protestantismo, afetou até mesmo o catolicismo. Este conflito existe única e exclusivamente por causa da cisão histórica operada no pensamento europeu. Se não houvesse, de um lado, um impulso psicológico inatural para crer, e do outro uma fé, igualmente inatural na ciência, não

haveria qualquer razão para este conflito. Seria fácil, então, imaginar um estado em que o indivíduo simplesmente *soubesse* e ao mesmo tempo *acreditasse* naquilo que lhe parecesse provável por estas ou aquelas boas razões. A rigor não há, forçosamente, uma razão para o conflito entre essas duas coisas. Na verdade, ambas são necessárias, pois apenas o conhecimento assim como apenas a fé são sempre insuficientes para atender às necessidades religiosas do indivíduo.

Por isso, se se propuser algum método religioso como "científico", pode-se estar certo de contar com o público no Ocidente. *A ioga satisfaz a essa expectativa.* À parte o estímulo da novidade e o fascínio pela meia compreensão, a ioga conquista muitos adeptos por boas razões: ela propõe não só um método tão amplamente procurado, como também uma filosofia de inaudita profundidade. Oferece a possibilidade de uma experiência controlável, satisfazendo com isto a necessidade científica de "fatos"; e, além disso, graças à sua amplitude e profundeza, à sua idade venerável, à sua doutrina e metodologia, que abarcam todos os domínios da vida, promete insuspeitadas possibilidades que os pregadores da doutrina raramente deixaram de sublinhar. 865

Silencio a importância que a ioga tem na Índia, pois não me sinto autorizado a emitir um juízo a respeito de algo que não conheço por experiência própria. Mas posso dizer alguma coisa sobre aquilo que ela significa para o Ocidente. A ausência de métodos entre nós raia pela anarquia psíquica. Por isso, qualquer prática religiosa ou filosófica significa uma espécie de *disciplinamento psicológico* e, consequentemente, também um método de *higiene mental.* As inúmeras formas de proceder da ioga, de natureza puramente corporal, significam também uma higiene fisiológica que, pelo fato de estar subordinada à ginástica costumeira ou aos exercícios de controle da respiração, é também de natureza 866 filosófica, e não apenas mecânica e científica. De fato, nestes exercícios, ela liga o corpo à totalidade do espírito, coisa que se pode ver claramente nos exercícios do prânayâma, onde o prâna é ao mesmo tempo a respiração e a dinâmica universal do cosmos. Como a ação do indivíduo é ao mesmo tempo um acontecimento cósmico, o assenhoreamento do corpo (inervação) se associa ao assenhoreamento do espírito (da ideia universal), resultando daí uma totalidade viva que nenhuma técnica, por mais científica que seja, é capaz de produzir. Sem as representações da ioga, seria inconcebível e também ineficaz a prática da ioga. Ela trabalha com o corporal e o espiritual unidos um ao outro de maneira raramente superada.

867   No Oriente, onde surgiram estas ideias e estas práticas, e onde há quatro mil anos uma tradição ininterrupta criou todas as bases e os pressupostos espirituais necessários, a ioga, como é fácil de imaginar, tornou-se a expressão mais adequada e a metodologia mais apropriada para fundir o corpo e o espírito em uma unidade que dificilmente se pode negar, gerando assim uma disposição psicológica que possibilita o surgimento de sentimentos e intuições que transcendem o plano da consciência. A mentalidade histórica da Índia não tem, em princípio, qualquer dificuldade em trabalhar analogicamente com um conceito como o de prâna. Mas o Ocidente, com seu mau costume de querer crer, de um lado, e com a sua crítica de origem filosófica e científica, do outro, cai cegamente na armadilha da crença e engole conceitos e termos como prâna, âtman, châcra, samâdhi etc. Mas a própria crítica científica já tropeça contra o conceito de prâna e de purusha. Por isso a cisão operada no espírito ocidental torna impossível, de início, uma adequada realização das intenções da ioga. Ou esta é um assunto estritamente religioso, ou um training, como

a mnemotécnica, a ginástica respiratória, a eurritmia etc. Mas não se encontra o mínimo vestígio daquela unidade e dessa totalidade que é própria da ioga. O hindu não consegue esquecer nem o corpo nem o espírito. O europeu, pelo contrário, esquece sempre um ou outro. Foi graças a esta capacidade que ele conquistou antecipadamente o mundo, isso não ocorrendo com o hindu. Este não somente conhece a sua *natureza*, como também sabe até onde ele próprio é essa natureza. O europeu, pelo contrário, tem uma *ciência* da natureza e sabe espantosamente muito pouco a respeito da natureza que está nele. Para o hindu é um benefício conhecer um método que o ajude a vencer o poder supremo da natureza, por dentro e por fora. Para o europeu é um veneno reprimir totalmente a natureza já mutilada e transformá-la em robô obediente.

Embora se afirme que a ioga é capaz de mover montanhas, é difícil apresentar uma prova neste sentido. O poder da ioga se situa dentro dos limites admissíveis para seu meio ambiente. O europeu, pelo contrário, pode fazer montanhas saltarem pelos ares, e a guerra mundial nos deu um antegosto amargo de tudo quanto ele é ainda capaz de fazer, quando seu intelecto alienado da natureza se liberta de todos os freios. Como europeu, não posso desejar que o homem adquira ainda um maior "controle" e poder sobre a natureza, tanto exterior como interiormente. Sim, devo confessar, para vergonha minha, que devo os meus melhores conhecimentos (e entre eles há alguns que são inteiramente bons) à circunstância de, por assim dizer, ter feito sempre o contrário do que nos dizem todas as regras da ioga. Graças ao desenvolvimento histórico, o europeu se distanciou de suas raízes, e seu espírito terminou por cindir-se entre fé e saber, da mesma forma que qualquer excesso de natureza psicológica se dissolve nos pares opostos. O europeu precisa retornar, não à natureza, à maneira de Rousseau, mas à *sua natureza*. Sua missão consiste em redescobrir o *homem natural*. Em vez disso, porém, o que ele prefere são sistemas e métodos com os quais possa reprimir o homem natural que atravessa seu caminho, onde quer que esteja. Com toda certeza, ele fará mau uso da ioga, pois sua disposição psíquica é totalmente diversa da do homem oriental. Sempre digo a quem posso: "Estude bem a ioga. Você aprenderá um número infinito de coisas com ela, mas não a utilize, pois nós, europeus, não somos feitos para usar sem mais nem menos tais métodos. Um guru hindu poderá explicar-lhe tudo muito claramente e você poderá executar, depois, o que ele lhe tiver ensinado, mas saberá você *quem* está se utilizando da ioga? Em outras palavras: Saberá você quem é você mesmo e de que modo é constituído?"

869   O poder da ciência e da técnica na Europa é tão grande e tão incontestável que é quase uma pura perda de tempo procurar saber o que se pode fazer e o que já se inventou. Sentimo-nos tomados de pavor diante das imensas possibilidades do europeu. E aqui uma questão inteiramente diferente começa a se delinear: *Quem* emprega este poder? Em mãos de *quem* se encontra esta capacidade de ação? O Estado é ainda por algum tempo um instrumento preventivo que aparentemente protege o cidadão contra a massa incalculável de venenos e de outros meios infernais de destruição; estes podem ser produzidos sempre a curtíssimo prazo e em toneladas. O poder tornou-se de tal modo perigoso que é cada vez mais premente a questão, não tanto de saber o que ainda se pode fazer, mas de que modo deveria ser constituído o homem ao qual se confia o controle deste "poder", ou de que maneira se poderia mudar a mentalidade do homem ocidental para que renunciasse a seu terrível poder. Seria infinitamente mais importante tirar-lhe a

ilusão desse poder do que reforçá-lo na errônea convicção de que pode tudo quanto quer. O *slogan* "Querer é poder" custou a vida a milhões de pessoas.

O homem ocidental *não* necessita da superioridade sobre a natureza, tanto dentro como fora, pois dispõe de ambas as coisas de maneira perfeita e quase diabólica. O que ele, porém, não tem é o reconhecimento consciente de sua própria *inferioridade* em relação à natureza, tanto à volta como dentro de si. O que deveria aprender é que não é como ele quer que ele pode. Se não estiver consciente disto, destruirá a própria natureza. Desconhece sua própria alma que se rebela contra ele de maneira suicida. 870

Como tem o poder de transformar tudo em técnica, em princípio tudo quanto tem aparência de método é perigoso e está fadado ao insucesso. Porque a ioga é também uma higiene, é útil ao homem como qualquer outro sistema. Mas entendida no sentido mais profundo do termo não é apenas isto. O que ela pretende – se não estou enganado – é desprender, libertar definitivamente a consciência de todas as amarras que a ligam ao objeto e ao sujeito. Como, porém, não se pode libertar o indivíduo daquilo de que ele não está consciente, o europeu deve primeiramente aprender a conhecer o sujeito, que no Ocidente é chamado o *consciente*. O método da ioga está voltado exclusivamente para a consciência e para a vontade consciente. Um procedimento como este só é promissor se o inconsciente não possuir qualquer potencial digno de nota, isto é, se não encerrar grande parte da personalidade. Se o empreende, então todos os esforços conscientes serão baldados e o produto desta atitude de crispação é uma caricatura ou mesmo o oposto do que se esperaria como resultado natural. 871

Uma parte considerável e importante do inconsciente se acha expressa através da rica metafísica e do rico simbo- 872 lismo do Oriente, reduzindo, com isto, o potencial desse mesmo inconsciente. Quando o iogue fala em prâna, tem em mente muito mais do que a simples respiração. Na palavra prâna ele ouve ainda o eco de toda a componente metafísica, e é como se realmente soubesse o que prâna significa também sob este aspecto. Não o sabe pelo entendimento, mas pelo coração, pelo ventre e pelo sangue. O europeu, porém, aprende de cor e imita conceitos e, por isto, não está em condições de exprimir sua realidade subjetiva através do conceito hindu. Para mim é quase fora de dúvida que o europeu, se pudesse ter as experiências que correspondem à sua índole, dificilmente escolheria justamente um conceito como o de prâna para expressar esta experiência.

873   Originariamente, a ioga era um processo natural de introversão que se operava com todas as suas variantes individuais possíveis. Tais introversões provocam estranhos processos internos que alteram a personalidade. Estas introversões foram-se organizando paulatinamente em métodos, no curso dos milênios, e isso das maneiras mais variadas possíveis. A própria ioga hindu conheceu um sem-número de formas estranhamente diversas. O motivo foi a diversidade original das experiências individuais. Com isto não queremos absolutamente dizer que qualquer um destes métodos se aplica à estrutura histórica específica do europeu. Pelo contrário, é provável que sua ioga natural derive de modelos históricos que o Oriente desconhece. Na verdade, as duas tendências culturais que, no Ocidente, mais ocuparam-se praticamente com a alma, isto é, a medicina e a cura católica da alma, geraram métodos que podemos muito bem comparar com a ioga. Já mencionei os exercícios espirituais da Igreja Católica. Quanto à medicina, são precisamente alguns dos métodos psicoterapêuticos modernos os que mais se aproximam da ioga. A psicanálise de Freud consiste em fazer com que

a consciência do paciente remonte, de um lado, ao mundo interior das reminiscências infantis e, de outro, aos desejos e impulsos recalcados pela consciência. Este processo é um desenvolvimento lógico e consequente da prática da confissão. O seu intuito é provocar uma introversão, a fim de tornar conscientes as componentes inconscientes do sujeito.

Um método um pouco diferente é o chamado training autógeno, proposto por J.H. Schultz[3] que adota de propósito o caminho da ioga. Seu escopo principal é eliminar a atitude crispada de resistência da consciência e os recalques do inconsciente provocados por ela.

874

A minha metodologia se baseia, como a de Freud, na prática da confissão. Como ele, também levo em conta os sonhos, mas é na maneira de apreciar os sonhos que nossas concepções divergem. Para ele, o inconsciente é essencialmente um pequeno apêndice da consciência no qual estão reunidas todas as incompatibilidades. Para mim o inconsciente é uma disposição psicológica coletiva de natureza criativa. Dessa divergência radical decorre também uma maneira totalmente diversa de apreciar o simbolismo e seu método de interpretação. Freud procede de maneira essencialmente analítica e redutiva. Eu, porém, acrescento também um procedimento sintético que põe em relevo o caráter finalístico das tendências inconscientes em relação ao desenvolvimento da personalidade. Este ramo da pesquisa trouxe à luz importantes paralelos com a ioga, especialmente com a Kundalini-ioga e com a simbólica tanto da ioga tântrica do lamaísmo, quanto da ioga taoista da China. Estas formas de ioga e seu rico simbolismo nos forneceram materiais comparativos preciosíssimos para a interpretação do inconsciente coletivo. Mas, em princípio, não aplico to-

875

---

3. Cf. SCHULTZ, J.H. *Das autogene Training*. Berlim: [s.e.], 1932.

dos os métodos da ioga, porque nada deve ser imposto ao inconsciente, no Ocidente. O mais das vezes, a consciência é de uma *intensidade* e de uma *exiguidade* convulsivas e por isto não convém acentuá-las ainda mais. Devemos, pelo contrário, tanto quanto possível, ajudar o inconsciente a atingir a consciência, para arrancá-la de seu entorpecimento. Para este fim, utilizo também uma espécie de método de *imaginação ativa* que consiste em um *training* especial de desligamento da consciência, para ajudar os conteúdos inconscientes a se expandirem.

876 Se procedo assim de forma tão acentuadamente crítica e negativa no confronto da ioga, isto não significa de modo algum que eu não considere as aquisições espirituais do Oriente como o que de mais grandioso o espírito humano jamais criou. Espero que de minha exposição resulte com suficiente clareza que minha crítica se volta única e exclusivamente contra a aplicação da ioga ao homem do Ocidente. A evolução espiritual do Ocidente seguiu caminhos totalmente diversos dos do Oriente, razão pela qual surgiram condições sumamente desfavoráveis para a aplicação da ioga. A civilização ocidental tem pouco menos de mil anos de existência; ela deve primeiramente libertar-se de suas unilateralidades bárbaras. Para isto é preciso uma percepção e uma visão mais profundas da natureza do homem. Mas com a repressão e a dominação não se chega a conhecimento algum, e menos ainda com a imitação de métodos que surgiram de condições psicológicas totalmente diversas. Com o perpassar dos séculos o Ocidente irá formando sua própria ioga, e isto se fará sobre a base criada pelo cristianismo.

Referência

SCHULTZ, J.H. *Das autogene Training.* Berlim, 1932.

Prefácio à obra de Suzuki:
A Grande Libertação[1]

Aquele para quem
o tempo é como a eternidade
e a eternidade é como o tempo
livre está de qualquer conflito[1a].
Jakob Böhme (1575-1624)

As obras de Daisetz Teitaro Suzuki sobre o zen-budismo constituem uma das melhores contribuições produzidas nos últimos decênios para o conhecimento do budismo vivo. O próprio zen é, talvez, o fruto mais importante que surgiu dessa árvore cujas raízes são as coleções do Cânon Páli[2]. Não podemos ser suficientemente gratos ao autor: em primeiro lugar, pelo fato de ter tornado o zen acessível à compreensão ocidental, e, em segundo lugar, da maneira pela qual se desincumbiu da tarefa que se propôs. As concepções religiosas do Oriente são em geral de tal forma dife-

---

Fonte: OC 11/5, §§ 877-907.

1. SUZUKI, D.T. *Die Grosse Befreiung. Einführung in den Zen-Buddhismus*, 1939. Nova edição, 1958. (Edição brasileira: *Introdução ao Zen-Budismo*. Rio de Janeiro: Civilização Brasileira, 1961).

1a. Wem Zeit ist wie Ewigkeit / Und Ewigkeit wie die Zeit, / Der ist befreit / Von allen Streit.

2. A origem do zen é, como indicam os próprios autores orientais, o "Sermão da Flor", pregado por Buda que, certa vez, apresentou silenciosamente uma flor aos discípulos reunidos em assembleia. Somente Kasyapa o entendeu. (Shuei) Ohasama, *Zen. Der lebendige Buddhismus in Japan* (O zen-budismo no Japão), 1925, p. 3.

rentes das ocidentais, que mesmo uma tradução puramente literal nos coloca diante das maiores dificuldades, sem falar do sentido de certos termos que, dependendo do contexto, é até mesmo preferível deixar sem traduzir. Cito apenas um exemplo, o da palavra chinesa "Tao", para a qual até agora não foi possível encontrar, nem mesmo aproximadamente, uma tradução europeia. Os próprios escritos budistas primitivos contêm pontos de vista e ideias quase inassimiláveis pelo europeu comum. Não sei quais os pressupostos espirituais (ou climáticos?) e a preparação necessários para que se possa ter uma ideia ou uma imagem suficientemente clara acerca da concepção budista primitiva do "Kamma". À luz do que sabemos a respeito da essência do zen, trata-se também aqui de uma concepção central de inigualável singularidade. Essa estranha acepção é designada pelo termo *satori* e pode ser traduzida por "iluminação". "Satori é a 'raison d'être' [a razão de ser] do zen, e sem o satori não há zen", afirma Suzuki[3]. Creio que não é muito difícil para a mente ocidental captar o que um místico entende por "iluminação" ou o que é conhecido como tal na linguagem religiosa. Satori designa uma forma e um caminho para a iluminação, que é quase inacessível à compreensão do europeu. Reporto-me aqui à iluminação de Hyakujo (Pai-Chang Huai-Hai, 724-814 d.C.) e à lenda de Kozankoku (Huang Shan-Ku), poeta e estadista confuciano, tais como as descreve Suzuki na obra em questão[4].

878 O que se segue também poderá servir de exemplo: Certa vez, um monge foi ter com Gensha, desejando saber onde ficava a entrada do caminho que conduz à verdade. Gensha perguntou-lhe: "Estais ouvindo o murmúrio do regato?"

---

3. SUZUKI, D.T. *Die Grosse Befreiung*. Op. cit., p. 133.
4. Ibid., p. 124 e 128s.

"Sim, estou ouvindo", respondeu o monge. "É lá que está a entrada", ensinou-lhe o mestre.

Contentar-me-ei com estes poucos exemplos que ilustram suficientemente a opacidade da experiência vital do *satori*. Mesmo que citássemos muitos outros exemplos, acharíamos extremamente difícil saber como se chega a esta iluminação e em que ela consiste. Ou, em outras palavras, saber o que nos ilumina e a respeito de que somos iluminados. Kaiten Nukariya, professor do colégio budista Tö-Shü de Tóquio, diz-nos, falando da iluminação:

> "Uma vez libertados da falsa concepção de si-mesmo, temos de despertar nossa mais íntima e pura sabedoria divina, chamada pelos mestres do zen a mente de Buda (Mind of Buddha) ou Bodhi (o conhecimento pelo qual o indivíduo experimenta a iluminação) ou Prajñã (suprema sabedoria). É a luz divina, o céu interior, a chave de todos os tesouros do espírito, o ponto central do pensamento e da consciência, a fonte de onde brotam a força e o poder, a sede da bondade, da justiça, da compaixão e da medida de todas as coisas. Quando este conhecimento interior é plenamente despertado, estamos aptos para compreender que cada um de nós se identifica em espírito, essência e natureza com a vida universal ou Buda; que cada um de nós recebe a graça transbordante do Santo Ser (Buda); que ele suscita nossas forças morais, abre nossos olhos espirituais, desenvolve nossas capacidades, comunica-nos uma missão, e que a vida não é um mar de nascimentos, de doenças, de velhice e morte, nem um vale de lágrimas, e sim o templo santo de Buda, 'a Terra Pura' (Sukhavati, a terra da bem-aventurança), onde poderemos gozar as delícias do Nirvana. Então nosso espírito será totalmente transformado. Já não seremos perturbados pela cólera e pelo ódio, nem feridos pela inveja e pela ambição,

nem incomodados pelas preocupações e cuidados, ou atormentados pela tristeza e pelas dúvidas"[5].

880 É desta maneira que um oriental, e ainda por cima conhecedor do zen, expressa-se sobre a essência da iluminação. Temos de admitir que esta passagem necessitaria apenas de pequenas alterações para figurar tranquilamente em qualquer devocionário místico cristão. Mas ela nos deixa insatisfeitos diante da tentativa de compreender a experiência vital do satori descrita nesta ampla dissertação. É provável que Nukariya se dirija ao racionalismo ocidental do qual ele próprio sorveu uma boa dose, e esta é a razão pela qual tudo soa tão banalmente edificante. É preferível a abstrusa obscuridade das historietas do zen a esta adaptação *ad usum Delphini*. Elas dizem pouco, mas, de certo modo, transmitem muito mais do que dizem.

881 O *zen é tudo, menos filosofia no sentido ocidental da palavra*[6]. Esta é também a opinião expressa por Rudolf Otto em sua introdução ao livro de Ohasama sobre o zen, quando afirma que Nukariya identifica o "mágico mundo oriental das ideias com nossas categorias filosóficas ocidentais", confundindo-as entre si. "Caso se invoque o paralelismo psicofísico, que é a mais férrea das doutrinas, para explicar esta intuição mística da não dualidade, da unidade e da 'coincidentia-oppositorum', seremos com certeza completamente expulsos da esfera do Kôan, do Kwatsu e do Satori"[7]. É infinitamente preferível deixar-se impregnar profundamente e de antemão pela estranha obscuridade das historietas do zen e ter sempre presente que o satori é um *mysterium ineffabile*,

---

5. NUKARIYA, K. *The Religion of the Samurai*, 1913, p. 133.

6. "O Zen não é psicologia, nem filosofia". SUZUKI, D.T. Essays in Zen Buddhism, II, op. cit., p. 84.

7. OTTO, R. In: OHASAMA, Zen, p. VIII.

como aliás pretendem os próprios mestres do zen. Entre as historietas e a iluminação mística há, em nosso entender, um imenso abismo. A possibilidade de transpô-lo poderá quando muito ser indicada, mas nunca será atingida na prática[8]. O indivíduo tem aqui a impressão de tocar, por assim dizer, num verdadeiro mistério e não em algo apenas imaginado ou pretendido. Isto é, não se trata de um segredo mistificador e sim de uma experiência viva que bloqueia qualquer linguagem. O satori nos atinge como algo de novo, como algo que não esperávamos.

Quando, no seio do cristianismo, surgem as visões da Santíssima Trindade, da Mãe Santíssima, do Crucificado ou do Santo Padroeiro, depois de longa preparação espiritual, temos a impressão de que tudo isto deve ser mais ou menos assim. Também é compreensível que Jacob Böhme num relance de olhos tenha penetrado no *centrum naturae* (coração da natureza) através de um raio de sol refletido num disco de estanho. Entretanto, é mais difícil digerir a visão de Mestre Eckhart a respeito do "garotinho nu"[9], ou mesmo a visão de Swedenborg sobre o "homem do manto vermelho" que queria livrá-lo do vício da gula e a quem ele, apesar disso, ou talvez justamente por isso, reconheceu como o Senhor Deus[10]. Tais coisas são difíceis de aceitar, pois se aproximam do grotesco. Muitas das experiências do satori, porém, não somente raiam pelos limites do grotesco, como são grotescas, parecendo completamente sem sentido.

882

---

8. Embora eu tente, apesar de tudo, dar "explicações" nas páginas que se seguem, estou plenamente cônscio de que tudo o que eu disser é destituído de valor, no sentido do satori. Devo, entretanto, tentar manobrar nossa compreensão ocidental, visando pelo menos obter um entendimento aproximado, tarefa esta de tal modo difícil, que nos torna réus de alguns crimes contra o espírito do zen.

9. Cf. *Texte aus der deutschen Mystik des 14. und 15. Jahrhunderts.* Org. por Adolf Spamer, 1912, p. 143.

10. WHITE, W. *Emanuel Swedenborg*, 1867, I, p. 243.

883   Mas para alguém que se tenha dedicado com amor e compreensão e por tempo considerável ao estudo da natureza do espírito do longínquo Oriente, muitas destas coisas surpreendentes, que levam o europeu comum de perplexidade em perplexidade, acabam por desaparecer. O zen é, na verdade, uma das flores mais maravilhosas do espírito oriental[11] docilmente impregnada pelo imenso mundo do pensamento budista. Por isso, quem se esforçou por compreender a doutrina do Budismo, até certo ponto – ou seja, renunciando a certos preconceitos ocidentais – chegará a captar determinadas profundidades por sob o manto bizarro das experiências individuais do satori, ou percebendo as inquietantes dificuldades que o Ocidente filosófico e religioso se acreditava até então autorizado a ignorar. Como filósofo, o indivíduo se ocupa exclusivamente com aquela preocupação que, de sua parte, nada tem a ver com a vida. E como "cristão" nada tem a ver com o paganismo. ("Senhor, eu te dou graças porque não sou como aquele ali", Lc 18,11). Não há satori dentro destes limites ocidentais. Esta é uma questão puramente oriental. Mas será realmente assim? Será que não temos realmente satori?

884   Quando lemos atentamente os textos do zen, não podemos fugir à impressão de que, apesar de tudo o que neles parece bizarro, o satori é, de fato, um *acontecimento natural*. Trata-se de uma coisa tão simples[12] que não podemos ver a

---

11. "Não há dúvida de que o zen é um dos mais preciosos e sob muitos aspectos um dos mais notáveis dons com que o homem oriental foi abençoado". SUZUKI, D.T. *Essays*, I, op. cit., p. 249.

12. Um mestre ensinava: "Antes de alguém estudar o zen, as montanhas são para ele montanhas e as águas são águas. Quando, porém, conseguir uma percepção da verdade do zen, mediante as instruções ministradas por um bom mestre, as montanhas não são para ele mais montanhas, nem as águas são águas. Mais tarde, quando tiver alcançado o local do repouso (isto é, quando tiver atingido o satori), as montanhas serão novamente montanhas para ele e as águas serão novamente águas" (Ibid., p. 12).

floresta por causa das árvores, e qualquer tentativa de explicá-lo nos leva sempre a uma confusão maior. Nukariya tem razão, portanto, ao afirmar que toda tentativa de explicar ou analisar o conteúdo do zen ou iluminação seria inútil. Mas, ainda assim, esse autor ousa dizer que a iluminação comporta uma *percepção da natureza do si-mesmo*[13] e é uma emancipação da consciência em relação à ilusória concepção do si-mesmo[14]. A ilusão referente à natureza do si-mesmo é a habitual confusão que se faz entre o eu e o si-mesmo. Pelo termo "si-mesmo" Nukariya compreende o Buda total, isto é, a totalidade pura e simples da consciência da vida. Ele cita Pan Shan que dizia: "A lua do espírito (mind) encerra todo o universo em sua luz", e acrescenta: "É a vida e o espírito (spirit) cósmicos e, ao mesmo tempo, a vida e o espírito (spirit) individuais"[15].

Qualquer que seja a definição do *si-mesmo*, ele é algo que difere do eu. E desde que uma compreensão mais elevada do eu nos conduz ao si-mesmo, este último deve ser algo de maior e mais amplo que engloba a experiência do eu e, por isso mesmo, ultrapassa-o. Da mesma forma que o *eu* é uma certa experiência do meu próprio ser, assim também o si-mesmo é uma experiência de mim próprio, a qual, entretanto, já não é vivida sob a forma de um eu mais amplo ou mais alto, e sim sob a forma de um *não eu*.

Tais pensamentos são também familiares ao autor da *Deutsche Theologie* (Teologia Alemã):

> "À medida que uma criatura se torna consciente desta sua perfeição, ela perde por completo seu caráter de criatura, sua índole de ser criado, sua

---

13. Em: *The Religion of the Samurai*, p. 123.

14. Ibid., p. 124. "A iluminação inclui uma visão da natureza do si-mesmo. E uma libertação do espírito (mind) de toda ilusão a respeito do si-mesmo".

15. Ibid., p. 132.

quidade, sua ipseidade"[16]. Quando considero que existe algo de bom em mim mesmo, isto provém da ilusão de que sou bom. Isto é sempre um sinal de imperfeição e de tolice. Se estivesse consciente da verdade, também estaria consciente de que não sou bom, de que o bem não é meu nem provém de mim". "Por isso, conclui o homem: Que pobre tolo eu sou! Estava iludido de que era bom, mas eis que percebo que aquilo *era* e é realmente Deus"[17].

887   O que acima foi dito já nos dá uma ideia bastante satisfatória do "conteúdo da iluminação". O processo do satori é formulado e interpretado como uma *ruptura* e uma passagem da consciência limitada na forma do eu, para a forma do *si-mesmo que não tem um eu*. Esta concepção corresponde ao zen, bem como à mística do Mestre Eckhart. O mestre diz no seu sermão sobre os *beati pauperes spiritu* [bem-aventurados os pobres de espírito]:

> "Quando saí de Deus, todas as coisas diziam: Há um Deus! Mas isto não pode fazer-me bem-aventurado, pois juntamente com isso percebo que sou uma simples criatura. Mas é na *ruptura*[18], quando desejo permanecer pura e simplesmente na vontade de Deus e livre também da sua vontade, de todas as suas obras e do próprio Deus, então é que sou mais do que todas as criaturas, pois não sou nem Deus nem criatura: *sou o que era e o que permanecerei sendo*, agora e para sempre! Então recebo um *impulso* que me eleva acima dos anjos. Este impulso me torna tão rico, que Deus já não pode me satisfazer,

---

16. *Das Büchlein von vollkommenen Leben.* Org. por H. Büttner, 1907, p. 4.

17. Op. cit., p. 8.

18. Há uma imagem semelhante no zen: quando perguntaram a um mestre em que consistia o budato (estado búdico), ele respondeu: "O fundo do jarro está quebrado" (SUZUKI, D.T. *Essays*, I, op. cit., p. 217). Outra semelhança é a da "ruptura (rasgão) do saco" (Ibid., p. 100).

mesmo em face do que Ele é como Deus e de todas as suas obras divinas, pois nessa ruptura percebo que eu e Deus somos uma e mesma coisa. *Eu sou então o que era*[19], pois nem cresço nem diminuo; sou um ser imóvel que move todas as coisas. Aqui Deus não habita mais no interior do homem, pois o homem, com sua pobreza, alcançou novamente o que sempre foi e será eternamente"[20].

Nesta passagem, o mestre está realmente descrevendo uma experiência do satori, uma substituição do eu pelo si-mesmo, que possui a "natureza de Buda", ou seja, a universalidade divina. Por modéstia científica, não pretendo fazer aqui uma afirmação metafísica e sim expressar a opinião de que uma mudança de consciência pode ser experimentada, além do que considero o satori sobretudo como um *problema psicológico*. Para aquele que não partilha ou não compreende este ponto de vista, tal "explicação" se reduzirá a meras palavras, incapazes de lhe oferecer, portanto, uma significação tangível. Não estará apto, então, a fazer destas abstrações uma ponte que o leve até os fatos relatados, ou melhor, não está em condições de compreender de que modo o perfume do loureiro em flor[21] ou um nariz adornado de pincenê[22] poderiam provocar mudança tão grande na consciência. A coisa mais simples seria, naturalmente, relegar todas estas estórias para o domínio dos divertidos contos de fada, ou, caso aceitemos os fatos tais como são, considerá-los pelo menos como exemplos de

888

---

19. Cf. ibid., p. 220, 241. O Zen é um relance de olhos na natureza original do homem, ou o conhecimento do homem original. Cf. tb. SUZUKI, D.T. *Die Grosse Befreiung*. Op. cit., p. 144.

20. *Meister Eckeharts Schriften und Predigten*. Op. cit., p. 176s.

21. SUZUKI, D.T. *Die Grosse Befreiung*, p. 129.

22. Ibid., p. 124.

ilusão. (Seria preferível empregar aqui a expressão "autossugestão", este pobre traste jogado no arsenal dos conceitos espirituais inadequados!) Um estudo sério e responsável desse estranho fenômeno não pode passar tranquilamente ao largo do caráter real dos fatos. Nunca estamos em condições de decidir, definitivamente, se uma pessoa foi *realmente* "iluminada" ou "redimida", ou se apenas imagina que o tenha sido. Falta-nos para isto qualquer critério. Além disso, sabemos muito bem que uma dor imaginária é muitas vezes mais dolorosa do que uma dor pretensamente real, pois é acompanhada de um sofrimento moral sutil, provocado por um sombrio e secreto sentimento de culpa pessoal. Não se trata portanto de um "fato concreto", mas de uma *realidade espiritual*, isto é, de um acontecimento psíquico do processo conhecido por satori.

889   Todo conhecimento espiritual é uma imagem e uma *imaginação*. Se assim não fosse, não haveria consciência nem fenomenalidade da ocorrência. A própria imaginação é também um fato psíquico. Por isso, é inteiramente irrelevante dizer-se que uma "iluminação" é "real" ou "imaginária". O iluminado, ou o que alega sê-lo, julga, em qualquer dos casos, que o é. A opinião dos outros nada significa para ele em relação à própria experiência. Mesmo que esteja mentindo, sua mentira seria um fato psicológico. Sim, ainda que todos os relatos religiosos nada mais fossem do que invenções e falsificações conscientes, poderia ser escrito um tratado psicológico muito interessante a respeito de tais mentiras, com o mesmo rigor científico apresentado pela psicopatologia das ilusões. O fato de que exista um movimento religioso para o qual inúmeras e brilhantes capacidades trabalharam durante muitos séculos é motivo suficiente para fazer-se pelo menos uma tentativa séria no sentido de trazer tais conhecimentos para a esfera da compreensão científica.

Levantei acima a questão de saber se entre nós, no Oci- 890 dente, existe algo que se assemelhe ao satori. Se excetuarmos o que disseram os místicos ocidentais, a um exame superfi- cial nada existe, nem de longe, que se possa comparar a tal processo. Nosso modo de pensar não leva em consideração a possibilidade da existência de degraus no desenvolvimen- to da consciência. A simples ideia de que há uma diferença tremenda entre a consciência da existência de um objeto e a "consciência da consciência" de um objeto já toca as raias de uma sutileza que mal se pode justificar. Dificilmente alguém se atreveria a tomar este problema tão a sério, percebendo plenamente as condições psicológicas que estão na base de tais problemas. Característico é o fato de que a formula- ção desta e de outras questões semelhantes não são devidas em geral a uma necessidade psicológica, mas ocorrem quase sempre quando se acham enraizadas em uma prática origi- nariamente religiosa. Na Índia foi a ioga e na China o Budis- mo que proporcionaram a força propulsora para a tentativa de se desprender dos liames de um estado de consciência considerado imperfeito. Quanto ao que sabemos da mística ocidental, seus textos estão cheios de instruções indicando como o homem poderá e deverá libertar-se do sentido da egoidade de sua consciência, de modo que, mediante o co- nhecimento de seu próprio ser, possa elevar-se acima dele e alcançar o homem interior (divinizado). Ruysbroeck faz uso de uma imagem que a filosofia hindu também conhece, isto é, da árvore que tem as raízes em cima e a copa embaixo[23]. "Ele deve subir na árvore da fé que cresce para baixo, pois

---

23. "Há uma velha árvore cujas raízes crescem para cima e os ramos para baixo... Chama-se Brama e somente ela é imortal". *Katha-Upanishad*, II Adhyâya, 6 Vallî, I.

tem as raízes fincadas na divindade"[24]. Ruysbroeck também se expressa como a ioga: "O homem deve ser livre e sem imagens. Livre de tudo o que o liga aos outros e vazio de todas as criaturas"[25]. "Não deve ser perturbado pela luxúria e pelo sofrimento, pelo lucro e pelas perdas, pelas ascensões e pelas quedas, pelas preocupações em relação aos outros, pelos prazeres e pelo temor, e não deve apegar-se a qualquer criatura"[26]. É daí que resulta a "unidade" do ser, e esta unidade significa um "estar-voltado-para-dentro-de-si". O estar voltado para dentro de si significa "que o homem está orientado para dentro de si mesmo, para dentro do próprio coração, de modo que pode sentir e compreender a ação interior e as palavras íntimas de Deus"[27]. Esta nova disposição da consciência, surgida da prática religiosa, não se caracteriza pelo fato de que as coisas exteriores não afetam mais a consciência da egoidade da qual se originara uma recíproca vinculação, mas sim pela circunstância de que uma consciência vazia permanece aberta a uma outra influência. Esta "outra" influência não é mais sentida como uma atividade própria, e sim como a atuação de um não eu que tem a consciência como seu objeto[28]. É, por conseguinte, como se o caráter subjetivo do eu fosse transferido ou assumido

---

24. RUYSBROECK, J. *The Adornment of the Spiritual Marriage*, 1916, p. 47. Certamente não se pode dizer que o místico flamengo, nascido em 1273, tenha tomado emprestada esta imagem, por exemplo, dos textos hindus.

25. Ibid., p. 51.

26. Ibid., p. 57.

27. Ibid., p. 62.

28. "Ó Senhor, instruí-me na vossa doutrina que tem suas raízes na natureza da ipseidade do espírito (self nature of mind). Instruí-me na doutrina do não eu" etc. (Cit. extraída do *Lankâvatâra-sûtra*. SUZUKI, D.T. *Essays*, I, op. cit., p. 78).

por outro sujeito, que tomasse o lugar do eu[29]. Temos aqui a conhecida experiência religiosa já formulada por Paulo[30]. É fora de dúvida que se trata da descrição de um novo estado de consciência, separado do primeiro por um processo de profunda transformação religiosa.

Pode-se objetar que a *consciência em si* não mudou, mas somente a *consciência de alguma coisa*. É como se tivéssemos virado a página de um livro e agora víssemos com os mesmos olhos uma figura diferente. Receio que este modo de considerar não seja mais do que uma interpretação arbitrária, pois não leva em conta a realidade dos fatos. A verdade é que o texto não descreve apenas uma imagem ou um objeto, mas sim a experiência de uma transformação que ocorre muitas vezes sob as mais violentas convulsões. A extinção de uma imagem e sua substituição por outro é um fato muito cotidiano que nunca revela as qualidades de uma experiência de transformação. Não se trata de *estar vendo outra coisa*. É o indivíduo que *vê de outro modo*. É como se o ato espacial de ver fosse alterado por uma nova dimensão. Quando o mestre pergunta: "Estás ouvindo o murmúrio do regato?", certamente está se referindo a uma "audição" inteiramente diversa da ordinária[31]. A consciência é algo semelhante à percepção e, como esta, também está sujeita a condições e a limites. Podemos, por exemplo, estar conscientes a diversos níveis, em uma esfera mais ou menos ampla, mais

891

---

29. Diz um mestre do zen: "O Buda nada mais é do que o espírito (mind), ou melhor, aquele que anseia por ver este espírito" (Ibid., p. 104).

30. Gl 2,20: "Eu vivo, mas já não sou eu, mas o Cristo que vive em mim".

31. Suzuki diz a respeito dessa mudança: "A forma anterior de contemplação é abandonada, e o mundo ganha um novo sentido. Alguns deles (os iluminados) afirmam que viveram na ilusão ou que seu ser primitivo caiu no esquecimento; outros reconhecem que até àquele momento nada haviam imaginado a respeito da nova beleza do "vento refrescante" ou do "brilho da pedra preciosa" (*Essays*, I, op. cit., p. 235. Cf. tb. SUZUKI, D.T. *Die Grosse Befreiung*. Op. cit., p. 122s.).

superficial ou mais profunda. Estas diferenças de grau são muitas vezes diferenças de modos de ser, pois dependem do desenvolvimento da personalidade em seu todo, isto é, da condição do sujeito que percebe.

892   O intelecto não se interessa pela condição do sujeito que percebe, na medida em que este pensa logicamente. O intelecto se ocupa, por sua própria natureza, com a assimilação dos conteúdos da consciência e talvez também com os métodos assimilativos. Torna-se necessária uma paixão filosófica para forçar a tentativa de subjugar o intelecto e avançar até o conhecimento daquele que é o sujeito da percepção. Tal paixão dificilmente se distingue das forças religiosas propulsoras, e por isso todo esse problema faz parte do processo de transformação religiosa que é incomensurável ao intelecto. A filosofia antiga está indubitavelmente e em larga escala a serviço do processo de transformação, o que não se pode afirmar amplamente acerca da filosofia moderna. Schopenhauer ainda se acha condicionado, até certo ponto, pelo pensamento antigo. O *Zaratustra* de Nietzsche já não é mais filosofia, e sim um processo dramático de transformação que engoliu completamente o intelecto. Não se trata mais de um modo de pensar, e sim do pensador do pensamento no mais alto sentido – e é isto o que transparece em cada página do livro: um novo homem, um homem completamente transformado deve aparecer em cena, um ser que quebrasse as cascas do homem velho e não olhasse apenas para um novo céu e uma nova terra, mas fosse, ele mesmo, quem os criasse. Angelus Silesius exprimiu este fato, por certo mais modestamente do que Zaratustra:

> "Meu corpo é uma casca na qual um pintainho será chocado pelo Espírito da eternidade"[32].

---

32. "Mein Leib ist eine Schal', in dem ein Küchelein vom Geist der Ewigkeit will ausgebrütet sein." *Des Angelus Silesius Cherubinischer Wandersmann.*

No âmbito cristão, o satori corresponde a uma *expe-*   893
riência religiosa de transformação. Como existem, entretanto,
diversos graus e tipos desta experiência, não seria supérfluo
designar com maior precisão a categoria que mais corresponde à experiência do zen. Trata-se, sem a menor dúvida, de
uma experiência mística que se distingue de outras similares
pelo fato de sua preparação consistir em um *deixar correr*, em
um *esvaziar-se de imagens*, e coisas semelhantes. E isto em
contraste com experiências religiosas que se baseiam, como
os *Exercícios* de Inácio de Loyola, na exercitação e na *imagi-*
nação de imagens sagradas. Eu gostaria de concluir também
nesta última categoria a transformação que se realiza no Protestantismo mediante a fé, a oração e a experiência comunitária, pois trata-se aqui não de uma "vacuidade" ou de "uma
libertação", mas de uma suposição claramente definida. A
definição característica da "libertação": "Deus é um nada",
parece incompatível, em princípio, com a contemplação da
paixão, da fé e da expectativa da comunidade.

Desta forma, a analogia do satori com a experiência oci-   894
dental se circunscreve àqueles poucos místicos cristãos cujos
ditos, pelo amor do paradoxo, tocam as fronteiras da hete-
rodoxia, ou até mesmo a ultrapassam. Foi esta a qualidade
que, como se sabe, determinou a condenação, por parte da
Igreja, das obras de Mestre Eckhart. Fosse o Budismo uma
"igreja" no sentido em que usamos esta palavra, o movimento zen, por certo, teria sido um fardo intolerável para ela. A
razão disto é a forma extremamente pessoal que se conferiu
ao método, bem como à atitude iconoclasta de muitos de
seus mestres[33]. Assim como é o zen um movimento, formas

---

33. "Satori é a mais íntima de todas as experiências individuais" (SUZUKI,
D.T. *Essays*, I, op. cit., p. 247). Um mestre dizia a seu discípulo: "Na realidade, eu não comuniquei nada, e mesmo que o tentasse fazer, eu te daria
o ensejo de zombar de mim mais tarde. Além disso, tudo o que te posso

coletivas têm sido modeladas no decurso dos séculos, tal como se pode ver no trabalho a respeito da formação dos monges zen-budistas[34]. Mas quanto à forma e ao conteúdo, elas se referem apenas ao exterior. À parte a característica do estilo de vida, o processo de formação e educação dos discípulos parece consistir no método do koan. Por koan se entende uma questão paradoxal, uma expressão ou ação do mestre. Pela descrição de Suzuki, parece que se trata principalmente de perguntas dos mestres transmitidas sob a forma de historietas. Estas são propostas por um instrutor à meditação de seu discípulo. Um exemplo clássico é a estória do Wu e do Mu: Certa vez, um monge perguntou ao mestre: "O cão possui também a natureza de Buda?" Ao que o mestre respondeu: "Wu". Como observa Suzuki, este "Wu" significa simplesmente wu, isto é, o mesmo que o próprio cão teria dito em resposta à questão[35].

895   À primeira vista, parece que a proposta desta questão como objeto de meditação já é uma antecipação do resultado final e que o conteúdo da experiência estaria assim determinado, à semelhança dos exercícios jesuíticos ou de certas meditações cujo objeto é definido por uma tarefa indicada pelo mestre. Os koans, entretanto, são de tão grande variedade, de tal ambiguidade e, além do mais, tão tremendamente paradoxais, que mesmo um bom conhecedor do assunto não logrará atinar com aquilo que poderia emergir como solução adequada. Além disso, as descrições da ex-

---

ensinar me pertence e nunca se tornará teu" (Ibid., p. 227). Um monge dizia a seu mestre: "Procurei o Buda, mas não sei como devo continuar minha indagação". "É o mesmo que procurares a vaca em que estás montado" (Ibid., II, p. 59). Um mestre dizia: "Buda é o intelecto que não entende. Não existe outro" (Ibid., II, p. 57).

34. SUZUKI, D.T. *The Training of the Zen-Buddhist Monk*.

35. SUZUKI, D.T. *Essays,* II, op. cit., p. 74.

periência final são de tal modo obscuras, que em nenhum caso o indivíduo conseguiria perceber, sem objeções, uma conexão racional entre o koan e a experiência. Visto ser impossível provar qualquer sucessão lógica, é de supor-se que o método do koan não coloca obstáculo algum à liberdade das ocorrências psíquicas e que o resultado, portanto, não decorre senão da *disposição individual* do iniciando. A completa destruição do intelecto racional, visada na formação do monge, cria uma falta de pressuposto quase absoluta da consciência. Mas por mais que se exclua este pressuposto, não se elimina o pressuposto inconsciente: a disposição psicológica existente, mas não percebida, é tudo, menos um vazio e uma falta de pressuposto. Trata-se de um fator natural, e quando ele responde – coisa que acontece, evidentemente, na experiência do satori – é uma *resposta da natureza* que consegue canalizar diretamente a sua reação para a consciência[36]. O que a natureza inconsciente do discípulo opõe ao mestre ou ao koan como resposta é, obviamente, satori. É este, pelo menos, o ponto de vista que me parece exprimir mais ou menos adequadamente a essência do satori, de acordo com o que nos dizem as descrições. Esta concepção se apoia também no fato de que "a visão da própria natureza", o "homem original" e a profundeza do ser constituem, em muitos casos, para o mestre do zen, uma aspiração toda especial[37].

---

36. SUZUKI, D.T. (Ibid., p. 46) diz textualmente: "...a consciência do zen deve desenvolver-se até atingir a maturidade. Quando se tornar madura, com certeza irromperá na forma do satori, que é uma mirada do inconsciente".

37. A quarta máxima do zen diz: "Ver a própria natureza é alcançar o budato (estado búdico)" (Ibid., p. 7 e 204s.). Certa vez um monge pediu a Hui-nêng que o instruísse e o mestre respondeu: "Mostra-me a tua face original, a que tinhas antes de nascer" (Ibid., I, p. 210). Diz um livro japonês a respeito do Zen: "Se queres o Buda, olha para dentro de tua própria natu-

896   O zen difere de todas as outras práticas filosóficas e religiosas de meditação pela *ausência radical de pressupostos*. O próprio Buda, muitas vezes, é severamente rejeitado e até mesmo quase blasfemicamente menosprezado, muito embora ou talvez precisamente pelo fato de poder ser apresentado como o exemplo mais frisante de um pressuposto espiritual à prática da ascese. Ele é também uma imagem e, portanto, deve ser rejeitado. Nada deve existir, a não ser o que realmente aí se encontra: tal é o homem com sua completa e inconsciente pressuposição espiritual, da qual não pode libertar-se, precisamente por ser inconsciente. Por isso, a resposta que parece surgir do vazio, isto é, a luz que brilha do seio das trevas mais densas, sempre tem sido sentida como uma iluminação maravilhosa e beatificante.

897   O mundo da consciência é, inevitavelmente, um mundo cheio de limitações e de muros que bloqueiam os caminhos. Ele é, por natureza, sempre unilateral e esta unilateralidade resulta da essência mesma da consciência. Nenhuma consciência pode abrigar mais do que um número diminuto de representações simultâneas. O restante deve ficar na sombra e subtraído à vista. Aumentar os conteúdos simultâneos provoca, de imediato, um obscurecimento da consciência, ou até mesmo uma perturbação que pode chegar à desorientação. A consciência em si pela própria essência não só exige, mas é uma delimitação rigorosa a um círculo diminuto e portanto bem-definido de conteúdos. Devemos nossa orientação geral única e exclusivamente à circunstância de podermos pôr em andamento uma série de imagens comparativamente rápidas, graças à nossa atenção. Esta, po-

---

reza, pois esta natureza é o próprio Buda" (Ibid., I, p. 219). Uma experiência do satori revela o "homem original" ao mestre (Ibid., I, p. 241). Hui-nêng dizia: "Não penses no bem, não penses no mal, mas considera no momento presente qual era o aspecto original que já possuías, antes de nascer" (Ibid., II, p. 28).

rém, representa um esforço que não somos capazes de sustentar por muito tempo. Por isso, temos de nos arranjar, por assim dizer, com um mínimo de representações simultâneas e séries de imagens. Exclui-se, portanto, constantemente, um grande campo de representações possíveis, ficando a consciência sempre limitada a um estreitíssimo círculo. Por isso, é absolutamente impossível imaginar o que aconteceria, se uma consciência individual conseguisse abarcar, de *um* só relance, o quadro simultâneo de tudo quanto se possa imaginar. Se o homem já conseguiu construir o edifício do mundo com as poucas coisas claras e definidas que foi capaz de imaginar simultaneamente, que espetáculo divino descortinaria se pudesse imaginar ao mesmo tempo e com clareza uma multidão de coisas? Esta pergunta só se aplica às representações *possíveis* para nós. Se acrescentarmos a estas os conteúdos inconscientes, isto é, aqueles que ainda não estão em condições ou não são mais capazes de atingir a consciência, e tentarmos então imaginar o espetáculo global, não o conseguiremos. Até mesmo a mais ousada fantasia fracassará. Esta incapacidade de imaginar é, naturalmente, impossível na forma consciente, mas é um fato na forma inconsciente, dado que tudo quanto está situado na zona subliminar é sempre virtualmente representável. O inconsciente é a totalidade, não passível de observação direta, de todos os fatores psíquicos subliminares, um "espetáculo total" de natureza potencial. Ele constitui a disposição total da qual a consciência só retira pequenos fragmentos de cada vez.

Quando a consciência é esvaziada, tanto quanto possível de seus conteúdos, estes cairão também em um estado de inconsciência (pelo menos transitório). Este recalque, via de regra, produz-se no zen, subtraindo-se aos conteúdos a energia da consciência e transferindo-a, ou para o conceito do vazio ou para o koan. Como estes dois últimos devem ser estáveis, a sucessão de imagens é abolida e consequentemente também a energia que alimenta o dinamismo da consciência. A quantidade de energia economizada é absorvida pelo inconsciente, reforçando a sua carga natural, até um certo valor máximo. Isto aumenta a facilidade com que os conteúdos inconscientes irrompem na consciência. Como o esvaziamento e o fechamento da consciência não são tarefas fáceis, requer-se um treinamento (training) especial e um período indefinidamente longo[38], para produzir aquele máximo de tensão que levará à eclosão final dos conteúdos inconscientes no âmbito da consciência.

899   Os conteúdos que irrompem na consciência não são absolutamente destituídos de sentido. A experiência psiquiátrica com doentes mentais mostra-nos que há relações peculiares entre os conteúdos da consciência e os delírios e ilusões que nela irrompem. Trata-se das mesmas relações que existem entre os sonhos e a consciência de um homem normal em estado de vigília. A conexão é, em substância, uma *relação compensatória*[39]. Os conteúdos do inconsciente, com efeito, trazem à superfície tudo aquilo que é *necessário*[40], no sentido mais amplo do termo, para a totalização, isto é, para a *totalidade da orientação consciente*. Se

---

38. Bodhidharma, o fundador do zen na China, diz: "A incomparável doutrina de Buda só pode ser compreendida depois de uma longa e dura prática, depois de suportar as coisas mais difíceis de serem suportadas e de exercer as coisas mais difíceis de serem exercidas. Os que não têm muita força e sabedoria nada conseguem entender a seu respeito. Todo o esforço de pessoas como estas fracassará inevitavelmente" (Ibid., I, p. 176).

39. Mais provável do que uma relação meramente complementar.

40. Esta "necessidade" é uma hipótese de trabalho. As pessoas têm ou podem ter opiniões diferentes a este respeito. Assim, pergunta-se, por exemplo, se as concepções religiosas são "necessárias". Só o curso da vida individual é que decidirá; isto é, só as experiências do indivíduo é que contarão. Não temos critérios abstratos neste sentido.

o indivíduo conseguir enquadrar harmonicamente na vida da consciência os fragmentos oferecidos ou forçados pelo inconsciente, resultará então uma forma de existência psíquica que corresponde melhor à personalidade individual e, por isso, também elimina os conflitos entre a personalidade consciente e inconsciente. É neste princípio que se baseia a moderna psicoterapia, na medida em que pôde se libertar do preconceito histórico segundo o qual o inconsciente só abriga conteúdos infantis e inferiores. Nele existe certamente um recanto inferior, um quarto de despejo de segredos impublicáveis que não são propriamente inconscientes, mas dissimulados e apenas semiesquecidos. Mas isto tem tanto a ver com o conteúdo, tomado como um todo, quanto, por exemplo, um dente cariado com a personalidade total. O inconsciente é a matriz de todas as afirmações metafísicas, de toda a mitologia, de toda a filosofia (desde que esta não seja meramente crítica) e de todas as formas de vida que se baseiam em pressupostos psicológicos.

Cada irrupção do inconsciente na consciência é uma resposta a uma situação bem-definida da consciência, e esta resposta promana das possibilidades reais de representação, isto é, da disposição global que, como foi explicado acima, é uma imagem simultânea *in potentia* (potencial) da existência psíquica em geral. A dissociação em unidades isoladas, seu caráter unilateral e fragmentário se radicam na própria essência da consciência. A reação proveniente da disposição tem sempre o caráter de totalidade, pois reflete uma natureza que não foi dividida por uma consciência discriminativa[41]. Daí o seu efeito avassalador! É a resposta inesperada,

⁹⁰⁰

---

41. "Quando o espírito (mind) discrimina, surge então a variedade das coisas; quando não discrimina, ele vê a natureza real das coisas" (Cit. extraída do *Lankâvatâra-sûtra*. SUZUKI, D.T. *Essays*, I, op. cit., p. 88).

abrangente, totalmente elucidativa, que atua como iluminação e como revelação quando a consciência foi parar num beco sem saída[42].

901   Quando depois de muitos anos da mais dura ascese e da mais enérgica e impiedosa devastação da compreensão racional, o devoto do zen recebe uma resposta – a única verdadeira – da própria natureza, pode-se compreender tudo o que foi dito a respeito de satori. Como qualquer um pode ver, o que transparece na maioria das estórias do zen é a *naturalidade* das respostas. Sim, compreendemos com certa satisfação interior e primitiva a história do discípulo iluminado que desejou uma surra do mestre como recompensa[43]. Quanta sabedoria encerra a monossilábica resposta "wu" do mestre à pergunta sob a natureza búdica do cão! É preciso, porém, ter bem presente um sem-número de pessoas que não sabem distinguir entre uma anedota espirituosa e um disparate, mas que são muitos também os que estão convencidos de sua inteligência e capacidade, a ponto de acreditarem só haver encontrado em suas vidas cabeças ocas e estúpidas.

902   Embora o valor do zen-budismo seja grande para a compreensão do processo de transformação religiosa, duvida-se de sua aplicabilidade aos povos do Ocidente. Faltam ao local os pré-requisitos espirituais para o zen. Quem, dentre nós, confiaria-se incondicionalmente à superioridade de um mestre e a seus métodos incompreensíveis? *Este* respeito e consideração por uma grande personalidade humana só se

---

42. Hsüan-Tse dizia: "Vosso espírito deve ser como o espaço, mas não pode fixar-se na ideia do vazio. Neste caso, a verdade se expandirá com todo o seu vigor e sem nenhum empecilho. Cada movimento de vossa vontade brota de um coração inocente e vosso comportamento será igual, tanto para com o ignorante como para com o sábio" (Ibid., I, p. 209).

43. Cf. SUZUKI, D.T. *Die Grosse Befreiung*. Op. cit., p. 130.

encontram no Oriente. Quem poderia se vangloriar de que acredita na possibilidade da experiência de uma transformação sumamente paradoxal, a tal ponto que estaria disposto a sacrificar muitos anos da sua vida na busca fatigante e monótona de tal objetivo? E, por fim, quem ousaria tomar sobre si a autoridade de uma transformação e de uma experiência tão heterodoxas? A menos que seja um homem que não mereça a menor fé, alguém que talvez por razões patológicas vivesse a proferir fanfarronadas. Um homem como esse não se queixaria, entre nós, de falta de seguidores. Mas se um "mestre" impõe uma tarefa mais árdua, que exige mais do que um mero papaguear, então o europeu começa a duvidar, pois a senda íngreme do autodesenvolvimento parece-lhe tão melancólica e sombria como o próprio inferno.

Não tenho dúvidas de que a experiência do satori ocorra também no Ocidente, pois entre nós existem igualmente pessoas que entreveem finalidades últimas e não recuam diante de nenhuma fadiga ou trabalho para se aproximarem delas. Mas se calam a respeito das próprias experiências, não por pudor, mas porque estão conscientes de que é inútil qualquer tentativa de comunicá-las aos outros. De fato, em nossa civilização nada há que estimule e secunde estas aspirações, nem mesmo da parte da Igreja, a guardiã dos valores religiosos. Aliás, a *raison d'être* desta sua função é opor-se a todas as experiências originais, pois elas não podem ser senão heterodoxas. O único movimento no âmbito de nossa civilização que tem ou deveria ter de algum modo certa compreensão destas aspirações é a psicoterapia. Por isto, não é mero acaso que seja precisamente um terapeuta a escrever esta introdução.

No fundo, a psicoterapia é uma relação dialética entre o médico e o paciente. É uma discussão entre duas totalidades psíquicas, uma disputa na qual o conhecimento é apenas um utensílio. O objetivo é a transformação, não algo predeterminado, mas uma mudança de caráter indefinível, cujo único critério é o desaparecimento do senso da egoidade. Nenhum esforço da parte do médico é capaz de forçar esta experiência. O máximo que pode é aplainar o caminho para ajudar o paciente a conseguir uma atitude que oponha a mínima resistência possível à experiência decisiva. O papel de primeiro plano que o conhecimento desempenha em nosso comportamento ocidental corresponde, em não menor grau, à importância que se atribui à tradicional atmosfera espiritual do zen. O zen e sua técnica só puderam germinar no solo da cultura espiritual do Budismo e é esta que constitui o seu pressuposto permanente. Não se pode destruir um intelecto racionalista que jamais existiu. O adepto do zen não é um fruto da ignorância e da incultura. Daí ocorre que entre nós, com certa frequência, um eu consciente e uma compreensão também consciente e cultivada têm de ser produzidos primeiramente por uma certa terapia, antes de pensar-se em eliminar o sentido da egoidade ou o racionalismo. Além disso, a psicoterapia não trata de pessoas que, por amor à verdade, estão, como os monges do zen, prontas a fazer qualquer sacrifício, e sim, na maioria das vezes, dos mais obstinados dos europeus. Deste modo, as tarefas da psicoterapia são, naturalmente, muito mais variadas, e as fases individuais do longo processo muito mais contraditórias do que no zen.

905   Por esta e muitas outras razões não é recomendável, e nem mesmo possível, uma transplantação direta do zen para as condições ocidentais. Mas o terapeuta que se ocupa seriamente com a questão dos resultados de sua terapia não pode permanecer insensível à finalidade na qual se empenha o método oriental da "cura" psíquica, isto é, a "edificação de um todo harmônico". Como se sabe, no Oriente este pro-

blema vem ocupando intensamente os mais arrojados espíritos há mais de dois mil anos: assim, foram desenvolvidos métodos e doutrinas que simplesmente deixam na sombra todas as tentativas ocidentais da mesma natureza. Nossas tentativas têm parado, com poucas exceções, ou na magia (culto dos mistérios), entre os quais se deve incluir também o cristianismo, ou no intelectualismo (a filosofia desde Pitágoras até Schopenhauer). Somente as tragédias espirituais do *Fausto* de Goethe e do *Zaratustra* de Nietzsche marcam a primeira irrupção, apenas pressentida, de uma experiência da totalidade em nosso hemisfério ocidental[44]. E ainda não sabemos o que significam esses produtos do espírito europeu, os mais promissores de todos, tão sobrecarregados se acham da materialidade e da concretude de nossa mentalidade moldada pelo pensamento grego[45]. Embora nosso intelecto tenha desenvolvido, quase até à perfeição, a capacidade da ave de rapina de enxergar das maiores alturas o menor ratinho, a força de gravidade da terra dele se apodera e os "sâmsaras" o envolvem em um mundo de imagens confusas e perturbadoras, a partir do momento em que ele cessa de buscar a presa e volta seu olhar para dentro de si, *tentando encontrar a quem busca*. Então, sim, o indivíduo é precipitado nas dores de um parto infernal, cercado de terrores e perigos desconhecidos que estão a espreitá-lo, ameaçado por miragens enganadoras e por labirintos que o conduzem ao erro. O pior de todos os destinos paira ameaçadoramente sobre o aventureiro: a muda e abissal *solidão*, precisamente no tempo que ele considera seu. O que sabemos a respeito

---

44. Neste contexto, convém lembrar também o nome do místico inglês William Blake; cf. a excelente apresentação de Milton O. Percival em *William Blake's Circle of Destiny*, de 1938.

45. O Gênio da mitologia grega significa uma irrupção da consciência na materialidade do mundo, privando-a assim de seu caráter onírico original.

dos motivos mais profundos da "principal ocupação", como Goethe chamou o *Fausto*, ou do estremecimento da "Experiência de Dioniso?" Precisamos ler o *Bardo Thödol*, o *Livro Tibetano dos Mortos*[46] do fim para o começo, conforme sugeri, para encontrar um paralelo oriental dos tormentos e catástrofes que povoam o "caminho da libertação" que conduz à totalidade. É disto que se trata, e não de boas intenções, de imitações inteligentes ou mesmo de acrobacias intelectuais. E é isto o que se apresenta, seja sob a forma de insinuações, seja em fragmentos menores ou maiores, ao psicoterapeuta que se libertou das opiniões doutrinárias demasiado apressadas ou de horizontes limitados. Se ele for escravo de seu credo quase biológico, tentará sempre reduzir o que vê e observa algo de banal e, consequentemente, a um denominador racionalístico que só satisfará aos indivíduos que se contentam com ilusões. A principal de todas as ilusões consiste em admitir que alguma coisa pode satisfazer alguém. Esta ilusão está por trás de tudo o que é intolerável e na frente de todo e qualquer progresso. E uma das coisas mais difíceis é superar tudo isso. Caso o psicoterapeuta ainda encontre tempo, à margem de sua benéfica atividade, para alguma reflexão, ou se por força das circunstâncias enxergar através de suas próprias ilusões, perceberá pouco a pouco como são vazias, insípidas e contrárias à vida todas as reduções racionalísticas, quando elas se chocam com algo que é vivo e procura desenvolver-se. E se ele acompanhar o movimento vital, logo perceberá o que significa "arrombar as portas diante das quais todos preferem se esgueirar"[47].

906   Não gostaria de modo algum que meus leitores pensassem, diante do exposto, que estou querendo fazer algu-

---

46. EVANS-WENTZ, W.Y. *Das Tibetanische Totenbuch*. Cf. § 844s. deste volume.

47. *Fausto* I, primeira cena (verso 710).

ma recomendação ou dar algum conselho. Mas a partir do momento em que no Ocidente se começa a falar no zen, considero minha obrigação mostrar também aos europeus onde fica a entrada da "mais longa de todas as entradas" que conduzem ao satori e quais as dificuldades de que está semeado o caminho, somente trilhado, entre nós, por alguns poucos grandes homens – faróis brilhando no alto de uma montanha para dentro de um futuro nebuloso. Seria um erro funesto pensar que o satori ou o samâdi pudessem ser encontrados em qualquer lugar abaixo dessa altura. Para uma experiência da totalidade, nada menos nem de menor valor do que o próprio todo. O sentido psicológico deste fato pode ser compreendido mediante a simples reflexão de que a consciência de cada indivíduo é apenas uma parte do psíquico em geral, e que ela, portanto, nunca será capaz de atingir a totalidade: para isto será mister ainda uma expansão indefinida do *inconsciente*. Mas este último não se deixa captar por fórmulas engenhosas, nem se exorcizar mediante dogmas científicos, pois existe algo do destino inerente a ele, ou até mesmo, algumas vezes, é o próprio grande destino, como *Fausto* e *Zaratustra* o mostram sobejamente. A consecução da totalidade requer o emprego do todo. Ninguém está em condições de satisfazer a esta exigência, e por isso não há condições fáceis, nem substitutivos ou compromissos. Como, porém, *Fausto* e *Zaratustra* são duas obras que, apesar de seu alto conceito, estão no limite do que é compreensível para o europeu, dificilmente poderíamos esperar que um público culto, mas que somente há pouco começou a ouvir falar do obscuro mundo da alma, estivesse apto para formar uma ideia adequada da condição espiritual de um homem que caiu nas malhas confusas do *processo de individuação*; designo a este processo como a via de "tornar-se um todo". As pessoas recorrem então ao vocabulário da patologia e se contentam em citar termos como *neurose e psicose*, ou falam, sussurrando, o "mistério criador". Mas o que poderá "criar" um indivíduo que, porventura, não seja poeta? Por causa deste equívoco muitas pessoas, nos tempos modernos, intitularam-se "artistas", por sua própria conta e risco. Como se a "arte" nada tivesse a ver com a "capacidade". Talvez quando não tenhamos mais nada a criar, criemos-nos a nós mesmos.

907   O zen mostra-nos o quanto o processo de "tornar-se um todo", a integralização significa para o Oriente. Ocupar-se com os enigmas do zen poderá, talvez, fortalecer a espinha dorsal de algum europeu pusilâmine e sem fibra, ou proporcionar-lhe um par de óculos para a sua miopia, a fim de que ele possa, através do "obscuro orifício da parede", ter pelo menos uma rápida visão do mundo da experiência psíquica até então envolto em denso nevoeiro. Certamente isto não terminará mal, pois aqueles que se atemorizam demais estão eficazmente protegidos contra uma deterioração mais grave, bem como de qualquer outro incidente, através da ideia salvadora da "autossugestão"[48]. Entretanto, eu gostaria de advertir o leitor atento e interessado que não subestime a profundidade que caracteriza o espírito do Oriente, nem suponha que o zen não encerra valor algum[49]. A atitude, zelosamente cultivada no Ocidente, de uma credibilidade verbal no confronto com o tesouro do pensamento oriental representa neste caso um perigo menor porque no zen, afortunadamente, não há palavras maravilhosamente incompreensíveis, como no hinduísmo. O zen também não

---

48. Cf. SUZUKI, D.T. *Die Grosse Befreiung*. Op. cit., p. 131s.

49. "O Zen não é um passatempo; é a mais séria de todas as tarefas da vida. Nenhuma cabeça oca jamais se arriscará a abordá-lo" (SUZUKI, D.T. *Essays*, I, op. cit., p. 16; cf. tb. *Die Grosse Befreiung*. Op. cit., p. 76).

trabalha com técnicas complicadas, como as de hatha-ioga[50], que acenam para o europeu acostumado a pensar em termos de fisiologia, com a enganosa esperança de poder afinal adquirir o espírito à força de sentar-se e fazer exercícios de respiração. Pelo contrário, o zen requer inteligência e força de vontade, como todas as coisas grandes que desejam tornar-se reais.

Referências

ANGELUS SILESIUS (Johann Scheffler). *Cherubinischer Wandersmann.* Sämtl. poet. Werke III. Hg. von H.L. Held. Munique, 1924.

BÜTTNER, H. *Meister Eckehart's Schriften und Predigten.* 2 vols. Jena, 1917.

_____. *Das Büchlein vom vollkommenen Leben.* Jena, 1907 [Ed. H.B.].

EVANS-WENTZ, W.Y. *Das tibetanische Totenbuch.* 6. ed. Zurique, 1960 [Ed. E.W.].

KATHA-UPANISHAD. *Siehe Sacred Books of the East XV.*

RUYSBROECK, J. *The Adornment of the Spiritual Marriage usw.* Übers, von C.A. Wynschenk Dom. Londres, 1916.

Sacred Books of the East. 50 vols. Oxford, 1879-1910 [Ed. Max Müller].

SUZUKI, D.T. *An Introduction to Zen-Buddhism.* Londres e Nova York 1949.

_____. *Die grosse Befreiung.* Zurique, 1958.

---

50. "Se queres alcançar o budato, permanecendo sentado de pernas cruzadas, matá-lo-ás. Enquanto não te libertares deste modo de sentar, não chegarás à verdade", diz um mestre a seu discípulo (SUZUKI, D.T. *Essays*, I, op. cit., p. 222).

_____. *Essays in Zen Buddhism*. 3 vols. Londres, 1927-1934.

_____. *The Training of the Zen Buddhist Monk*. Kyoto, 1934.

OHAZAMA, S. (Ohasama Schuej). *Zen* – Der lebendige Buddhismus in Japan. Übers, von August Faust. Gotha e Stuttgart, 1925.

PERCIVAL, M.A. *William Blake's Circle of Destiny*. Nova York, 1938.

SPAMER, A. *Texte aus der deutschen Mystik des 14. und 15. Jahrhunderts*. Jena, 1912 [Ed. A.S.].

Considerações em torno da psicologia da meditação oriental[1]

Em seu livro intitulado *Kunstform und Yoga*[2] (As formas 908
da arte e a ioga) meu amigo Heinrich Zimmer, cujo faleci-
mento foi lamentavelmente prematuro, realçou a profunda
conexão que existe entre a arquitetura hierática da Índia e
a ioga. Quem viu alguma vez o Borobudur ou as estupas
de Barhut e de Shândi dificilmente consegue subtrair-se à
impressão de que nestes monumentos está presente uma
atitude espiritual, caso já não o tenha percebido através de
milhares de outras impressões pela vida indiana. Nas inumeráveis facetas da transbordante espiritualidade hindu se
reflete uma concepção interior da alma que num primeiro
momento parece exótica e inacessível à compreensão europeia formada na escola do pensamento grego. Nosso intelecto contempla as coisas exteriores, nosso "olhar bebe" – como
diz Gottfried Keller – "aquilo que nossos cílios captam e be-
bem da superabundância dourada do mundo", e é a partir
da multidão das impressões exteriores que concluímos que
existe um mundo interior. Assim, até mesmo seus conteúdos nós os deduzimos a partir das coisas exteriores segundo

---

Fonte: OC 11/5, §§ 908-949.

1. Surgido, pela primeira vez, em *Mitteilungen der Schweizerischen Gesellschaft der Freunde ostasiatischer Kultur*, V, 1943, e publicado, a seguir, em
Symbolik des Geistes, 1948.

2. *Kunstform und Yoga im indischen Kultbild*. Berlim: [s.e.], 1926.

a sentença: "Nada existe no intelecto que não tenha, antes, passado pelos sentidos". Esta máxima parece não ter validade na Índia. O pensamento e as formas de arte hindus se manifestam no mundo dos sentidos, mas não podemos deduzi-los a partir destes últimos. Apesar de seu aspecto sensual, quase importuno, esse pensamento e essas formas nada têm de sensual em sua natureza mais íntima; pelo contrário, são *suprassensuais*. Não é o mundo dos sentidos, dos corpos, das cores e dos sons, das paixões humanas que a capacidade artística da alma hindu reproduz sob uma forma transfigurada ou num modo de sentir realista. É um mundo inferior ou superior de natureza metafísica de onde irrompem figurações estranhas no interior da conhecida visão terrena do mundo. Quem observar atentamente as formas impressionantes sob as quais os dançarinos do kathakáli do sul da Índia representam seus deuses não descobrirá aí *um* só gesto natural. Tudo é bizarro e situado abaixo ou acima do nível humano comum. Eles não se movem como seres humanos, mas deslizam; não pensam com a cabeça, mas com as mãos. Até mesmo os rostos humanos desaparecem por trás das máscaras artificiais esmaltadas de azul. Nosso mundo habitual nada nos oferece que se possa comparar, nem de longe, com esta magnificência grotesca. O indivíduo é como que lançado em uma espécie de sonho à vista de tal espetáculo, e sua impressão é a de que jamais deparou com algo de semelhante. Não são espectros noturnos com que nos defrontamos nos espetáculos do Kathakáli dos templos, e sim figuras de profundo e tenso dinamismo, formas elaboradas segundo rigorosas leis, até nos mínimos detalhes, ou organicamente desenvolvidas. Não são fantasmas ou meras cópias de realidades únicas e irrepetíveis, mas sim realidades que *ainda não* tiveram existência, realidades potenciais que podem transpor a cada momento o limiar do existir.

Quem se entrega plenamente a tais impressões não demorará a perceber que estas formas nada têm de onírico para o hindu, mas são reais para ele, do mesmo modo que tocam algo, dentro de nós, com uma intensidade quase assustadora, algo para o qual não temos uma linguagem adequada. Mas observamos também que o nosso mundo dos sentidos se transforma em sonho à medida que estas formas penetram cada vez mais profundamente em nós e então *despertamos* em um mundo povoado de deuses da mais imediata realidade. 909

O que o europeu percebe na Índia, em primeiro lugar, é o seu aspecto corporal, físico, contemplado do exterior. Mas isto não é a Índia como o hindu a vê; não é a *sua* realidade. A realidade, como se vê pela palavra alemã (Wirklichkeit), é algo que atua realmente (wirkt). Para nós, o conceito real por excelência se acha ligado ao mundo dos fenômenos, do que aparece exteriormente. Para o hindu, porém, este conceito está ligado à alma. Para ele, o mundo é aparência, e sua realidade se aproxima daquilo que nós chamaríamos de sonho. 910

Este estranho contraste com o Ocidente se expressa, sobretudo, na prática religiosa. Nós falamos em edificação e elevação religiosas. Deus é o Senhor de todas as coisas. Temos uma religião do amor ao próximo. Em nossas igrejas, que se lançam às alturas, existe um *altar-mor*, situado em lugar elevado (Hochaltar), enquanto a Índia fala de dhyâna (concentração), meditação e imersão; a divindade se acha no interior de todas as coisas. O indivíduo se volta do exterior para o interior. Nos antigos templos hindus, o altar está colocado a dois ou três metros abaixo do rés do chão, e aquilo que nós velamos com o máximo recato é para o hindu o mais sagrado dos símbolos. Nós cremos na ação; o hindu crê no ser imóvel. A prática de nossa religião consiste 911 na adoração, na veneração e no louvor. Para o hindu, pelo contrário, a prática mais importante é a ioga, a imersão em um estado que chamaríamos de inconsciente, mas ele considera como o mais alto grau de consciência. A ioga é, de um lado, a expressão mais eloquente do espírito hindu e, do outro, o instrumento de que o indivíduo se utiliza sempre para provocar esse singular estado de espírito.

912   Que é, então, a ioga? Literalmente, ioga significa "imposição de um jugo", isto é, disciplinamento das forças instintivas da alma, designadas, em sânscrito, pelo termo Kleças. A imposição do jugo tem por escopo domar aquelas forças que mantêm o homem preso ao mundo. Na linguagem de Agostinho, as Kleças correspondem à *superbia* e à *concupiscentia*. Existe uma grande variedade de formas de ioga, mas todas elas visam sempre ao mesmo fim. Não pretendo citar aqui o nome de todas, e sim lembrar que, ao lado de práticas e exercícios de caráter meramente psíquico, existe também a chamada hatha-ioga que consiste numa espécie de *ginástica corporal* e principalmente em exercícios respiratórios e atitudes corporais específicas. No presente estudo eu me proponho a comentar um texto da ioga que nos oferece uma visão profunda da mesma. Trata-se de um texto budista pouco conhecido, transmitido em língua chinesa, que é a tradução de um original sânscrito. Data do ano 424 d.C. Intitula-se *Amitâyur-dhyâna-sûtra*, isto é: Tratado da Meditação de Amitâbha[3]. Este sûtra [tratado] é altamente apreciado sobretudo no Japão e pertence ao âmbito do chamado budismo teísta que conserva a doutrina do *Âdhibuddha* ou *Mahâbuddha*, o Buda original, do qual provêm as cinco dhyâni de Buda, ou as dhyâni de *Bodhi-*

---

3. *Sacred Books of the East*. Vol. XLIX, Parte II, p. 161s. [Traduzidos por Takakusu].

sattva. Uma destas cinco dhyâni é Amitâbha, "o *Buda do sol poente* da luz incomensurável", o Senhor de Sukhâvati, a terra da felicidade. É o protetor do período atual do mundo, da mesma forma que Çâkyamuni, o Buda histórico, é o seu mestre. Um fato digno de nota, no culto de Amitâbha, é uma espécie de celebração eucarística com pão consagrado. Amitâbha é representado com um vaso na mão no qual está contido o *alimento da imortalidade* que nos dá a vida, ou às vezes também com o vaso da água sagrada.

O texto em questão começa com uma narrativa de enquadramento cujo conteúdo não nos interessa aqui. Um príncipe herdeiro atenta contra a vida de seus pais. A rainha pede socorro a Buda, em sua aflição, suplicando que lhe mande os seus dois discípulos Maudgalyâyana e Ânanda. Buda atende a seu desejo e os dois lhe aparecem imediatamente. O próprio Çâkyamuni, isto é, Buda, também aparece diante dela e lhe mostra, na visão, os dez mundos e a manda escolher aquele no qual ela deseja renascer. Ela escolhe o reino terreno de Amitâbha. Buda ensina-lhe então a ioga que a deve preparar para o reino de Amitâbha. Depois de várias prescrições de ordem moral, ele lhe comunica o seguinte:

> "Tu e todos os outros seres (isto é, os que têm a mesma intenção) deveis procurar a percepção do reino terreno, concentrando os pensamentos. Talvez me perguntes como se pode conseguir esta percepção. Vou explicar-te a maneira. Todos os seres, desde que não sejam cegos de nascença, têm o sentido da visão e podem ver o *sol* poente. Deves colocar-te na posição correta e dirigir o olhar para o poente. Prepara então teus pensamentos para a meditação, concentrando-te sobre o sol. Fixa tua consciência firmemente no *sol,* de modo a teres uma percepção dele, sem a mínima perturbação, concentrada

exclusivamente nele. Olha firmemente para ele, no momento em que vai pôr-se, quando parece um tambor dependurado. Depois de teres visto o sol desta maneira, conserva esta imagem fixa e clara, estejas ou não de olhos fechados. Esta é a chamada percepção do sol e é a *primeira meditação*".

915   Já vimos que o sol poente é uma alegoria de Amitâbha, o dispensador da imortalidade. O texto continua:

"Em seguida procurarás ter a percepção da *água*. Fixa o teu olhar na água pura e clara e mantém esse olhar claro e imutável dentro de ti. Não permitas que teus pensamentos se dissipem e se percam".

916   Como já indiquei, Amitâbha é também o dispensador da água da imortalidade.

917   "Depois de teres visto a água desta maneira, procurarás ter a percepção do *gelo*. Vê-lo-ás luminoso e transparente. Também imaginarás a aparição do *lápis-lazúli* (lazurita). Depois que o conseguires, verás o chão como se fosse substituído de lápis-lazúli transparente e luminoso tanto por dentro como por fora. Debaixo deste *chão* de lápis-lazúli verás o *estandarte de ouro* ornado de sete joias, isto é, de diamantes e de outras (pedras preciosas) que sustentam o solo. Este *estandarte se estende nas oito direções da rosa dos ventos*, ocupando, assim, inteiramente os oito ângulos dos alicerces. Cada lado das oito mencionadas direções é constituído de 100 joias, cada uma das quais tem 1.000 raios e cada raio 84.000 cores que, refletindo-se no chão de lápis-lazúli, têm o aspecto de um bilhão de sóis, e dificilmente se pode vê-los separados uns dos outros. Na superfície do solo de lápis-lazúli estendem-se cabos de ouro, ligados entre si em forma de cruz, e suas partes são constituídas de fios ornados, cada um, de sete joias, e cada uma destas partes é clara e distinta.

Quando tiveres realizado esta percepção, meditarás sucessivamente sobre cada uma de suas partes constitutivas. E farás com que as imagens apareçam o mais claramente possível, de modo que nunca se dissipem nem se percam, estejas ou não de olhos abertos. À parte o tempo em que estiveres dormindo, deverás conservar estas imagens sempre diante de teus olhos interiores. Não há dúvida de que aquele que tiver alcançado este estado do qual estamos falando viverá na terra da suprema felicidade (Sukhâvati). Quem, entretanto, alcançar o estado de samâdhi, estará capacitado a ver essa terra clara e distintamente. Este estado não pode ser explicado de modo perfeito. É a percepção da terra e é a terceira meditação".

Samâdhi é a "absorção total", isto é, o estado em que todas as conexões cósmicas foram absorvidas no interior do indivíduo. O samâdhi é a *oitava* das *oito sendas*. 918

Depois disto vem a meditação sobre as *árvores* das joias do país de Amitâbha, à qual se segue a meditação sobre a *água*. 919

> "No país da suprema felicidade a água está distribuída em *oito lagos*. A água de cada um destes lagos é constituída de sete joias suaves e flexíveis. A fonte que as alimenta provém do rei das joias (Cintâmani, a 'Pérola dos Desejos')... No centro de cada lago há 60 milhões de flores de loto, cada uma das quais constituída de sete joias. Todas as flores são perfeitamente redondas e exatamente do mesmo tamanho. A água que circula entre as flores produz sons melodiosos e agradáveis, que expressam todas as virtudes perfeitas, bem como o sofrimento, a não existência, a transitoriedade das coisas e o não ego. Estes sons expressam também o louvor dos sinais da perfeição e dos sinais interiores da excelência de

todos os budas. Do rei das joias (Cintâmani) partem raios de extrema beleza cujo brilho se transforma em pássaros que possuem as cores de 100 joias e emitem sons maviosos de louvor à memória de Buda e também à memória da comunidade por ele formada. Esta é a percepção da água das oito boas qualidades, e também a quinta meditação".

920 Buda instrui a rainha a respeito da meditação do próprio Amitâbha, da seguinte maneira: "Procura ter a percepção de uma flor de loto no país das sete joias". A flor possui 84.000 pétalas; cada folha possui 84.000 nervuras e cada nervura 84.000 raios, "cada um dos quais pode ser visto com clareza".

921 "Depois disto deves *ter a percepção do próprio Buda*. Perguntas de que modo? Cada Buda Tathâgata (o perfeito) é alguém cujo corpo aeriforme é o princípio da natureza (Dharmadhâtu-Kâya, dhâtu = elemento), constituído de tal modo que pode penetrar na consciência de todos os seres. Por isso, desde o momento em que tiveres a percepção de Buda, tua consciência possuirá verdadeiramente esses sinais da perfeição, bem como os 80 sinais inferiores das excelências que percebes em Buda. Por fim, tua consciência se transformará em Buda, ou melhor, *tua consciência será o próprio Buda*. O oceano do conhecimento verdadeiro e universal de todos os budas tem sua origem na nossa própria consciência e no nosso próprio pensamento. Por isso deves voltar teu pensamento com toda a atenção para uma cuidadosa meditação sobre esse Buda Tathâgata, o Arhat, isto é, o Santo e perfeito iluminado. Se queres ter a percepção deste Buda, deverás primeiramente ter a percepção de sua imagem, estejas de olhos abertos ou fechados. Fita-o atentamente como um ídolo de ouro do jâmbûnada (seiva que

escorre da árvore do jambo) que está sentado sobre a flor de loto[4].

Quando tiveres visto a figura sentada na flor, tua visão espiritual se tornará clara e estarás capacitada para perceber, com toda nitidez, a beleza do país de Buda. Ao veres estas coisas, faze com que elas se tornem bem claras e firmes para ti, tão claras como a palma de tuas mãos".

"Ao passares por esta experiência, verás também todos os budas dos dez mundos. Afirma-se que aqueles que praticaram esta meditação viram o corpo de todos os budas. Por haverem meditado sobre o corpo de Buda, tiveram também a percepção do espírito de Buda. Trata-se da grande compaixão, conhecida como espírito de Buda. Graças a esta compaixão universal, o contemplativo tem a percepção de todos os seres. Aqueles que praticarem esta meditação, renascerão depois da morte, em um outro país, na presença de Buda, e alcançarão o espírito de renúncia, graças ao qual enfrentarão todas as consequências que virão depois disto. É por isso que todos aqueles que possuem a sabedoria deveriam concentrar seu pensamento em uma cuidadosa meditação sobre este Buda Amitâyus".

Diz-se que aqueles que praticam esta meditação não viverão mais em um estado embrionário, mas terão acesso a essas "regiões maravilhosas e magníficas dos budas". 922

"Quando tiveres atingido esta percepção, deverás imaginar-te a ti mesma renascendo no mundo da suprema felicidade, a região do Oriente, e sentada de pernas cruzadas na flor de loto. Em seguida, imaginarás que esta flor te contém dentro de si e logo depois se abrindo. Quando a flor volta a se 923

---

4. Jambunadi = rio formado do suco do fruto do jambeiro e que corre em torno do monte Meru, retornando, depois, à árvore de origem.

abrir, teu corpo estará envolvido por 500 raios coloridos. Teus olhos serão abertos e verás os budas e os bodhisattvas enchendo todo o céu. Escutarás o rumor das águas e das árvores, o canto dos pássaros e a voz dos muitos budas".

924 Em seguida Buda disse a Ânanda e à Vaidehi (a rainha):

"Os que desejam renascer na região oriental mediante seu puro pensamento deveriam primeiramente meditar sobre uma imagem de Buda de 16 côvados de altura sentada na flor de loto, em meio às águas do lago. Como já foi dito anteriormente, o verdadeiro corpo e seu tamanho são ilimitados e incompreensíveis ao intelecto comum. Mas graças à ação eficaz da antiga oração desse Tathâgata, todos os que pensam e se lembram dele atingirão, com toda a certeza, o fim que se propõem".

925 O texto prossegue:

"Quando Buda terminou este sermão, a Rainha Vaidehi, guiada pelas palavras de Buda, pôde contemplar, juntamente com suas 500 companheiras, o espetáculo do país da felicidade suprema, que se estende a perder de vista, e pôde ver também o corpo de Buda, bem como o corpo dos dois bodhisattvas. Seu espírito estava repleto de alegria. Ela os louvava, dizendo: 'Jamais vi coisa tão maravilhosa'. Logo em seguida foi totalmente iluminada e alcançou o espírito de renúncia, e daí por diante esteve sempre pronta a sofrer todas as consequências possíveis e imagináveis daí decorrentes. Suas 500 companheiras também se alegraram pelo fato de terem adquirido, daí por diante, o conhecimento supremo e perfeito, e desejaram renascer no país de Buda. Aquele que é venerado em todo o mundo predisse que todas haveriam de renascer nesse país e estavam aptas para alcançar o samâdhi (a tranquilidade sobrenatural) da presença de muitos budas".

Em um excurso sobre o destino do não iluminado, diz 926
Buda, resumindo a prática da ioga:

> "Mas por se achar atormentado de dores, ele não
> encontrará tempo para pensar em Buda. Neste
> caso, um bom amigo lhe dirá: Embora não pos-
> sas praticar o exercício da memória de Buda, pelo
> menos poderás pronunciar o nome de Buda Ami-
> tâyus. Poderá dizer isto com voz firme e de coração
> puro. Poderá pensar constantemente em Buda, re-
> petindo até dez vezes: 'Namo (A) mitâyushe Bud-
> dhâya' (Honra e louvor a Buda Amitâyus). A cada
> repetição do nome de Buda, exterminará seus peca-
> dos que, de outra forma, o envolveriam na hora do
> nascimento e da morte durante 80 milhões de Kal-
> pas [períodos compreendidos entre duas criações
> sucessivas]. Ao morrer, verá um loto de ouro se-
> melhante ao disco do sol brilhando diante de seus
> olhos e renascerá, em um instante, em Sukhâvati, o
> mundo da suprema felicidade".

São estes os conteúdos essenciais da ioga, que aqui nos 927
interessam. O texto se divide em 16 meditações, das quais
destaco apenas algumas passagens. Creio, no entanto, que
elas são suficientes para dar uma ideia do que será a meditação que nos eleva até o samâdhi, o supremo arrebatamento
e a suprema iluminação.

Este exercício começa com a concentração sobre o sol 928
poente. A intensidade dos raios do sol poente na latitude sul
é ainda tão forte, que basta contemplá-lo por alguns instan-
tes para que se produza uma imagem duradoura e intensa
do sol na retina. Vê-se então o sol poente por um espaço
considerável, mesmo que os olhos estejam fechados. Um
dos métodos hipnóticos, como se sabe, consiste em fitar um
objeto luminoso e brilhante, um diamante ou um cristal,
por exemplo. Podemos supor que o ato de fitar o sol tem

por escopo produzir um efeito de natureza semelhante. Mas não deve produzir sonolência, porque a fixação deve vir associada a uma "meditação" a respeito do sol. Essa meditação é a reflexão em torno do sol, uma compreensão e uma percepção clara daquilo que o sol é em si, de sua forma, de suas qualidades e de seus significados. Como o elemento redondo desempenha um papel importante nas passagens subsequentes, podemos também supor que o disco redondo do sol deve servir de modelo para as figuras redondas da fantasia que se seguirão. Também tem por finalidade preparar as visões luminosas subsequentes. É deste modo que deve "provocar a percepção", tal como diz o texto.

929   A meditação seguinte, a da *água*, não se baseia mais em uma impressão dos sentidos, mas produz, graças à *imaginação ativa*, a imagem de uma superfície aquosa refletora que, como sabemos pela experiência, reflete perfeitamente a luz solar. Nesse momento, é preciso imaginar que a água se converte em "gelo luminoso e transparente". Com este procedimento, a luz imaterial da imagem duradoura do sol na retina se materializa na água que, por sua vez, solidifica-se em gelo. O que se pretende com isto é, evidentemente, uma concretização e uma materialização da visão, do que resulta a materialidade da criação de fantasias que vêm substituir a natureza física, ou seja, este mundo que conhecemos. Cria-se uma outra realidade, por assim dizer, com material psíquico. O gelo que, por sua natureza, tem uma tonalidade azulada, transforma-se em lápis-lazúli, um composto de natureza pétrea, que, por sua vez, converte-se em "chão", mas um chão "luminoso e transparente". Com este "chão" se forma um alicerce imutável e, por assim dizer, real em todos os sentidos. Este chão azul e transparente é como um lago de vidro através de cujas camadas transparentes o olhar penetra nas profundezas.

Destas profundezas brilha então o assim denominado 930 "estandarte de ouro". Importa observar aqui que o termo sânscrito "dhvaja", designativo de "estandarte", significa em geral "sinal" e "símbolo". Por isso poderíamos dizer que se trata do aparecimento de um "símbolo". O fato de o símbolo se estender "nas oito direções da *rosa dos ventos*" indica que o fundamento representa um sistema de oito raios. Como diz o texto, os "oito cantos do fundamento se acham inteiramente ocupados pelo estandarte". O sistema brilha como "1.000 milhões de sóis". A imagem persistente do sol adquiriu, portanto, bastante energia e aumentou a ponto de transformar-se em força luminosa, de intensidade infinita. A estranha ideia das "amarras de ouro" que se estende por todo o sistema parece querer indicar que as partes deste sistema se acham solidamente interligadas, de modo que é impossível desfazê-lo. Infelizmente o texto não fala da possibilidade de o método vir a falhar, nem dos sintomas de degeneração que poderiam advir, em decorrência de um erro qualquer. Mas tais perturbações em um processo imaginativo não contêm nada de estranho para um conhecedor do assunto; pelo contrário, constituem uma ocorrência normal. Por isso não é de espantar que na visão da ioga esteja prevista uma espécie de solidificação interior da imagem, por meio de amarras de ouro.

Embora o texto não o diga expressamente, o sistema de 931 oito raios já é o *país de Amitâbha*. Nele brotam e crescem árvores maravilhosas, como convém a um paraíso. A *água* do país de Amitâbha tem uma importância toda especial. Ela se encontra sob a forma de oito lagos, correspondentes ao octógono. A fonte é uma joia central, Cintâmani, a Pérola dos Desejos, símbolo do "objeto difícil de conseguir", e também do valor supremo[5]. Na arte chinesa é aquela figura lunar que muitas vezes aparece associada ao dragão[6]. Os "sons" maravilhosos emitidos pelas águas são constituídos de dois pares de opostos que expressam as verdades fundamentais do budismo, como o "sofrimento e o não ser, a transitoriedade das coisas e a anulação de si", e isto quer dizer que todo ser é cheio de sofrimentos e tudo o que se refere ao eu é passageiro e caduco. É destes erros que o *não ser* e o *não-ser-eu* nos libertam. A água que produz esses sons é, portanto, algo como a doutrina de Buda em geral, uma água salvadora da sabedoria, uma *aqua doctrinae* (água da doutrina), para usarmos uma expressão de Orígenes. A fonte desta água, a pérola sem igual, é o Tathâgata, o Buda em pessoa. Resulta daí a reconstituição imaginativa da figura de Buda, e a percepção desta constituição leva ao conhecimento de que Buda, a rigor, outra coisa não é senão a psique do iogue em ação durante a meditação, a psique daquele mesmo que medita. Não é somente a forma de Buda que brota da "própria consciência e dos próprios pensamentos": a *alma* que produz estas imagens e estes pensamentos é o *próprio Buda*.

932   A figura de Buda está sentada em uma flor redonda de loto, no centro do país octogonal de Amitâbha. Buda se destaca pela grande compaixão com a qual acolhe todos os seus e, consequentemente, também o meditador, isto é, o ser mais íntimo que é o próprio Buda e que aparece na visão como o verdadeiro *si-mesmo do meditador*. Este se sente

---

5. Cf. *Wandlungen und Symbole der Libido*, 1912, p. 161, ou a nova edição de 1952: *Symbole der Wandlung*, p. 279 e no lugar citado (*Símbolos da transformação*).

6. Cf. *Psychologie und Alchemie*, seção 61 (*Psicologia e alquimia*).

como o único existente, como a consciência suprema que é realmente o próprio Buda. Para atingir esta meta final, ele precisou percorrer todo o caminho da penosa reconstituição espiritual, libertando-se da consciência cega do ego sobre a qual pesa a culpa da ilusão do mundo, para chegar ao outro polo da alma, no qual o mundo é abolido como ilusório.

***

Nosso texto não é apenas uma peça literária de museu, pois vive sob esta e muitas outras formas na alma do hindu, impregnando-lhe a vida e o pensamento até os mínimos detalhes, tão singularmente estranho aos olhos de um europeu. Não é o budismo, por exemplo, que forma e educa a alma do hindu, mas a ioga. O budismo em si é um fruto do espírito da ioga, que é mais antiga e universal do que a reforma de Buda. É com este espírito que deve familiarizar-se, quer queira ou não, aquele que aspira a entender a arte, a filosofia e a ética hindus a partir de dentro. Nossa maneira habitual de entender sempre a partir de fora falha nesta tarefa, porque é absolutamente inadequada à natureza da espiritualidade hindu. Eu gostaria de prevenir o leitor, de modo particular, contra as imitações e tentativas, tantas vezes repetidas, de sentir e assimilar certas práticas orientais que nos são estranhas. Em geral, o que daí resulta nada mais é do que um embrutecimento sumamente artificial de nossa inteligência ocidental. De fato, se alguém conseguisse renunciar à Europa, sob todos os aspectos, e tornar-se realmente um perfeito iogue, com todas as consequências éticas e práticas daí decorrentes, passando todo o seu tempo em posição de loto, sentado em uma pele de gazela debaixo de uma árvore poeirenta de *banian* (figueira sagrada) e terminando os seus dias numa não existência obscura e sem nome, eu seria o primeiro a reconhecer que ele compreendeu a ioga como um hindu. Mas quem não o conseguir, também não deverá portar-se como se tivesse compreendido a ioga. Não pode nem deve renunciar à sua inteligência ocidental. Pelo contrário, deve pô-la a funcionar, para compreender honestamente, a respeito da ioga, tudo quanto esteja ao alcance da nossa capacidade de compreensão; sem a preocupação tola de querer imitar e sentir aquilo que não corresponde à sua índole. Como os segredos da ioga têm para o hindu tanta ou maior importância do que os mistérios da fé cristã para nós, deveríamos evitar todo e qualquer exotismo que colocasse em ridículo nosso *mysterium fidei* (mistério da fé), sem com isso subestimar as representações e as práticas estranhas dos hindus, considerando-as como erros absurdos. Com isto estaríamos barrando a nós mesmos, a via de acesso a uma compreensão analógica desses fatos. Mas já fomos bastante longe, sob este aspecto, pois os conteúdos espirituais do dogma cristão se reduziram, para nós, a um nevoeiro racionalista e iluminista, numa medida que já se tornou perigosa, e é muito fácil menosprezar o que não conhecemos nem entendemos.

934   Se quisermos de fato entender a ioga, só poderemos fazê-lo à maneira europeia. É verdade que entendemos muita coisa com o coração, mas também nesse caso nossa mente tem dificuldade em acompanhar de perto a formulação intelectual e exprimir adequadamente aquilo que entende. Não há dúvida de que há uma maneira de compreender com o cérebro e, em particular, com o intelecto científico. Mas neste caso muitas vezes o coração fica de fora. Por isso é que devemos deixar ora isto ora aquilo à benévola colaboração do público. Procuremos portanto, em primeiro lugar, compreender ou construir com o cérebro aquela ponte oculta que nos levará da ioga à compreensão ocidental.

Para isto, devemos nos reportar, mais uma vez ainda, à série de símbolos de que já tratamos, mas desta vez levando em conta o seu *significado*. O sol, que encabeça a série, é a fonte do calor e da luz e o centro inegável de nosso mundo visível. Por isso, como *dispensador dá vida* ele tem sido, por assim dizer, em todos os tempos, e em todos os lugares, ou a divindade em pessoa ou, pelo menos, uma de suas imagens. Até mesmo no universo das representações cristãs é uma alegoria muito difundida de Cristo. Uma segunda fonte da vida é, particularmente nos países meridionais, a *água* que, como se sabe, desempenha um papel de importância na alegoria cristã, como, por exemplo, na figura dos quatro rios do paraíso e da fonte que jorra ao lado do monte do templo. Esta última foi comparada com o sangue que saiu da chaga do lado de Cristo na cruz. Neste contexto quero lembrar o diálogo de Cristo com a samaritana junto ao poço de Jacó, bem como os rios de água viva que haveriam de brotar do lado de Cristo (Jo 7,38). Uma meditação sobre o sol e a água evocará estas e outras relações de sentido, que levarão o contemplador gradualmente do plano inicial das aparências externas para o plano de fundo das realidades ou, em outras palavras, para o *sentido espiritual* dos objetos de sua meditação *que se acha por trás dessas aparências*. Com isto ele se transfere para a esfera do psíquico, onde o sol e a água são despidos de sua objetividade física e, consequentemente, transformados em símbolos de certos conteúdos psíquicos ou em imagens da fonte da vida dentro da própria alma. Nossa consciência não se cria a si mesma, mas emana de profundezas desconhecidas. Desperta gradualmente na criança, e cada manhã, ao longo da existência, desperta das profundezas do sono, saindo de um estado de inconsciência. É como uma criança que nasce diariamente das profundezas do inconsciente materno. Sim, um estudo mais acurado da consciência nos mostra claramente que ela não é somente influenciada pelo inconsciente, como também emana constantemente do abismo do inconsciente, sob a forma de inúmeras ideias espontâneas. Por isso, a meditação sobre o significado do sol e da água é como uma espécie de descida à fonte psíquica, ou, em outras palavras, ao nosso próprio inconsciente.

936 Mas encontramos aqui uma diferença sensível entre o espírito oriental e o ocidental. Trata-se da mesma diferença que já constatamos, ou seja, a que existe entre o altar-mor [altar em posição elevada] e o altar construído abaixo do nível do solo. O homem ocidental procura sempre a exaltação, e o oriental a imersão ou o aprofundamento. Parece que a realidade exterior, com a sua corporeidade e seu peso, domina o espírito europeu com muito mais força e maior intensidade do que o faz com o hindu. Por isso o primeiro procura elevar-se acima do mundo, enquanto o segundo retorna, de preferência, às profundezas da mãe-natureza.

937 Mas, da mesma forma pela qual a contemplação cristã procura, por exemplo, nos *Exercitia Spiritualia* de Inácio de Loyola, captar com todos os sentidos do corpo a forma sagrada o mais concretamente possível, assim também o iogue procura dar solidez à água que contempla, primeiro através da solidez do gelo e, em seguida, do lápis-lazúli, formando assim o "chão" firme, como ele próprio o denomina. Cria, por assim dizer, um corpo sólido para a sua própria visão, e confere assim ao elemento interior, isto é, às formas de seu mundo psíquico, uma realidade concreta que substitui o mundo exterior. Não há dúvida de que, inicialmente, ele não vê senão uma superfície refletora azul, como, por exemplo, a de um lago ou do mar, que é também um símbolo corrente do inconsciente em nossos sonhos. De fato, sob a superfície refletora da água escondem-se profundezas desconhecidas, obscuras e misteriosas.

Como nos diz o texto, a pedra azul é transparente, dando-nos a entender com isto que o olhar do contemplador pode penetrar as profundezas do mistério da alma, onde enxerga o que antes não podia ser visto, isto é, aquilo que se achava mergulhado num estado de inconsciência. Da mesma forma que o sol e a água são fontes da vida física, assim também exprimem, como símbolos, o mistério essencial da vida do inconsciente. No *estandarte*, símbolo que ele vê através do chão de lápis-lazúli, o iogue contempla como que uma imagem da fonte da consciência, anteriormente invisível e aparentemente sem forma definida. Por meio da dhyâna, isto é, da imersão e do aprofundamento da contemplação, parece que o inconsciente assume uma forma definida. É como se a luz da consciência, que cessara de iluminar os objetos do mundo dos sentidos exteriores, iluminasse daí por diante as trevas do inconsciente. Quando se extinguem, por completo, o mundo dos sentidos e do pensamento, o elemento interior surge com toda a nitidez.

Neste ponto, o texto oriental passa por cima de um fenômeno psíquico que se converte para o europeu em uma fonte inesgotável de dificuldades. Se ele procurar esconjurar as representações do mundo exterior, esvaziando seu espírito de tudo o que é exterior, tornar-se-á presa primeiramente de suas próprias *fantasias* subjetivas, que nada têm a ver com os conteúdos de nosso texto. As fantasias não gozam de boa fama; são ordinárias e destituídas de valor e, por isso, rejeitadas como inúteis e destituídas de sentido. Trata-se das Kleças, daquelas forças desordenadas e caóticas dos instintos que a ioga pretende justamente "subjugar". Esse objetivo é perseguido também pelos referidos *Exercitia Spiritualia*, e tanto um método como o outro procura chegar ao mesmo resultado, fornecendo o objeto da contemplação àquele que medita, isto é, propondo-lhe a imagem sobre a qual deve concentrar-se para impedir o acesso das chamadas fantasias carentes de valor. Ambos os métodos, tanto o oriental como o ocidental, procuram chegar ao mesmo fim por via direta. Não pretendo pôr em dúvida a prática da meditação quando levada a efeito dentro de um quadro eclesiástico significativo. Fora deste contexto, porém, a coisa em geral não funciona ou conduz até mesmo a resultados deploráveis. Em outros termos: com o esclarecimento do inconsciente cai-se sobretudo na esfera do inconsciente pessoal e caótico, onde se acha tudo quanto se gostaria de esquecer ou não se desejaria confessar ou admitir, nem para si nem para os outros, em qualquer circunstância. Por isto crê-se que a melhor maneira de evitá-lo é não olhar para este canto escuro. Mas quem procede desta maneira não consegue evitar este canto e nunca chegará a perceber o menor traço daquilo que a ioga promete. Só aquele que atravessar estas trevas poderá ter a esperança de avançar mais alguns passos. É por isto que, em princípio, sou contra a adoção das práticas da ioga por parte dos europeus, de forma indiscriminada e sem senso crítico, pois sei perfeitamente que o que se espera com isto é evitar seu canto escuro. Mas tal início é inteiramente desprovido de sentido e de valor.

940   É aqui que reside a razão mais profunda pela qual nós, homens do Ocidente, não desenvolvemos coisa alguma que possa se comparar com a ioga (exceção feita do emprego bastante limitado dos exercícios inacianos). Temos um receio profundo de encarar de frente o lado abominável de nosso inconsciente pessoal. É por isso que o europeu prefere dizer aos outros de que modo devem proceder. Não entra em nossa cabeça que a correção do conjunto deve começar pelo próprio indivíduo, ou, mais exatamente, por mim mesmo. Muitos pensam inclusive que é patológico olhar às vezes para dentro de si e que isto nos torna melancólicos, como até mesmo um teólogo me garantiu certa vez.

Disse há pouco que no Ocidente não desenvolvemos 941
nada que se possa comparar com a ioga. Mas isto não é de
todo exato. Entre nós desenvolveu-se, como corresponde à
mente preconceituosa do europeu, uma psicologia médica
que se ocupa especialmente com as Kleças. Chamamo-la de
"psicologia do inconsciente". A tendência inaugurada por
Freud reconheceu o lado sombrio do homem e sua influência sobre a consciência, e assumiu totalmente este problema. Essa psicologia se ocupa com aquilo que o texto em
questão pressupõe como resolvido. A ioga conhece muito
bem o mundo das Kleças, mas o caráter naturalista de sua
religiosidade desconhece o *conflito moral* que as Kleças representam para nós, ocidentais. Um dilema ético nos separa
de nossa sombra. O espírito da Índia brota diretamente da
natureza. Nosso espírito, pelo contrário, opõe-se à natureza.

O chão lápis-lazúli é opaco para nós, porque o *proble-* 942
ma do mal deve ser resolvido, antes de tudo, no plano da
natureza. Esta questão pode ser resolvida, mas não certamente com argumentos racionalistas superficiais ou com
um palavrório intelectual oco. A responsabilidade ética do
indivíduo *pode* dar uma resposta válida. Mas não há receitas
e formulários pré-fabricados, e sim apenas o pagamento até
o último centavo. Só então é que o chão de lápis-lazúli pode
tornar-se transparente. Nosso sutra pressupõe, portanto,
que o mundo sombrio de nossas fantasias, isto é, de nosso
inconsciente *pessoal*, foi percorrido pelo contemplativo, e
passa então a descrever uma forma simbólica que à primeira
vista nos parece estranha. Trata-se de uma figura geométri-
ca radial, dividida em oito segmentos, formando a assim
chamada ogdóade. No centro desta figura vê-se um loto no
qual Buda está sentado. A experiência decisiva consiste, afinal, em saber que Buda é o próprio contemplativo, e com
isto parece desfeito o nó fatal dado pela narrativa do qua-

dro. O símbolo de estrutura simétrica expressa obviamente uma concentração máxima a que só se pode chegar levando-se ao extremo não só o distanciamento e a transição do interesse em relação às impressões do mundo dos sentidos e das representações ligadas aos objetos externos, como também o voltar-se decisivamente para aquilo que constitui o pano de fundo da consciência. O mundo da consciência com suas ligações com o objeto, e mesmo o próprio centro da consciência, isto é, o ego, extinguem-se e, em seu lugar, surge o mundo de Amitâbha, com seu brilho que aumenta e se intensifica indefinidamente.

943   Psicologicamente, isto quer dizer que, por trás e debaixo do mundo das fantasias, surge uma camada ainda mais profunda do inconsciente que, ao contrário da desordem caótica das Kleças, é de uma ordem e de uma harmonia insuperáveis, e que, ao invés da *multiplicidade* daquelas, representa a *unidade* universal do "mandala do bodhi", o círculo mágico da iluminação.

944   Mas o que tem nossa psicologia a dizer a respeito desta descoberta hindu de um inconsciente suprapessoal e universal que surge, de algum modo, quando as trevas do inconsciente pessoal se tornam transparentes? Nossa psicologia sabe que o inconsciente pessoal nada mais é do que uma camada superposta que se assenta em uma base de natureza inteiramente diversa. Esta base é o que chamamos de *inconsciente coletivo*. A razão desta denominação está na circunstância de que, ao contrário do inconsciente pessoal e de seus conteúdos meramente pessoais, as imagens do inconsciente mais profundo são de natureza nitidamente *mitológica*. Isto significa que essas imagens coincidem, quanto à forma e ao conteúdo, com as representações primitivas universais que se encontram na raiz dos mitos. Elas não são mais de natureza pessoal, mas são puramente suprapessoais

e, consequentemente, comuns a todos os homens. Por isso é possível constatar sua presença nos mitos e nas fábulas de qualquer povo e de qualquer época, bem como em indivíduos que não têm o menor conhecimento consciente de mitologia.

Nossa psicologia ocidental avançou realmente, tanto quanto a ioga, pela circunstância de estar em condições de constatar cientificamente a existência de uma camada do inconsciente comum a todos os indivíduos. Os temas mitológicos cuja existência foi demonstrada pela investigação do inconsciente constituem, a rigor, uma multiplicidade, mas esta multiplicidade culmina em um arranjo concêntrico e radial, que constitui verdadeiramente o centro ou a essência do inconsciente coletivo. Dada a coincidência notável dos resultados da pesquisa psicológica com os conhecimentos da ioga, escolhi o termo sânscrito "mandala", que significa "círculo", para designar este símbolo central.

945

Alguém poderá perguntar-me: Mas de que modo a ciência universal chega a semelhantes resultados? Para isto há dois caminhos. O primeiro é a via *histórica*. Se estudarmos o método introspectivo da filosofia natural da Idade Média, por exemplo, verificaremos que ele se serviu constantemente do círculo (em particular do círculo dividido em quatro segmentos), para simbolizar o princípio central, inspirando-se, para isto, claramente, na alegoria da quaternidade usada correntemente na Igreja, como, por exemplo, as numerosas representações do *rex gloriae* [rei da glória] cercado pelos quatro evangelistas, os quatro rios do paraíso, os quatro ventos etc.

946

A segunda via é a da *psicologia empírica*. A um determinado estágio do tratamento psíquico, os pacientes desenham às vezes, espontaneamente, esses mandalas, seja porque sonharam com eles, seja porque sentem de súbito

947

a necessidade de compensar sua desordem psíquica com a representação de um conjunto ordenado. Foi um processo desta natureza que nosso santo nacional, o bem-aventurado Nicolau de Flüe, percorreu e cujo estágio final podemos ver ainda no quadro da visão da Trindade, pintado na Igreja Matriz de Sachseln. Nosso santo fixou sua visão aterradora, que o abalou até o mais profundo de seu ser, mediante desenhos de forma circular, no livrinho de um místico alemão[7].

948 Mas o que diz nossa psicologia empírica a respeito do Buda sentado na flor de loto? A rigor, o Cristo deveria estar sentado em um trono, nos mandalas ocidentais, ocupando o centro da figura. Foi isto o que aconteceu durante a Idade Média, como já ficou dito em outro lugar. Mas nossos mandalas modernos, cujo surgimento espontâneo observamos em um grande número de indivíduos, sem pressupostos ou intromissões de caráter exterior, não contêm nenhuma figura de Cristo e menos ainda a de um Buda sentado na posição de loto. Pelo contrário, o que ocorre, não raras vezes, é a cruz isósceles ou mesmo uma alusão clara à suástica. Não pretendo discutir aqui este fato estranho, que em si mesmo é do máximo interesse[8].

949 Existe uma diferença muito sutil, mas enorme, entre o mandala cristão e o mandala budista. O cristão jamais dirá em sua contemplação: *Eu* sou Cristo; pelo contrário, confessará, como Paulo: "Eu vivo, mas já não sou eu, é Cristo que vive em mim" (Gl 2,20). Mas nosso sûtra afirma: "Saberás que *tu* é que és Buda". No fundo, estas duas confissões são idênticas, visto que o budista atinge este conhecimento

---

7. Cf. *Die Visionen des Seligen Bruder Klaus*, de P. Alban Stöckli, OFM. Cap. Cf. tb. § 474s. deste volume.

8. O leitor encontrará as necessárias indicações em *Psychologie und Religion* (*Psicologia e religião*). Petrópolis: Vozes, 2011; § 136s.

quando se torna "anâtman", isto é, sem o si-mesmo; mas há uma grande diferença na formulação: o cristão "alcança" a sua meta em Cristo, ao passo que o budista se reconhece como Buda. O cristão parte justamente do mundo transitório do eu, enquanto o budista se apoia ainda no fundamento eterno da natureza interior cuja união com a divindade ou com a essência universal encontramos também em outras confissões hindus.

Referências

JUNG, C.G. *Psychologie und Alchemie* (Psychologische Abhandlungen V). Zurique: Rascher, 1944. Rev. Neuaufl., 1952. [GW 12 (1972, ³1980)].

_____. *Symbolik des Geistes* – Studien über psychische Phänomenologie, mit einem Beitrag von Riwkah Schärf (Psychologische Abhandlungen VI). Zurique: Rascher, 1948. Neuaufl., 1953 [Jungs Beiträge GW 9/1 (1976, ⁵1983) und GW 13 (1978, ³1982) und in diesem Band (d. h. GW 11)].

_____. *Symbole der Wandlung* – Analyse des Vorspiels zu einer Schizophrenie. Zurique: Rascher, 1952. 4., umgearbeitete Auflage von: Wandlungen und Symbole der Libido (1912) [GW 5 (1973, ³1983)].

_____. *Wandlungen und Symbole der Libido.* Viena, 1912. Siehe Symbole der Wandlung.

Sacred Books of the East. 50 vols. Oxford, 1879-1910 [Ed. Max Müller].

STÖCKLI, A. *Die Visionen des seligen Bruder Klaus.* Einsiedeln, 1933.

ZIMMER, H. *Kunstform und Yoga im indischen Kultbild.* Berlim, 1926.

Prefácio ao *I Ging*[1]

964   É com a maior satisfação que atendo ao desejo manifestado pela tradutora da edição de *I Ging* de Wilhelm, no sentido de escrever de próprio punho um prefácio para esta obra, podendo cumprir, desta maneira, um ato de piedade para com meu falecido amigo Richard Wilhelm. Da mesma forma que ele estava consciente da importância histórica e cultural de sua versão e apresentação do *I Ging*, sem igual no Ocidente, assim também me sinto na obrigação de transmitir esta obra da melhor maneira possível ao mundo da língua inglesa.

965   Se o *Livro das Transmutações*[1a] fosse uma obra popular, não precisaria de uma introdução. Mas ele é tudo, menos popular. Pelo contrário, suspeita-se que ele constitui uma velha coleção de sentenças mágicas, sendo portanto, de um lado, uma obra difícil de entender, e do outro, destituída

---

Fonte: OC 11/5, §§ 964-975.

1. Escrito em 1948 para a versão inglesa de *I Ging, O Livro das Transformações*, aparecido em 1950. Traduzido por Mrs. C.F. Baynes. A tradução inglesa deste prefácio se diferencia amplamente da presente versão, que é a original. Por isso, a numeração dos parágrafos neste trabalho nem sempre coincide com a da edição inglesa. [Convém observar também que o título desta obra tem sido grafado de diversas maneiras: *I Ging* (pronúncia: i Idingi, como no presente prefácio; *I-Ching, Yi King, I-King, Y King* etc. Na tradução deste prefácio conservamos a forma do original alemão – N.T.]
1a. Existe uma tradução brasileira da análise e da versão inglesa de John Blofeld, sob o título de *I Ching, O Livro das Transformações*. 2. ed. Rio de Janeiro/São Paulo: Record, 1971 [N.T.].

de qualquer valor. A tradução de Legges, publicada na série dos *Sacred Books of the East* dirigida por Max Müller, pouco contribuiu para pôr o livro ao alcance da mentalidade ocidental[2]. Isto foi uma razão a mais para que Wilhelm se esforçasse por abrir uma via de acesso à simbologia, muitas vezes obscura, do texto em questão; ele estava capacitado para isso e com a maior facilidade, se considerarmos que se ocupara por vários anos, praticamente, com a estranha técnica deste livro de oráculo, o que naturalmente lhe proporcionou a possibilidade de desenvolver uma sensibilidade muito fina para o conteúdo vivo do texto, em forma inteiramente diversa da que se poderia esperar apenas de uma tradução mais ou menos literal.

Devo a Wilhelm as mais valiosas informações sobre o complicado problema do *I Ging*, bem como sobre a maneira prática de avaliar os resultados obtidos. Eu mesmo me ocupei, há mais de vinte anos atrás, com a técnica destes oráculos que me pareciam de grande interesse sob o ponto de vista psicológico, e já conhecia bastante bem o *I Ging* quando me encontrei pela primeira vez com Wilhelm, no início da década de 1920. Mesmo assim, foi uma experiência notável ver Wilhelm entregue à sua obra e poder observar com meus próprios olhos a maneira pela qual ele analisava praticamente os resultados. Para grande satisfação

966

---

2. Legge faz a seguinte observação, a respeito dos textos que explicam cada linha dos hexagramas: "According to our notions, a framer of emblems should be a good deal of a poet, but those of the Yi only make us think of a dryasdust. Out of more than 350, the greater number are only grotesque" (*Sacred Books of the East*,.Vol. XVI, p. 22). Este mesmo autor diz, falando das "lessons" dos hexagramas: "But why, it may be asked, why should they be conveyed to us by such an array of lineal figures, and in such a farrago of emblematic representations?" (Ibid., p. 25). Mas não encontramos qualquer passagem em que Legge demonstre ter experimentado praticamente o método.

minha pude constatar que os meus conhecimentos de psicologia eram de grandíssima utilidade.

967 Naturalmente, como não entendesse o chinês, só podia abordar o *I Ging* pelo lado prático. Minha única dúvida era a respeito da funcionalidade do método e de sua utilidade. Dada a minha ignorância em questões de sinologia, o simbolismo abstrato dessas "fórmulas mágicas" pouco teria podido me interessar. Eu não podia me preocupar com as dificuldades de caráter filosófico, mas única e exclusivamente com a exploração psicológica do método utilizado no *I Ging*.

968 Na época em que Wilhelm esteve comigo, em Zurique, pedi-lhe que elaborasse um hexagrama a respeito da situação de nossa sociedade psicológica. Eu conhecia a situação, mas ele não. O diagnóstico foi espantosamente correto, como o foi também o prognóstico que descrevia um fato só ocorrido posteriormente e que eu mesmo não havia previsto. Mas este resultado não era assim tão espantoso, uma vez que eu já havia feito anteriormente uma série de experiências notáveis com o método. No começo, empregava a técnica mais complicada das cinquenta varinhas de milefólio[3]; mais tarde, quando já conseguira uma visão de conjunto do funcionamento do método, bastava-me o denominado oráculo das moedas que, em seguida, usei abundantemente. Com o decorrer do tempo, verifiquei que havia certas conexões por assim dizer regulares entre a situação vigente e o conteúdo dos hexagramas. Este fato é inegavelmente singular e segundo nossos pressupostos comuns não deveria ocorrer, descontados os assim chamados golpes do acaso. Mas é preciso notar que, apesar da crença na regularidade das leis da natureza, nós nos comportamos muito liberalmente em

---

3. As varinhas são de Ptarmica Sibirica, que Legge ainda viu crescer sobre o túmulo de Confúcio.

relação ao conceito de acaso. Quantos fenômenos psíquicos qualificamos de "casuais" quando, na realidade, vemos que nada têm a ver com uma casualidade. Lembremos apenas os casos de lapsos de linguagem, erros de leitura e esquecimentos, que Freud já declarava nada possuírem de acidental. Por isso sinto-me inclinado a uma posição de ceticismo em relação às chamadas coincidências do *I Ging*. Parece-me, inclusive, que o percentual de acertos supera de muito qualquer probabilidade. Acredito mesmo que não se trata de acaso, mas de regularidade.

Com isto chegamos à questão de saber como se deveria demonstrar esta pretensa regularidade. Aqui sou obrigado a decepcionar o leitor. Esta demonstração é sumamente difícil, se não de todo impossível, aspecto este que tenho como o mais provável. Esta constatação deverá parecer demasiado catastrófica para quem a encara de um ponto de vista racionalista, e devo contar, desde já, com a possibilidade de ser acusado de fazer afirmações levianas, falando em regularidade da coincidência da situação com a resposta do hexagrama. Na realidade eu deveria fazer tais acusações contra mim mesmo, se não soubesse por uma longa experiência prática o quanto é difícil, para não dizer impossível, aduzir provas quando se trata de questões de psicologia. Quando deparamos com certos fatos bastante complicados na vida prática, resolvemos o problema à base de conceitos, sentimentos, afetos, intuições, convicções etc., para cuja explicação e aplicabilidade é impossível encontrar até mesmo uma demonstração "científica"; no entanto, os interessados poderão se dar por satisfeitos com a solução encontrada. As situações que se apresentam na prática são de uma tal complexidade, que é impossível analisá-las de maneira satisfatoriamente "científica". Quando muito, o que se consegue é um certo grau de probabilidade. E mesmo assim, só quando os interessados forem não só perfeitamente sinceros, como também, e sobretudo, de boa-fé. Entretanto, só podemos chegar a um grau maior de sinceridade e de boa-fé dentro dos limites de nossa consciência. Ora, aquilo que somos em nosso inconsciente escapa ao nosso controle; em outras palavras: a nossa consciência acredita que é honesta e de boa-fé, mas nosso inconsciente talvez saiba que, para além disto, nossa aparente sinceridade e boa-fé nada mais são do que uma fachada por trás da qual se oculta o contrário. Devido ao inconsciente é impossível descrever e compreender uma pessoa e uma situação psicológica, e por isso é também impossível demonstrar se tais coisas existem na realidade. Quando muito, conseguimos mostrar, baseados estatisticamente em uma grande massa de material empírico recolhido, que certos fenômenos psíquicos perfeitamente definidos são prováveis, e nada mais do que isto[4]. Mas em situações psicológicas individuais altamente complicadas nada se pode provar, porque por sua própria natureza tais situações nada oferecem que possa ser submetido a repetições experimentais. Os oráculos do *I Ging* se situam entre estas situações singulares, impossíveis de repetir. Como sempre nelas acontece, o indivíduo não é capaz de discernir se uma coisa é provável ou não. Suponhamos, por exemplo, que alguém, depois de longa preparação, resolva pôr em prática um plano elaborado e perceba de repente que este seu passo poderá prejudicar os interesses de outras pessoas. Nesta expectativa digamos que ele consulte o oráculo, recebendo talvez, entre outras, a seguinte resposta (hexagrama 41):

> "Ir-se embora depressa,
> quando houver terminado os trabalhos

---

4. Os trabalhos de J.B. Rhines poderiam ser de grande utilidade neste ponto. Cf. Extra-Sensory Perception. Boston: [s.e.], 1934; e New Frontiers of the Mind. Nova York: [s.e.], 1937.

não é nenhuma desonra.
mas é preciso pensar bem
até onde isto pode prejudicar os outros".

Ora, é absolutamente impossível *provar* que esta fra- 970
se, apesar de sua inegável correspondência, tenha algo a ver
com a situação psicológica do consultor. Este tem só três
possibilidades diante de si: ou se espantar com o fato de a
frase do hexagrama concordar tão perfeitamente com sua
situação, ou considerar esta aparente concordância como
um acaso ridículo, ou simplesmente negá-la. Na primeira
hipótese, ele se dirigirá ao segundo verso do mesmo hexagrama, que diz:

"Empreender alguma coisa é motivo de infortúnio.
Sem se prejudicar a si mesmo,
É possível ajudar os outros a crescer".

Ele talvez reconheça a sabedoria desta conclusão, ou 971
a considere simplesmente sem importância. No primeiro
caso, acha impossível tratar-se de um acaso e, no segundo,
acha que só pode tratar-se de um acaso; numa terceira hipótese, considera que tudo isso nada significa. Mas neste
caso não se pode provar coisa alguma. Por isso escrevo este
prefácio somente para aqueles que se acham inclinados a
conceder algum crédito a este estranho método.

Embora tais coincidências "verbais" não sejam muito 972
raras, não representam a maioria dos casos. Muitas vezes as
conexões são bastante vagas ou mesmo indiretas, exigindo
então maior crédito. Isto acontece principalmente quando a situação psicológica inicial não é muito nítida, mas
nebulosa, ou só foi apreendida de maneira unilateral. Nestas circunstâncias dão-se casos em que – se o consultante
mostrar disposições de considerar sua situação sob uma luz
diferente – é possível discernir uma relação mais ou me-

nos simbólica com o hexagrama. Expresso-me de propósito com cautela, porque não gostaria de sugerir que é preciso criar uma conexão à *tout prix* (a todo custo). Tais artificialismos não compensam e só levam a especulações doentias. É por isso que o método se presta ao abuso. Por esta razão, não serve para indivíduos imaturos, infantis e propensos a brincadeiras, nem convém a temperamentos intelectualistas e racionalistas; endereça-se a pessoas capazes de meditar e refletir e que gostem de pensar naquilo que fazem e sobre o que lhes acontece, casos estes que nada têm a ver com o ensimesmamento hipocondríaco. Este último é um exemplo do abuso da reflexão mórbida. O *I Ging* não se recomenda à base de demonstrações e resultados positivos; não faz alarde de si, nem vem espontaneamente ao nosso encontro. Qual uma obra da natureza, espera que alguém o descubra. Não oferece conhecimentos e habilitações, mas parece ser o livro certo para os que amam o autoconhecimento e a sabedoria no tocante ao pensar e ao agir, se é que existem. Ele nada promete, por isso não precisa sustentar coisa alguma e em hipótese alguma é culpado de que alguém chegue a conclusões erradas. O método deve ser manipulado com certa inteligência. A estupidez, como se sabe, não é uma arte.

973 Suponhamos, então, que não sejam absurdas as coisas contidas no livro, nem mera autossugestão e interpretação dada pelo consultante; mesmo assim, o espírito ocidental formado na filosofia e nas ciências da natureza vê-se obrigado a encarar o fato desagradável de que uma situação psicológica pode achar-se expressa na divisão fortuita das quarenta e nove varinhas de milefólio ou na queda igualmente fortuita, ou mais fortuita ainda, das moedas e isto de tal modo que se distingue até mesmo uma relação de sentido. Esta coerência é inesperada para a mentalidade ocidental, que tem hábitos de pensar inteiramente diversos. Por isto,

entende-se perfeitamente que nosso espírito rejeite tais coisas como se fossem inteiramente impossíveis. Em caso de evidência, ainda se poderia pensar que um profundo conhecedor dos hexagramas pegasse as varinhas "inconscientemente" com tanta destreza, que elas se distribuíssem de maneira correspondente. Ora, no oráculo das moedas falta esta possibilidade tenuíssima, pois aqui são tantas as condições externas (qualidade da superfície em que são jogadas, o rolar das moedas etc.) que entram em jogo, que uma tendência psíquica, pelo menos segundo nossa maneira de pensar, não conseguiria se impor. Se alguma coisa no método dá certo, então é forçoso admitir que existe um paralelismo insólito entre o evento psíquico e o evento físico. Esta conclusão é *shocking* [chocante], mas não de todo nova, pois constitui a única hipótese plausível da *Astrologia* e, de modo particular, da moderna horoscopia, embora esta última esteja voltada mais para o tempo em si mesmo do que para a posição momentânea dos astros, pois o tempo é também determinado e medido com instrumentos da Física. Se a leitura do caráter pela horoscopia, em geral, fosse exata (e há alguma probabilidade em seu favor), ela não seria mais admirável do que a capacidade de um bom conhecedor de vinho que, baseado na qualidade deste, determina com segurança qual a região, a situação local (vinhedo) e o ano da produção do mesmo, coisa que à primeira vista parece duvidosa para um não conhecedor. Ora, um bom astrólogo pode dizer-me, em cima da buxa, os signos do zodíaco em que o sol e a lua se achavam no dia de meu nascimento e qual é o meu ascendente. Por conseguinte, o paralelismo psicofísico que seria preciso admitir como base do oráculo do *I Ging* representaria um outro aspecto do processo que se deve pôr à base da astrologia, se atribuir-se alguma significação à leitura do caráter pela astrologia. Não há dúvida de que é grande o número de pessoas que se ocupam com a astrologia, como também são indivíduos de índole comprovadamente reflexiva e interessados por coisas de psicologia que extraem desta ocupação múltiplas espécies de conhecimento. Aqui também é evidente a possibilidade de abusos.

974   Eu estaria exorbitando os limites de minha competência científica se quisesse responder aqui à questão abordada. Só posso afirmar que todos os que consultam o mencionado oráculo agem como se houvesse, de fato, um paralelismo entre o evento exterior e o interior, entre o psíquico e o físico, e que mesmo não conferindo qualquer significado ao resultado de sua consulta, declaram-se a favor de uma tal possibilidade. Minha atitude diante de tais fatos é pragmática e a psicoterapia e a psicologia médica foram as grandes mestras que me ensinaram este comportamento prático e útil. Em parte alguma se deve esperar algo de mais desconhecido do que neste setor, e em domínio algum nos habituamos a empregar o que é mais atuante, sem perceber, às vezes, quais são as razões pelas quais esse fator atua. Assistimos a curas inesperadas obtidas com terapias duvidosas e a fracassos inesperados mediante métodos pretensamente seguros. Quem se dedica à pesquisa do inconsciente depara com coisas insólitas, que um racionalista evita com horror, afirmando depois nada ter visto. O lado irracional da vida ensinou-me a não rejeitar o que quer que seja, mesmo que isto vá de encontro a todas as nossas teorias (aliás de vida tão curta) ou pareça, por outro lado, momentaneamente inexplicável. Isto nos deixa inquietos: não temos plena certeza de que a bússola esteja apontando na direção verdadeira; mas não é na segurança, na certeza e na tranquilidade que se fazem descobertas. O mesmo acontece com este método chinês de adivinhação. Aquilo a que ele visa, evidentemente, é o autoconhecimento, ainda que em todos os tempos

tenha sido usado, paralelamente, de forma supersticiosa. Só os indivíduos estúpidos e inferiores acham que o autoconhecimento é prejudicial. Ninguém os abalará nesta convicção. Mas pessoas mais inteligentes podem jogar tranquilamente com a possibilidade de colher algumas experiências, talvez ricas de ensinamento, por meio deste método.

O método em si é simples e fácil. A dificuldade, porém, começa, como já disse, com a apreciação dos resultados. Antes de mais nada, não é nada fácil compreender a simbologia dessa obra, mesmo com o apoio dos excelentes comentários de Wilhelm. Quanto mais conhecimentos de psicologia do inconsciente o leitor possuir, tanto mais fácil se tornará seu trabalho. Mas uma dificuldade diferente e mais decisiva consiste na ignorância generalizada da própria sombra, isto é, do aspecto inferior da própria personalidade, que é constituída, em grande parte, de complexos reprimidos. Acontece muitas vezes que a personalidade consciente se volta com todas as suas forças contra tais conteúdos, descarregando-os sob a forma de projeções sobre os seus semelhantes. Só vemos perfeitamente o argueiro que está no olho do nosso irmão e não enxergamos a trave que está no nosso próprio olho. O fato de muitas vezes sermos acometidos por uma cegueira sistemática em relação aos nossos próprios defeitos revela-se extremamente prejudicial, dificultando o estudo e a compreensão do *I Ging*. Poder-se-ia quase dizer que aquele que, depois de usar o método numerosas vezes, afirmar não ter encontrado nele nada de compreensível, sofre, com toda a probabilidade, de elevado grau de cegueira. Talvez valesse a pena escrever um comentário, sob o ponto de vista da moderna psicologia, a respeito de cada um dos sinais, tal como Confúcio o fez em seu tempo. Mas este trabalho exigiria um espaço quatro vezes maior do que o de um simples prefácio como este, e seria uma tarefa sumamente pretensiosa. Por este motivo, tive de decidir-me por outra maneira de proceder.

Referências

I Ging. Siehe Wilhelm.

RHINE, J.B. *The Reach of the Mind*. Londres e Nova York, 1948.

Sacred Books of the East. 50 vols. Oxford, 1879-1910 [Ed. Max Müller].

WILHELM, R. *I Ging: Das Buch der Wandlungen* – Aus dem Chinesischen verdeutscht und erläutert von R' W. Jena, 1923 [und Neuausgaben].

V
REALIDADE E TRANSCENDÊNCIA DA PSIQUE

O passo que conduz a uma consciência mais alta deixa-nos sem qualquer segurança, com a retaguarda desguarnecida.
OC 13, § 25

Deus quer vir a ser na chama cada vez mais intensa da consciência humana.
Cartas, 1

O real e o suprarreal*

Não conheço nada a respeito de uma suprarrealidade. 742
A realidade contém tudo o que podemos saber, pois aquilo
que age, que atua, é real. Se não age, não podemos nos dar
conta de sua presença e, por conseguinte, não conhecemos
nada a seu respeito. Por isto eu só posso falar de coisas reais
e nunca de coisas irreais, suprarreais ou sub-reais, a menos
que alguém, naturalmente, tivesse a ideia de limitar o conceito de realidade de tal maneira, que o atributo "real" só
se aplicasse a um determinado segmento da realidade. Esta
limitação à chamada realidade material ou concreta dos objetos percebidos pelos sentidos é um produto do modo de
pensar subjacente ao chamado senso comum e à linguagem
ordinária. Este modo de pensar procede em conformidade com o célebre princípio: *Nihil est in intellectu quod non
antea fuerit in sensu* (nada existe no intelecto que antes não
tenha passado pelos sentidos), e isto a despeito do fato de
haver uma imensidade de coisas na mente que não derivam
dos dados dos sentidos. Sob este aspecto, é "real" tudo o que
provém ou pelo menos parece provir direta ou indiretamente do mundo revelado pelos sentidos.

Esta limitação da imagem do mundo é reflexo da unila- 743
teralidade do homem ocidental, da qual muitas vezes se tem

Fonte: OC 8/2, §§ 742-748.

* Publicado em *Querschnitt*. Vol. XII, 1933.

inculpado, mas injustamente o espírito grego. A limitação do conhecimento à *realidade material* arranca um pedaço excessivamente grande, ainda que fragmentário, da realidade total, substituindo-o por uma zona de penumbra que poderíamos chamar de irreal ou suprarreal. A visão oriental do mundo desconhece esta perspectiva por demais estreita e, por isto, não tem necessidade de uma suprarrealidade filosófica. Nossa realidade, arbitrariamente circunscrita, acha-se continuamente ameaçada pelo "suprassensível", pelo "supranatural", pelo "supra-humano" e outras coisas semelhantes. A realidade oriental, evidentemente, inclui tudo isto. Entre nós, a zona de perturbação começa já com o conceito de psíquico. Em nossa realidade, o psíquico não pode exprimir senão um efeito de terceira mão, produzido originariamente por causas físicas, uma "secreção do cérebro" ou alguma outra coisa igualmente "saborosa". Ao mesmo tempo, atribui-se a este apêndice do mundo material a capacidade de superar e conhecer não só os mistérios do mundo físico, mas também a si próprio, sob a forma de "mente", e tudo isto sem que lhe seja reconhecida apenas como uma realidade indireta.

744   O pensamento é "real"? Provavelmente – segundo este modo de pensar – na medida em que se refere a algo que pode ser percebido pelos sentidos. Se não puder, será considerado "irreal", "imaginário" e "fantástico" e, deste modo, declarado como não existente. Isto acontece, praticamente, de maneira incessante, embora seja uma monstruosidade filosófica. O pensamento *existiu* e *existe*, mesmo que não se refira a uma realidade palpável, e produz inclusive efeitos exteriores, pois, do contrário, ninguém o perceberia. Mas como a palavra "existe" se refere – segundo o nosso modo de pensar – a algo de material, o pensamento "irreal" deve-se contentar com a existência de uma suprarrealidade nebulo-

sa que equivale praticamente à irrealidade. E, no entanto, o pensamento tem deixado indícios indubitáveis atrás de si; talvez tenhamos especulado com eles e, com isto, aberto um doloroso rombo em nossa conta bancária mental.

Nosso conceito prático de realidade parece, portanto, que precisa de revisão, e tanto é assim, que a literatura comum e diária começa a incluir os conceitos de "super" e "supra" em seu horizonte mental. Estou de pleno acordo com isto, porque nossa imagem do mundo contém alguma coisa que não está inteiramente certa, ou seja: na teoria nos recordamos muito pouco, e na prática, por assim dizer, quase nunca, de que a consciência não tem uma relação direta com qualquer objeto material. Percebemos apenas as *imagens* que nos são transmitidas indiretamente, através de um aparato nervoso complicado. Entre os terminais dos nervos dos órgãos dos sentidos e a imagem que aparece na consciência se intercala um processo inconsciente que transforma o fato psíquico da luz, por exemplo, em uma "luz"-imagem. Sem este complicado processo inconsciente de transformação, a consciência é incapaz de perceber qualquer coisa material. [745]

A consequência disto é que aquilo que nos parece como uma realidade imediata consiste em imagens cuidadosamente elaboradas e que, por conseguinte, nós só vivemos diretamente em um mundo de imagens. Para determinar, ainda que só aproximadamente, a natureza real das coisas materiais, precisamos da aparelhagem e dos métodos complicados da Física e da Química. Com efeito, estas disciplinas são instrumentos que ajudam o intelecto humano a ver um pouco a realidade não física por trás dos véus enganosos do mundo das imagens. [746]

Longe, portanto, de ser um mundo material, esta realidade é um mundo psíquico que só nos permite tirar conclu- [747]

sões indiretas e hipotéticas acerca da verdadeira natureza da matéria. Só o psíquico possui uma realidade imediata, que abrange todas as formas do psíquico, inclusive as ideias e os pensamentos "irreais", que não se referem a nada de "exterior". Podemos chamá-las de imaginação ou ilusão; isto não lhes tira nada de sua realidade. De fato, não existe nenhum pensamento "real" que, às vezes, não possa ser posto de lado por um pensamento "irreal" que, assim, mostra-se mais poderoso e mais eficiente do que o primeiro. Maiores do que todos os perigos físicos são os efeitos tremendos das ideias ilusórias às quais nossa consciência mundana nega qualquer realidade. Nossa tão decantada razão e nossa vontade desmedidamente superestimada às vezes são impotentes diante do pensamento "irreal". As potências cósmicas que regem os destinos de toda a humanidade, tanto para o bem como para o mal, são fatores psíquicos inconscientes, e são elas também que produzem a consciência, criando, assim, a *conditio sine qua non* para a existência de um mundo em geral. Nós somos subjugados por um mundo que foi criado por nossa psique.

748   Isto nos permite julgar as proporções do erro que nossa consciência ocidental comete ao atribuir apenas uma realidade derivada de causas materiais. O Oriente é mais sábio porque encontra a essência de todas as coisas fundadas na psique. A realidade do psíquico, isto é, a realidade psíquica, aquela única realidade que podemos experimentar diretamente, acha-se entre as essências desconhecidas do espírito e da matéria.

Sobre a sincronicidade[1]

Talvez fosse indicado começar minha exposição, definindo o conceito do qual ela trata. Mas eu gostaria mais de seguir o caminho inverso e vos dar primeiramente uma breve descrição dos fatos que devem ser entendidos sob a noção de sincronicidade. Como nos mostra sua etimologia, esse termo tem alguma coisa a ver com o tempo ou, para sermos mais exatos, com uma espécie de *simultaneidade*. Em vez de simultaneidade, poderíamos usar também o conceito de *coincidência significativa* de dois ou mais acontecimentos, em que se trata de algo mais do que uma probabilidade de acasos. Casual é a ocorrência estatística – isto é, provável – de acontecimentos como a "duplicação de casos", por exemplo, conhecida nos hospitais. Grupos desta espécie podem ser constituídos de qualquer número de membros sem sair do âmbito da probabilidade e do racionalmente possível. Assim, pode ocorrer que alguém casualmente tenha a sua atenção despertada pelo número do bilhete do metrô ou do trem. Chegando a casa, ele recebe um telefonema e a pessoa do outro lado da linha diz um número igual ao do bilhete. À noite ele compra um bilhete de entrada para o teatro, contendo esse mesmo número. Os três acontecimentos for-

---

Fonte: OC 8/3, §§ 959-976.

1. (Publicado pela primeira vez no *Eranos-Jahrbuch* XX (1951). Tratava-se originariamente de uma conferência que o autor pronunciou perante o Círculo Eranos de 1951, em Ascona na Suíça).

mam um grupo casual que, embora não seja frequente, não excede os limites da probabilidade. Eu gostaria de vos falar do seguinte grupo casual, tomado de minha experiência pessoal e constituído de não menos de seis termos:

960   Na manhã do dia primeiro de abril de 1949 eu transcrevera uma inscrição referente a uma figura que era metade homem, metade peixe. No almoço houve peixe. Alguém nos lembrou o costume do "Peixe de Abril" (primeiro de abril). De tarde, uma antiga paciente minha, que eu já não via por vários meses, mostrou-me algumas figuras impressionantes de peixe. À noite, alguém me mostrou uma peça de bordado, representando um monstro marinho. Na manhã seguinte, bem cedo, eu vi outra antiga paciente, que veio me visitar pela primeira vez depois de dez anos. Na noite anterior ela sonhara com um grande peixe. Alguns meses depois, ao empregar esta série em um trabalho maior, e tendo encerrado justamente a sua redação, eu me dirigi a um local à beira do lago, em frente à minha casa, onde já estivera diversas vezes, naquela mesma manhã. Desta vez encontrei um peixe morto, mais ou menos de um pé de comprimento (cerca de 30cm), sobre a amurada do lago. Como ninguém pôde estar lá, não tenho ideia de como o peixe foi parar ali.

961   Quando as coincidências se acumulam desta forma, é impossível que não fiquemos impressionados com isto, pois, quanto maior é o número dos termos de uma série desta espécie, e quanto mais extraordinário é o seu caráter, tanto menos provável ela se torna. Por certas razões que mencionei em outra parte e que não quero discutir aqui, admito que se trate de um grupo casual. Mas também devo reconhecer que é mais improvável do que, por exemplo, uma mera duplicação.

No caso do bilhete do metrô, acima mencionado, eu 962
disse que o observador percebeu "casualmente" o número
e o gravou na memória, o que, ordinariamente, ele jamais
fazia. Isto nos forneceu os elementos para concluir que se
trata de uma série de acasos, mas ignoro o que o levou a
fixar a sua atenção nos números. Parece-me que um fator de
incerteza entra no julgamento de uma série desta natureza e
reclama certa atenção. Observei coisa semelhante em outros
casos, sem, contudo, ser capaz de tirar as conclusões que
mereçam fé. Entretanto, às vezes é difícil evitar a impressão
de que há uma espécie de precognição de acontecimentos
futuros. Este sentimento se torna irresistível nos casos em
que, como acontece mais ou menos frequentemente, temos
a impressão de nos encontrar com um velho conhecido, mas
para nosso desapontamento logo verificamos que se trata de
um estranho. Então vamos até a esquina próxima e topamos
com o próprio em pessoa. Casos desta natureza acontecem
de todas as formas possíveis e com bastante frequência, mas
geralmente bem depressa nos esquecemos deles, passados os
primeiros momentos de espanto.

Ora, quanto mais se acumulam os detalhes previstos de 963
um acontecimento, tanto mais clara é a impressão de que há
uma precognição e por isto tanto mais improvável se torna
o acaso. Lembro-me da história de um amigo estudante ao
qual o pai prometera uma viagem à Espanha, se passasse satisfatoriamente nos exames finais. Este meu amigo sonhou
então que estava andando em uma cidade espanhola. A rua
conduzia a uma praça onde havia uma catedral gótica. Assim que chegou lá, dobrou a esquina, à direita, entrando
noutra rua. Aí ele encontrou uma carruagem elegante, pu-
xada por dois cavalos baios. Nesse momento ele despertou.
Contou-nos ele o sonho enquanto estávamos sentados em
torno de uma mesa de bar. Pouco depois, tendo sido bem-

-sucedido nos exames, viajou à Espanha e aí, em uma das ruas, reconheceu a cidade de seu sonho. Encontrou a praça e viu a igreja, que correspondia exatamente à imagem que vira no sonho. Primeiramente, ele queria ir diretamente à igreja, mas se lembrou de que, no sonho, ele dobrava a esquina, à direita, entrando noutra rua. Estava curioso por verificar se seu sonho seria confirmado outra vez. Mal tinha dobrado a esquina, quando viu, na realidade, a carruagem com os dois cavalos baios.

964   O sentimento do *déjà-vu* (sensação do já visto) baseia-se, como tive oportunidade de verificar em numerosos casos, em uma precognição do sonho, mas vimos que esta precognição ocorre também no estado de vigília. Nestes casos, o puro acaso se torna extremamente improvável, porque a coincidência é conhecida de antemão. Deste modo, ela perde seu caráter casual não só psicológica e subjetivamente, mas também objetivamente, porque a acumulação dos detalhes coincidentes aumenta desmedidamente a improbabilidade (Dariex e Flammarion calcularam as probabilidades de 1:4 milhões a 1:800 milhões para mortes corretamente previstas). Por isto, em tais casos seria inadequado falar de "acasos". Do contrário, trata-se de coincidências significativas. Comumente os casos deste gênero são explicados pela precognição, isto é, pelo conhecimento prévio. Também se fala de clarividência, de telepatia etc., sem, contudo, saber-se explicar em que consistem estas faculdades ou que meio de transmissão elas empregam para tornar acontecimentos distantes no espaço e no tempo acessíveis à nossa percepção. Todas estas ideias são meros *nomina* (nomes); não são conceitos científicos que possam ser considerados como afirmações de princípio. Até hoje ninguém conseguiu construir uma ponte causal entre os elementos constitutivos de uma coincidência significativa.

Coube a J.B. Rhine o grande mérito de haver esta- 965
belecido bases confiáveis para o trabalho no vasto campo destes fenômenos, com seus experimentos sobre a ESP
(*extra-sensory-perception*). Ele usou um baralho de vinte e
cinco cartas, divididas em cinco grupos de cinco, cada um
dos quais com um desenho próprio (estrela, retângulo, círculo, cruz, duas linhas onduladas). A experiência era efe-
tuada da seguinte maneira: em cada série de experimentos
retiravam-se aleatoriamente as cartas do baralho, 800 vezes
seguidas, mas de modo que o sujeito (ou pessoa testada)
não pudesse ver as cartas que iam sendo retiradas. Sua tarefa
era adivinhar o desenho de cada uma das cartas retiradas.
A probabilidade de acerto é de 1:5. O resultado médio
obtido com um número muito grande de cartas foi de 6,5
acertos. A probabilidade de um desvio casual de 1,5 é só de
1:250.000. Alguns indivíduos alcançaram o dobro ou mais
de acertos. Uma vez, todas as 25 cartas foram adivinhadas
corretamente em nova série, o que dá uma probabilidade
de 1:289.023.223.876.953.125. A distância espacial entre
o experimentador e a pessoa testada foi aumentada de uns
poucos metros até 4.000 léguas, sem afetar o resultado.

Uma segunda forma de experimentação consistia no se- 966
guinte: mandava-se o sujeito adivinhar previamente a carta
que iria ser retirada no futuro próximo ou distante. A distância no tempo foi aumentada de alguns minutos até duas
semanas. O resultado desta experiência apresentou uma
probabilidade de 1:400.000.

Numa terceira forma de experimentação o sujeito deve- 967
ria procurar influenciar a movimentação de dados lançados
por um mecanismo, escolhendo um determinado número.
Os resultados deste experimento, dito *psicocinético* (PK, de
psycho-kinesis), foram tanto mais positivos, quanto maior
era o número de dados que se usavam de cada vez.

968   O experimento espacial mostra com bastante certeza que a psique pode eliminar o fator espaço até certo ponto. A experimentação com o tempo nos mostra que o fator tempo (pelo menos na dimensão do futuro) pode ser relativizado psiquicamente. A experimentação com os dados nos indica que os corpos em movimento podem ser influenciados também psiquicamente, como se pode prever a partir da relatividade psíquica do espaço e do tempo.

969   O postulado da energia é inaplicável no experimento de Rhine. Isto exclui a ideia de transmissão de força. Também não se aplica a lei da causalidade, circunstância esta que eu indicara há trinta anos. Com efeito, é impossível imaginar como um acontecimento futuro seja capaz de influir num outro acontecimento já no presente. Como atualmente é impossível qualquer explicação causal, forçoso é admitir, a título provisório, que houve acasos improváveis ou *coincidências significativas* de natureza acausal.

970   Uma das condições deste resultado notável que é preciso levar em conta é o fato descoberto por Rhine: as primeiras séries de experiência apresentam sempre resultados melhores do que as posteriores. A diminuição dos números de acerto está ligada às disposições do sujeito da experimentação. As disposições iniciais de um sujeito crente e otimista ocasionam bons resultados. O ceticismo e a resistência produzem o contrário, isto é, criam disposições desfavoráveis no sujeito. Como o ponto de vista energético é praticamente inaplicável nestes experimentos, a única importância do fator *afetivo* reside no fato de ele ser uma das *condições* com base nas quais o fenômeno *pode*, mas não *deve* acontecer. Contudo, de acordo com os resultados obtidos por Rhine, podemos esperar 6,5 acertos em vez de apenas 5. Todavia, é impossível prever quando haverá acerto. Se isto fosse possível, estaríamos diante de uma lei, o que contraria totalmen-

te a natureza do fenômeno, que tem as características de um acaso improvável cuja frequência é mais ou menos provável e geralmente depende de algum estado afetivo.

Esta observação, que foi sempre confirmada, mostra-nos que o fator psíquico que modifica ou elimina os princípios da explicação física do mundo está ligado à afetividade do sujeito da experimentação. Embora a fenomenologia do experimento da ESP e da PK possa enriquecer-se notavelmente com outras experiências do tipo apresentado esquematicamente acima, uma pesquisa mais profunda das bases teria necessariamente de se ocupar com a natureza da afetividade. Por isto, eu concentrei minha atenção sobre certas observações e experiências que, posso muito bem dizê-lo, impuseram-se com frequência no decurso de minha já longa atividade de médico. Elas se referem a coincidências significativas espontâneas de alto grau de improbabilidade e que consequentemente parecem inacreditáveis. Por isto, eu gostaria de vos descrever um caso desta natureza, para dar um exemplo que é característico de toda uma categoria de fenômenos. Pouco importa se vos recusais a acreditar em um único caso ou se tendes uma explicação qualquer para ele. Eu poderia também vos apresentar uma série de histórias como esta que, em princípio, não são mais estranhas ou menos dignas de crédito do que os resultados irrefutáveis de Rhine, e não demoraríeis a ver que cada caso exige uma explicação própria. Mas a explicação causal, cientificamente possível, fracassa por causa da relativização psíquica do espaço e do tempo, que são duas condições absolutamente indispensáveis para que haja conexão entre a causa e o efeito.

O exemplo que vos proponho é o de uma jovem paciente que se mostrava inacessível, psicologicamente falando, apesar das tentativas de parte a parte neste sentido. A dificuldade residia no fato de ela pretender saber sempre melhor as coisas do que os outros. Sua excelente formação lhe fornecia uma arma adequada para isto, a saber, um racionalismo cartesiano aguçadíssimo, acompanhado de uma concepção geometricamente impecável da realidade. Após algumas tentativas de atenuar o seu racionalismo com um pensamento mais humano, tive de me limitar à esperança de que algo inesperado e irracional acontecesse, algo que fosse capaz de despedaçar a retorta intelectual em que ela se encerrara. Assim, certo dia eu estava sentado diante dela, de costas para a janela, a fim de escutar a sua torrente de eloquência. Na noite anterior ela havia tido um sonho impressionante no qual alguém lhe dava um escaravelho de ouro (uma joia preciosa) de presente. Enquanto ela me contava o sonho, eu ouvi que alguma coisa batia de leve na janela, por trás de mim. Voltei-me e vi que se tratava de um inseto alado de certo tamanho, que se chocou com a vidraça, pelo lado de fora, evidentemente com a intenção de entrar no aposento escuro. Isto me pareceu estranho. Abri imediatamente a janela e apanhei o animalzinho em pleno voo, no ar. Era um *escarabeídeo*, da espécie da *Cetonia aurata*, o besouro-rosa comum, cuja cor verde-dourada torna-o muito semelhante a um escaravelho de ouro. Estendi-lhe o besouro, dizendo-lhe: "Está aqui o seu escaravelho". Este acontecimento abriu a brecha desejada no seu racionalismo, e com isto rompeu-se o gelo de sua resistência intelectual. O tratamento pôde então ser conduzido com êxito.

973   Esta história destina-se apenas a servir de paradigma para os casos inumeráveis de coincidência significativa observados não somente por mim, mas por muitos outros e registrados parcialmente em grandes coleções. Elas incluem tudo o que figura sob os nomes de clarividência, telepatia etc., desde a visão, significativamente atestada, do grande incêndio de Estocolmo, tida por Swedenborg, até os relatos

mais recentes do marechal do ar Sir Victor Goddard a respeito do sonho de um oficial desconhecido, que previra o desastre subsequente do avião de Goddard.

Todos os fenômenos a que me referi podem ser agrupados em três categorias: 974

1. Coincidência de um estado psíquico do observador com um acontecimento objetivo externo e simultâneo, que corresponde ao estado ou conteúdo psíquico (por exemplo, o escaravelho), onde não há nenhuma evidência de uma conexão causal entre o estado psíquico e o acontecimento externo e onde, considerando-se a relativização psíquica do espaço e do tempo, acima constatada, tal conexão é simplesmente inconcebível.

2. Coincidência de um estado psíquico com um acontecimento exterior correspondente (mais ou menos simultâneo), que tem lugar fora do campo de percepção do observador, ou seja, especialmente distante, e só se pode verificar posteriormente (como, por exemplo, o incêndio de Estocolmo).

3. Coincidência de um estado psíquico com um acontecimento futuro, portanto, distante no tempo e ainda não presente, e que só pode ser verificado também posteriormente.

Nos casos dois e três, os acontecimentos coincidentes 975 ainda não estão presentes no campo de percepção do observador, mas foram antecipados no tempo, na medida em que só podem ser verificados posteriormente. Por este motivo, digo que semelhantes acontecimentos são *sincronísticos*, o que não deve ser confundido com "*sincrônicos*".

Esta visão de conjunto deste vasto campo de observação 976 seria incompleta, se não considerássemos aqui também os chamados *métodos mânticos*. O manticismo tem a pretensão, senão de produzir realmente acontecimentos sincronísticos, pelo menos de fazê-los servir a seus objetivos. Um exemplo bem ilustrativo neste sentido é o método oracular do *I Ging* que o Dr. Helmut Wilhelm descreveu detalhadamente neste encontro. O I Ging pressupõe que há uma correspondência sincronística entre o estado psíquico do interrogador e o hexagrama que responde. O hexagrama é formado, seja pela divisão puramente aleatória de 49 varinhas de milefólio, seja pelo lançamento igualmente aleatório de três moedas. O resultado deste método é incontestavelmente muito interessante, mas, até onde posso ver, não proporciona um instrumento adequado para uma determinação objetiva dos fatos, isto é, para avaliação estatística, porque o estado psíquico em questão é demasiadamente indeterminado e indefinível. O mesmo se pode dizer do *experimento geomântico*, que se baseia sobre princípios similares.

A alma e a morte*

Muitas vezes me tem sido perguntado o que é que eu penso a respeito da morte, desse fim não problemático da existência humana individual. A morte nos é conhecida simplesmente como um fim e nada mais. E o ponto-final que se coloca muitas vezes antes mesmo de encerrar-se o período, e depois dela só existem recordações e efeitos subsequentes, nos outros. Mas para o interessado a areia escoou-se na ampulheta; a pedra que rolava chegou ao estado de repouso. Em confronto com a morte, a vida nos parece sempre como um fluir constante, como a marcha de um relógio a que se deu corda e cuja parada afinal é automaticamente esperada. Nunca estamos tão convencidos desta marcha inexorável do que quando vemos uma vida humana chegar ao fim, e nunca a questão do sentido e do valor da vida se torna mais premente e mais dolorosa do que quando vemos o último alento abandonar um corpo que ainda há pouco vivia. Quão diferente nos parece o significado da vida quando vemos um jovem a lutar por objetivos distantes e a construir um futuro, em comparação com um doente incurável ou um ancião que descem relutantes e impotentes à sepultura. A juventude tem – aparentemente – um objetivo, um futuro, um significado e um valor, enquanto a marcha para um fim

---

Fonte: OC 8/2, §§ 796-815.

* Publicado pela primeira vez em *Europäische Revue*. Vol. X, 1934, a seguir em *Wirklichkeit der Seele* (Tratados psicológicos. Vol. IV, 1934).

é apenas uma cessação sem sentido. Se alguém tem medo do mundo, da vida e do futuro, todos consideram isto como lamentável, irracional e neurótico; o jovem é visto como um poltrão covarde. Mas, se o homem que envelhece sente um pavor secreto ou mesmo um temor mortal ao pensamento de que suas expectativas razoáveis de vida agora são apenas de tantos e tantos anos, então nos lembramos penosamente de certos sentimentos que trazemos dentro de nosso próprio peito, desviamos talvez o olhar para outro lado e encaminhamos a conversa para outro assunto. O otimismo com que julgamos a juventude fracassa nessa hora. Temos, naturalmente, um repertório de conceitos apropriados a respeito da vida, que ocasionalmente ministramos aos outros, tais como: "Todo mundo um dia vai morrer", "ninguém é eterno" etc., mas quando estamos sozinhos e é noite, e a escuridão e o silêncio são tão densos, que não escutamos e não vemos senão os pensamentos que somam e subtraem os anos da vida, e a longa série daqueles fatos desagradáveis que impiedosamente nos mostram até onde os ponteiros do relógio já chegaram, e a aproximação lenta e irresistível do muro de trevas que finalmente tragarão tudo o que eu amo, desejo, possuo, espero e procuro; então toda a nossa sabedoria de vida se esgueirará para um esconderijo impossível de descobrir, e o medo envolverá o insone como um cobertor sufocante.

797   Assim como existe um grande número de jovens que, no fundo, tem um medo assustador da vida (que eles ao mesmo tempo desejam ardentemente), também existe um número, talvez ainda maior, de pessoas idosas que tem o mesmo medo em relação à morte. Tenho observado que aqueles que mais temem a vida quando jovens, são justamente os que mais têm medo da morte quando envelhecem. Quando são jovens, dizemos que eles opõem uma resistência infantil as exigências normais da vida, mas deveríamos dizer a mesma coisa quando são velhos, ou seja, que

eles têm medo também das exigências normais da vida; mas estamos tão convencidos de que a morte não é senão o fim de um processo, que ordinariamente não nos ocorre conceber a morte como uma meta e uma consumação, como o fazemos, sem hesitação, com respeito aos objetivos e às intenções da vida jovem em ascensão.

A vida é um processo energético, como qualquer outro, mas, em princípio, todo processo energético é irreversível e, por isto, é orientado univocamente para um objetivo. E este objetivo é o estado de repouso. No fundo, todo processo nada mais é do que, por assim dizer, a perturbação inicial de um estado de repouso perpétuo que procura restabelecer-se sempre. A vida é teleológica *par excellence*, é a própria persecução de um determinado fim, e o organismo nada mais é do que um sistema de objetivos prefixados que se procura alcançar. O termo de cada processo é o seu objetivo. Todo processo energético se assemelha a um corredor que procura alcançar sua meta com o máximo esforço e o maior dispêndio possível de forças. A ânsia do jovem pelo mundo e pela vida, o desejo de consumar altas esperanças e objetivos distantes constituem o impulso teleológico manifesto da vida que se converte em medo da vida, em resistências neuróticas, depressões e fobias, se fica preso ao passado, sob algum aspecto, ou recua diante de certos riscos sem os quais não se podem atingir as metas prefixadas. Mas o impulso teleológico da vida não cessa quando se atinge o amadurecimento e o zênite da vida biológica. A vida desce agora montanha abaixo, com a mesma intensidade e a mesma irresistibilidade com que a subia antes da meia-idade, porque a meta não está no cume, mas no vale, onde a subida começou. A curva da vida é como a parábola de um projétil que retorna ao estado de repouso, depois de ter sido perturbado no seu estado de repouso inicial.

A curva psicológica da vida, entretanto, recusa-se a se conformar com estas leis da natureza. A discordância às vezes começa já antes, na subida. Biologicamente, o projétil sobe, mas psicologicamente retarda. Ficamos parados, por trás de nossos anos, agarrados à nossa infância, como se não pudéssemos nos arrancar do chão. Paramos os ponteiros do relógio, e imaginamos que o tempo se deteve. Se alcançamos finalmente o cume, mesmo com algum atraso, psicologicamente nos sentamos aí para descansar, e embora nos sintamos deslizar montanha abaixo, agarramo-nos, ainda que somente com olhares nostálgicos, ao pico que outrora alcançamos; o medo que antigamente nos paralisava diante da vida, agora nos paralisa diante da morte. E embora admitamos que foi o medo da vida que retardou nossa subida, contudo, exigimos maior direito ainda de nos determos no cume que acabamos de galgar, justamente por causa desse atraso. Embora se torne evidente que a vida se afirmou, apesar de todas as nossas resistências (agora profundamente lamentadas), não levamos este fato em conta e tentamos deter o curso da vida. Com isto, nossa psicologia perde a sua base natural. Nossa consciência paira suspensa no ar, enquanto, embaixo, a parábola da vida desce cada vez mais rapidamente.

800   A vida natural é o solo em que se nutre a alma. Quem não consegue acompanhar essa vida, permanece enrijecido e parado em pleno ar. É por isto que muitas pessoas se petrificam na idade madura, olham para trás e se agarram ao passado, com um medo secreto da morte no coração. Subtraem-se ao processo vital, pelo menos psicologicamente, e por isto ficam paradas como colunas nostálgicas, com recordações muito vívidas do seu tempo de juventude, mas sem nenhuma relação vital com o presente. Do meio da vida em diante, só aquele que se dispõe a morrer conserva a vitalidade, porque na hora secreta do meio-dia da vida se inverte a parábola e *nasce a morte*. A segunda metade da vida não significa subida, expansão, crescimento, exuberância, mas morte, porque o seu alvo é o seu término. A recusa

em aceitar a plenitude da vida equivale a não aceitar o seu fim. Tanto uma coisa como a outra significam não querer viver. E não querer viver é sinônimo de não querer morrer. A ascensão e o declínio formam uma só curva.

Sempre que possível, nossa consciência recusa-se a aceitar esta verdade inegável. Ordinariamente nos apegamos ao nosso passado e ficamos presos à ilusão de nossa juventude. A velhice é sumamente impopular. Parece que ninguém considera que a incapacidade de envelhecer é tão absurda quanto a incapacidade de abandonar os sapatos de criança que traz nos pés. O homem de trinta anos ainda com espírito infantil é certamente digno de lástima, mas um septuagenário jovem não é delicioso? E, no entanto, ambos são pervertidos, desprovidos de estilo, verdadeiras monstruosidades psicológicas. Um jovem que não luta nem triunfa perdeu o melhor de sua juventude, e um velho que não sabe escutar os segredos dos riachos que descem dos cumes das montanhas para os vales não tem sentido, é uma múmia espiritual e não passa de uma relíquia petrificada do passado. Está situado à margem da vida, repetindo-se mecanicamente até à última banalidade. Pobre cultura aquela que necessita de tais fantasmas! 801

Nossa longevidade comprovada pelas estatísticas atuais é um produto da civilização. Entre os primitivos só excepcionalmente se chega a uma idade avançada. Assim, quando visitei as tribos primitivas da África Oriental, vi pouquíssimos homens de cabelos brancos que poderiam ter estimativamente mais de sessenta anos. Mas eram realmente velhos e parecia que tinham sido sempre velhos, tão plenamente se haviam identificado com sua idade avançada. Eram exatamente o que eram sob todos os aspectos, ao passo que nós somos sempre apenas mais ou menos aquilo que realmente somos. É como se nossa consciência tivesse deslizado um pouco de suas bases naturais e não soubesse mais como 802 se orientar pelo tempo natural. Dir-se-ia que sofremos de uma *hybris* da consciência que nos induz a acreditar que o tempo de nossa vida é mera ilusão que pode ser alterada a nosso bel-prazer. (Pergunta-se de onde a consciência tira a sua capacidade de ser tão contrária à natureza e o que pode significar tal arbitrariedade.)

803 Da mesma forma que a trajetória de um projétil termina quando ele atinge o alvo, assim também a vida termina na morte, que é, portanto, o alvo para o qual tende a vida inteira. Mesmo sua ascensão e seu zênite são apenas etapas e meios através dos quais se alcança o alvo que é a morte. Esta fórmula paradoxal nada mais é do que a conclusão lógica do fato de que nossa vida é teleológica e determinada por um objetivo. Não acredito que eu seja culpado de estar brincando aqui com silogismos. Se atribuímos uma finalidade e um sentido à ascensão da vida, por que não atribuímos também ao seu declínio? Se o nascimento do homem é prenhe de significação, por que é que a sua morte também não o é? O jovem é preparado durante vinte anos ou mais para a plena expansão de sua existência individual. Por que não deve ser preparado também, durante vinte anos ou mais, para o seu fim? Por certo, com o zênite a pessoa alcança obviamente este fim, é este fim e o possui. O que se alcança com a morte?

804 No momento em que talvez se poderia esperar, eu não gostaria de tirar uma fé subitamente de meu bolso e convidar meus leitores a fazer justamente aquilo que ninguém pode fazer, isto é, a acreditar em alguma coisa. Devo confessar que eu também jamais poderia fazê-lo. Por isto certamente eu não afirmarei agora que é preciso crer que a morte é um segundo nascimento que nos leva a uma sobrevida no além. Mas posso pelo menos mencionar que o *consensus gentium* (consenso universal) tem concepções claras sobre a morte, que se acham expressas de maneira inequívoca nas

grandes religiões do mundo. Pode-se mesmo afirmar que a maioria destas religiões é um complicado sistema de preparações para a morte, de tal modo que a vida, de acordo com a minha fórmula paradoxal acima expressa, realmente nada mais é do que uma preparação para o fim derradeiro que é a morte. Para as duas maiores religiões vivas: o cristianismo e o budismo, o significado da existência se consuma com o seu término.

Desde a época do Iluminismo desenvolveu-se uma 805 opinião a respeito da natureza da religião que, embora seja uma concepção errada, tipicamente racionalista, merece ser mencionada por causa de sua grande difusão. De acordo com este ponto de vista, todas as religiões constituem uma espécie de sistemas filosóficos, forjados pela cabeça dos homens. Um dia alguém inventou um Deus e outros dogmas e passou a zombar da humanidade com esta fantasia "própria para satisfazer desejos". Esta opinião é contraditada pelo fato psicológico de que a cabeça é um órgão inteiramente inadequado quando se trata de conceber símbolos religiosos. Estes não provêm da cabeça, mas de algum outro lugar, talvez do coração; certamente, de alguma camada profunda da psique, pouco semelhante à consciência que é sempre apenas uma camada superficial. É por isto que os símbolos religiosos têm um pronunciado "caráter de revelação" e, em geral, são produtos espontâneos da atividade inconsciente da psique. São tudo, menos coisa imaginada. Pelo contrário, eles se desenvolveram progressivamente, à semelhança de plantas, como revelações naturais da psique humana, no decurso dos séculos. Ainda hoje podemos observar em certos indivíduos o aparecimento espontâneo de autênticos e genuínos símbolos religiosos que brotam do inconsciente quais flores de espécie estranha, enquanto a consciência se mantém perplexa de lado, sem saber realmente o que fazer com semelhantes criações. Não é muito difícil constatar que esses símbolos individuais provêm, tanto em seu conteúdo quanto em sua forma, do mesmo "espírito" inconsciente (ou que outro nome tenha) que as grandes religiões da humanidade. Em qualquer caso, a experiência nos mostra que as religiões não são elaborações conscientes, mas provêm da vida natural da psique inconsciente, dando-lhe adequada expressão. Isso explica a sua disseminação universal e sua imensa influência sobre a humanidade através da história. Esta influência seria incompreensível se os símbolos religiosos não fossem ao menos verdades psicológicas naturais.

806   Sei que muitas pessoas têm dificuldades com a palavra "psicológico". Para tranquilizar estes críticos, eu gostaria, portanto, de acrescentar que ninguém sabe o que é a "psique", como ninguém sabe até onde a natureza da psique se estende. Uma verdade psicológica é, portanto, uma coisa tão boa e respeitável quanto uma verdade física que se limita à matéria, como aquela à psique.

807   O *consensus gentium* que se expressa nas religiões está em consonância com a minha fórmula paradoxal acima referida. Por isto parece-me que considerar a morte como a realização plena do sentido da vida e sua verdadeira meta, em vez de uma mera cessão sem sentido, corresponde melhor à psique coletiva da humanidade. Quem professa uma opinião racionalista a este respeito, isolou-se psicologicamente e está em oposição com sua própria natureza humana básica.

808   Esta última frase contém uma verdade fundamental a respeito de todas as neuroses, pois as perturbações nervosas consistem primariamente em uma alienação dos instintos, em uma separação da consciência em relação a certos fatos fundamentais da psique; por isto as opiniões racionalistas se aproximam inesperadamente dos sintomas neuróticos. Como este, elas consistem em um *pensamento dissimulado* que ocupa o lugar do pensamento psicologicamente corre-

to. Este último mantém sempre sua vinculação com o coração, com as profundezas da alma, com a raiz-mestra de nosso ser, porque – Iluminismo ou não iluminismo, consciência ou não consciência – a natureza nos prepara para a morte. Se pudéssemos observar diretamente e registrar os pensamentos de um jovem, caso ele tivesse tempo e vagar para sonhar em pleno dia, descobriríamos, ao lado de imagens da memória, fantasias que se ocupam sobretudo com o futuro. Realmente, a maioria das fantasias é constituída de antecipações. Em geral, as fantasias são atos preparatórios ou mesmo exercícios psíquicos para lidar com certas realidades futuras. Se pudéssemos fazer a mesma experiência com uma pessoa que envelhece – naturalmente sem o seu conhecimento – encontraríamos um número maior de imagens da memória do que no jovem, por causa da tendência do idoso a olhar para trás; mas, em compensação, encontraríamos também um número espantosamente grande de antecipações do futuro, inclusive da morte. Com o andar dos anos, acumulam-se assustadoramente os pensamentos sobre a morte. O homem que envelhece – quer queira quer não – prepara-se para a morte. Por isto eu penso que a própria natureza se prepara para o fim. Objetivamente, é indiferente saber o que a consciência individual pensa a respeito disto. Subjetivamente, porém, há uma imensa diferença quanto a saber se a consciência acompanha passo a passo a psique ou se ela se apega a opiniões que o coração desconhece. De fato, é tão neurótico não se orientar, na velhice, para a morte como um fim, quanto reprimir, na juventude, fantasias que se ocupam com o futuro.

Na minha experiência bastante longa fiz uma série de observações com pessoas cuja atividade psíquica inconsciente eu pude seguir até imediatamente antes da morte. Geralmente a aproximação do fim era indicada através daqueles símbolos que, na vida normal, denotavam mudanças no estado psicológico – símbolos de renascimento, tais como mudanças de localidade, viagens e semelhantes. Muitas vezes pude acompanhar até acima de um ano antes os indícios de aproximação da morte, inclusive naqueles casos em que a situação externa não permitia tais pensamentos. O processo tanatológico começara, portanto, muito antes da morte real. Aliás, observa-se isto, frequentemente, também na mudança peculiar de caráter que precede de muito a morte. Globalmente falando, eu me espantava de ver o pouco caso que a psique inconsciente fazia da morte. Pareceria que a morte era alguma coisa relativamente sem importância, ou talvez nossa psique não se preocupasse com o que eventualmente acontecia ao indivíduo. Por isto parece que o inconsciente se interessa tanto mais por saber *como* se morre, ou seja, se a atitude da consciência está em conformidade ou não com o processo de morrer. Assim, uma vez tive de tratar de uma mulher de 62 anos, ainda vigorosa, e sofrivelmente inteligente. Não era, portanto, por falta de dotes que ela se mostrava incapaz de compreender os próprios sonhos. Infelizmente era por demais evidente que ela *não queria* entendê-los. Seus sonhos eram muito claros, mas também desagradáveis. Ela metera na própria cabeça que era uma mãe perfeita para os filhos, mas os filhos não partilhavam desta opinião, e os seus próprios sonhos revelavam uma convicção bastante contrária. Fui obrigado a interromper o tratamento, depois de algumas semanas de esforços infrutíferos, por ter sido convocado para o serviço militar (era durante a guerra). Entrementes a paciente foi acometida de um mal incurável que, depois de alguns meses, levou-a a um estado agônico o qual, a cada momento, podia significar o fim. Na maior parte do tempo ela se achava mergulhada numa espécie de delírio ou sonambulismo, e nesta curiosa situação mental ela espontaneamente retomou o trabalho de análise antes interrompido. Voltou a falar de seus sonhos e confessava a si própria tudo o que me havia negado antes com toda a obstinação possível, e mais uma porção de outras coisas. O trabalho de autoanálise se prolongava por várias horas ao dia, durante seis semanas. No final deste período, ela havia se acalmado, como uma paciente num tratamento normal, e então morreu.

Desta e de numerosas outras experiências do mesmo gênero devo concluir que nossa alma não é indiferente, pelo menos, ao morrer do indivíduo. A tendência compulsiva que os moribundos frequentemente revelam de querer corrigir ainda tudo o que é errado deve apontar na mesma direção.

810

Saber de que modo se deve, afinal, interpretar estas experiências é um problema que supera a competência de uma ciência empírica e ultrapassa nossas capacidades intelectuais, pois, para se chegar a uma conclusão, é preciso que se tenha necessariamente também a experiência real da morte. Este acontecimento, infelizmente, coloca o observador numa situação que lhe torna impossível transmitir uma informação objetiva de sua experiência e das conclusões daí resultantes.

811

A consciência se move dentro de estreitos limites, dentro do curto espaço de tempo entre seu começo e seu fim, encurtado ainda mais em cerca de um terço por períodos de sono. A vida do corpo dura um pouco mais, começa sempre mais cedo e, muitas vezes, só cessa depois da consciência. Começo e fim são aspectos inevitáveis de todos os processos. Todavia, se examinarmos de perto, verificamos que é extremamente difícil indicar onde começa e onde termina um processo, porque os acontecimentos e os processos, os começos e os fins constituem, no fundo, um contínuo indivisível. Distinguimos os processos uns dos outros, com o fim de defini-los e conhecê-los melhor, mas, no fundo, sabemos que toda divisão é arbitrária e convencional. Este procedimento não interfere no contínuo do processo mun-

812

dano porque "começo" e "fim" são, antes e acima de tudo, necessidades do processo de conhecimento consciente. Podemos certamente afirmar, com bastante certeza, que uma consciência individual chegou ao fim enquanto relacionada conosco. Mas não é de todo certo se isto interrompe a continuidade do processo psíquico, porque hoje em dia não se pode afirmar a ligação da psique com o cérebro, com tanta certeza quanto há cinquenta anos. Primeiro que tudo, a Psicologia precisa ainda de digerir certos fatos parapsicológicos, o que não fez até agora.

813 Quer dizer, parece que a psique inconsciente possui qualidades que projetam uma luz inteiramente singular sobre sua relação com o espaço e o tempo. Refiro-me aos fenômenos telepáticos espaciais e temporais que, como sabemos, é mais fácil ignorar do que explicar. Sob este aspecto, a ciência até agora escolheu (com bem poucas exceções) o caminho mais cômodo, que é o de ignorá-los. Devo, porém, confessar que as chamadas capacidades telepáticas me causaram muita dor de cabeça, porque a palavra-chave "telepatia" longe está de explicar o que quer que seja. A limitação da consciência no tempo e no espaço é uma realidade tão avassaladora, que qualquer desvio desta verdade fundamental é um acontecimento da mais alta significação teórica, pois provaria que a limitação no tempo e no espaço é uma determinante que pode ser anulada. O fator anulador seria a psique, porque o atributo espaço-tempo se ligaria a ela, consequentemente, no máximo como qualidade relativa e condicionada. Em determinadas circunstâncias, contudo, ela poderia romper a barreira do tempo e do espaço, precisamente por causa de uma qualidade que lhe é essencial, ou seja, sua natureza transespacial e transtemporal. Esta possibilidade de transcender o tempo e o espaço, que me parece muito lógica, é de tão grande alcance, que estimularia o espírito de pesquisa ao maior esforço possível. O

desenvolvimento atual de nossa consciência, contudo, está tão atrasado (as exceções confirmam a regra!) que, em geral, falta-nos ainda o instrumental científico e intelectual para avaliar adequadamente os fatos da telepatia quanto à sua importância para o conhecimento da natureza da psique. Refiro-me a este grupo de fenômenos, simplesmente para indicar que a ligação da psique com o cérebro, isto é, sua limitação no espaço e no tempo, não é tão evidente nem tão indiscutível como até agora nos têm feito acreditar.

Quem conhece, um mínimo que seja, o material parapsicológico já existente e suficientemente testado, sabe muito bem que os chamados fenômenos telepáticos são fatos inegáveis. Um exame crítico e objetivo dos dados disponíveis nos permite verificar que algumas dessas percepções ocorrem de tal maneira, como se não existisse o fator espaço, e outras como se não houvesse o fator tempo. Naturalmente não podemos tirar daí a conclusão metafísica de que no mundo das coisas "em si" não há espaço nem tempo, e que, consequentemente, a mente humana se acha implicada na categoria espaço-tempo como em uma ilusão nebulosa. Pelo contrário, verifica-se que o espaço e o tempo são não apenas as certezas mais imediatas e mais primitivas para nós, como são também empiricamente observáveis, porque tudo o que é perceptível acontece como se estivesse no tempo e no espaço. Em vista desta certeza avassaladora, é compreensível que a razão sinta a maior dificuldade em admitir a validade da natureza peculiar dos fenômenos telepáticos. Mas quem fizer justiça aos fatos não pode deixar de admitir que sua aparente independência em relação ao espaço e ao tempo é sua qualidade mais essencial. Em suma, nossas percepções ingênuas e nossas certezas mais imediatas não são, estritamente falando, mais do que evidências de uma forma de intuição psicológica *a priori* que exclui qualquer outra forma. O fato de sermos totalmente incapazes de imaginar uma forma de existir independente do tempo e do espaço não prova absolutamente que tal existência seja impossível. E da mesma forma como de uma aparente independência em relação ao espaço e ao tempo não podemos tirar a conclusão absoluta quanto à realidade de uma forma de existência independente do espaço e do tempo, assim também não nos é permitido concluir, a partir do caráter aparentemente espacial e temporal de nossas percepções, que uma existência independente em relação ao espaço e ao tempo é impossível. Em vista dos dados fornecidos pela experiência, não somente nos é permitido, mas é imperioso duvidar da validez de nossa percepção espacial-temporal. A possibilidade hipotética de que a psique toque também em uma forma de existência independente em relação ao espaço e ao tempo constitui um ponto de interrogação que deve ser levado a sério, pelo menos por enquanto. As ideias e as dúvidas de nossos físicos modernos devem aconselhar aos psicólogos a serem prudentes, porque o que significa, filosoficamente falando, a "limitação do espaço" senão uma relativização da categoria espaço? Algo de semelhante pode facilmente acontecer com a categoria tempo (como também com a causalidade). As dúvidas a este respeito, hoje em dia, têm menos fundamento do que as de outrora.

815   A natureza da psique mergulha em obscuridades, para além dos limites de nossas categorias intelectuais. A alma encerra tantos mistérios quanto o mundo com seus sistemas de galáxias diante de cujas majestosas configurações só um espírito desprovido de imaginação é capaz de negar suas próprias insuficiências. Esta extrema incerteza da compreensão humana nos mostra que o estardalhaço iluminista é não somente ridículo, como também lamentavelmente estúpido. Se alguém, portanto, extraísse da necessidade do próprio coração, ou da concordância com as lições da antiga sabedoria da humanidade, ou do fato psicológico de que ocor-

rem percepções "telepáticas", a conclusão de que a psique participa, em suas camadas mais profundas, de uma forma de existência transespacial e transtemporal e que, por consequência, pertence àquilo que inadequada e simbolicamente é designado pelo nome de "eternidade", o único argumento que a razão crítica lhe poderia opor seria o *non liquet* (não está provado) da ciência. Tal pessoa, além disso, possuiria a inestimável vantagem de estar de acordo com uma inclinação presente na psique humana desde tempos imemoriais e universalmente existente. Quem por ceticismo, rebeldia contra a tradição, falta de coragem ou insuficiente experiência psicológica ou ignorância cega não extrai esta conclusão, tem muito pouca chance, estatisticamente falando, de ser um pioneiro do espírito, embora esteja firmemente certo de entrar em conflito com as verdades do próprio sangue. No fundo, jamais conseguiremos provar que tais verdades sejam ou não absolutas. É suficiente, porém, que elas existam como inclinações da psique, e sabemos demais o que seja entrar levianamente em choque com essas "verdades". Equivale à negação consciente dos instintos, isto é, a um desenraizamento, a uma desorientação, à falta de sentido da existência, ou que outros nomes possam ter estes sintomas de inferioridade. Um dos erros sociológicos e psicológicos mais fatais de que nossa época é tão rica, foi o de pensar, muitas vezes, que alguma coisa pode mudar de um momento para outro; por exemplo: que a natureza do homem pode mudar radicalmente, ou que podemos descobrir uma fórmula ou uma verdade que seja um começo inteiramente novo etc. Qualquer mudança essencial ou mesmo uma simples melhoria significa um milagre. O distanciamento das verdades do sangue produz uma agitação neurótica cujos exemplos abundam em nossos dias. Esta agitação, por sua vez, gera a falta de sentido da existência, falta esta que é uma enfermidade psíquica cuja amplidão e alcance total nossa época ainda não percebeu.

Sobre o renascimento*

Observações preliminares

Os textos seguintes reproduzem os conteúdos essenciais de duas conferências improvisadas. Elas foram estenografadas e pude utilizar essas anotações na elaboração do presente trabalho. Alguns trechos tiveram que ser deixados de lado, principalmente porque as exigências de um texto impresso são diferentes das exigências da palavra falada. No entanto, levei a cabo, tanto quanto possível, minha primeira intenção de resumir o conteúdo de minhas conferências sobre o tema "renascimento"; esforcei-me também no sentido de reproduzir minha análise da décima oitava sura do *Corão*, como exemplo de um mistério de renascimento em seus principais aspectos. Acrescentei uma série de fontes bibliográficas, que o leitor eventualmente poderá consultar. O resumo feito não pretende ser mais do que um apanhado geral de um campo do conhecimento, passível de ser iluminado apenas superficialmente no contexto de uma conferência.

Fonte: OC 9/1, §§ 199-239.

* Publicado pela primeira vez sob o título "Os diversos aspectos do renascimento" em: Eranos-Jahrbuch, 1939 (Rhein-Verlag, Zurique, 1940); revisto e ampliado sob o título acima, em Gestaltungen des Unbewussten (Phsychologische Abhandlungen VII). Rascher, Zurique, 1950.

O conceito de renascimento nem sempre é usado num sentido unívoco. Uma vez que esse conceito comporta vários aspectos, tentei reunir aqui os seus principais significados. Ressalto cinco aspectos diversos, que provavelmente poderiam ser multiplicados se nos aprofundássemos; parece-me, porém, que com essas definições abrangemos os principais significados. Na primeira parte da minha dissertação apresento um breve sumário das várias formas de renascimento, ao passo que na segunda parte trato de seus diferentes aspectos psicológicos. [Na terceira parte, o processo de transformação é ilustrado através do exemplo de uma série de símbolos.]

1. Formas do renascimento

α. *Metempsicose*. Como podemos ver pelo exposto, o conceito de renascimento é multifacetado. Em primeiro lugar destaco a metempsicose, a transmigração da alma. Trata-se da ideia de uma vida que se estende no tempo, passando por vários corpos, ou da sequência de uma vida interrompida por diversas reencarnações. O budismo especialmente centrado nessa doutrina – o próprio Buda vivenciou uma longa série de renascimentos – não tem certeza se a continuidade da personalidade é assegurada ou não; em outras palavras, pode tratar-se apenas de uma continuidade do karma. Os discípulos perguntaram ao mestre, quando ele ainda era vivo, acerca desta questão, mas Buda nunca deu uma resposta definitiva sobre a existência ou não da continuidade da personalidade[1].

β. *Reencarnação*. A segunda forma é a reencarnação, que contém (*eo ipso*) o conceito de continuidade pessoal. Neste caso, a personalidade humana é considerada suscetível de

---

1. Cf. *Samyutta-Nikaya*, 16,12 [Kassapa-Samyutta, Sutta 12: "Após a morte", p. 286].

continuidade e memória; ao reencarnar ou renascer temos, por assim dizer potencialmente, a condição de lembrar-nos de novo das vidas anteriores, que nos pertenceram, possuindo a mesma forma do eu da vida presente. Na reencarnação trata-se em geral de um renascimento em corpos humanos.

202 γ. *Ressurreição* (*resurrectio*). Uma terceira forma é a ressurreição, pensada como um ressurgir da existência humana, após a morte. Há aqui outro matiz, o da mutação, da transmutação, ou transformação do ser. Esta pode ser entendida no sentido essencial, isto é, o ser ressurrecto é um outro ser; ou a mutação não é essencial, no sentido de que somente as condições gerais mudaram como quando nos encontramos em outro lugar, ou em um corpo diferentemente constituído. Pode tratar-se de um corpo carnal, como na crença cristã de que o corpo ressurge. Em nível superior, este processo não é compreendido no sentido material grosseiro, mas se considera que a ressurreição dos mortos é um ressurgir do *corpus glorificationis*, do *subtle body* (corpo sutil), no estado de incorruptibilidade.

203 δ. *Renascimento* (*renovatio*). A quarta forma diz respeito ao renascimento sensu strictiori; em outras palavras, ao renascimento durante a vida individual. A palavra inglesa *rebirth* é o equivalente exato da palavra alemã *Wiedergeburt* (renascimento) e parece não existir no francês um termo que possua o sentido peculiar do "renascimento". Essa palavra tem um matiz específico. Possui uma conotação que indica a ideia de *renovatio*, da renovação ou mesmo do aperfeiçoamento por meios mágicos. O renascimento pode ser uma renovatio sem modificação do ser na medida em que a personalidade renovada não é alterada em sua essência, mas apenas em suas funções, partes da personalidade que podem ser curadas, fortalecidas ou melhoradas. Estados de doença corporal também podem ser curados através de cerimônias de renascimento.

Outra forma ainda é uma mutação propriamente dita, ou seja, o renascimento total do indivíduo. Neste caso, a renovação implica mudança da essência, que podemos chamar de transmutação. Trata-se da transformação do ser mortal em um ser imortal, do ser corporal no ser espiritual, do ser humano num ser divino. Um exemplo muito conhecido é o da transfiguração miraculosa de Cristo, ou a subida ao céu da Mãe de Deus com seu corpo, após a morte. Representações semelhantes podem ser encontradas no *Fausto*, segunda parte, isto é, a transfornação de Fausto no Menino e depois no Dr. Mariano.

ε. *Participação no processo da transformação.* A quinta forma, finalmente, é o renascimento indireto. Neste caso, a transformação não ocorre diretamente pelo fato de o homem passar por morte e renascimento, mas indiretamente pela participação em um processo de transformação como se este se desse fora do indivíduo. Trata-se de uma participação ou presença em um rito de transformação. Pode ser uma cerimônia como a missa, por exemplo, em que se opera uma transubstanciação. Pela presença no ritual o indivíduo recebe a graça. Nos mistérios pagãos também existem transformações semelhantes, em que o neófito também recebe a graça, tal como sabemos acerca dos mistérios de Elêusis. Lembro-me da profissão de fé do neófito eleusino, que enaltece o efeito da graça sob a forma da certeza da imortalidade[2].

---

2. Cf. versos 480-482 do "*Demeterhymnus*" (Hino a Deméter) (DE JONG. *Das antike Mysterienwesen in religionsgeschichtlicher, ethnologischer und psychologischer Bedeutung*, p. 14):
    Bem-aventurado aquele que os viu nos habitantes da Terra!
    Mas não participou dos santos rituais
    Sorte diversa o aguarda na escuridão cega da morte!
Em um epitáfio de Elêusis (op. cit.) lê-se:
    Em verdade, os deuses bem-aventurados anunciam um belo segredo!
    Aos mortais não é maldição a morte, e sim bênção!

2. Psicologia do renascimento

206   O renascimento não é um processo de algum modo observável. Não podemos medi-lo, pesar ou fotografá-lo; ele escapa totalmente aos nossos sentidos. Lidamos aqui com uma realidade puramente psíquica, que só nos é transmitida indiretamente através de relatos. Falamos de renascimento, professamos o renascimento, estamos plenos de renascimento – e esta verdade nos basta. Não nos preocupamos aqui com a questão de saber se o renascimento é um processo de algum modo palpável. Devemos contentar-nos com a realidade psíquica. No entanto é preciso acrescentar que não estamos nos referindo à opinião vulgar acerca do "psíquico" que o considera um nada absoluto ou algo menos do que um gás. Muito pelo contrário, a meu modo de ver a psique é a realidade mais prodigiosa do mundo humano. Sim, ela é a mãe de todos os fatos humanos, da cultura e da guerra assassina. Tudo isso é primeiramente psíquico e invisível. Enquanto permanece "unicamente" psíquico não é possível experimentá-lo pelos sentidos, mas apesar disso trata-se indiscutivelmente de algo real. O fato de as pessoas falarem de renascimento e de simplesmente haver um tal conceito significa que também existe uma realidade psíquica assim designada. Como essa realidade é constituída, só o podemos deduzir a partir de depoimentos. Se quisermos descobrir o significado do renascimento, devemos interrogar a história para saber quais as acepções que esta lhe dá.

207   O "renascimento" é uma das proposições mais originárias da humanidade. Esse tipo de proposição baseia-se no que denomino "arquétipo". Todas as proposições referentes ao sobrenatural, transcendente e metafísico são, em última análise, determinadas pelo arquétipo e por isso não surpreende que encontremos afirmações concordantes sobre o renascimento nos povos mais diversos. Um acontecimento

psíquico deve subjazer a tais proposições. À psicologia cabe discutir o seu significado, sem entrar em qualquer conjetura metafísica e filosófica. Para obtermos uma visão abrangente da fenomenologia das vivências de transformação é necessário delimitar essa área com mais precisão. Podemos distinguir principalmente dois tipos de vivência: primeiro, a vivência da transcendência da vida, e, segundo, a de sua própria transformação.

A. A experiência da transcendência da vida

α. *Vivências mediadas pelo rito sagrado.* Pelo conceito de "transcendência da vida" entendo as experiências acima mencionadas feitas pelo neófito através de sua participação em um rito sagrado que lhe revela a perpetuidade da vida através de transformações e renovações. Nos dramas de mistérios a transcendência da vida é representada, em face de suas formas concretas e constantes de manifestação, geralmente através do destino de morte e renascimento de um deus ou herói divino. O neófito é, pois, simples testemunha do processo, ou um participante ativo do mesmo, ou um possuído pelo drama divino, ou ainda se identifica com o deus, através do ritual. O decisivo neste caso é que a substância, a existência ou forma da vida objetiva em um processo que transcorre por si mesmo, se transforma ritualmente, sendo que o neófito recebe a "graça", é influenciado, impressionado ou "consagrado" por sua simples presença ou participação. O processo da transformação não ocorre no neófito, mas fora dele, apesar de este encontrar-se envolvido no processo. O neófito participa ritualmente da morte, do despedaçamento e da dispersão do corpo de Osíris, por exemplo, e, logo em seguida, de sua ressurreição. Ele faz assim a experiência da permanência e continuidade da vida que ultrapassa todas as modificações das formas manifestadas e sempre ressurge como fênix das próprias cinzas. Desta participação no evento ritual pode surgir, como efeito, aquela esperança de imortalidade, característica do neófito de Elêusis.

209 Um exemplo vivo do drama do mistério que representa a permanência e a transformação da vida é a missa. Se observarmos os fiéis durante o ofício litúrgico, podemos notar todos os graus de participação, da simples presença indiferente até a mais profunda compenetração emocionada. Os grupos masculinos que se aglomeram à porta da saída, conversando sobre coisas mundanas, fazendo o sinal da cruz e se ajoelhando mecanicamente, partilham do ritual sagrado apesar de sua dispersão, pela simples presença no espaço cheio de graça. Na missa, Cristo é sacrificado através de um ato exterior ao mundo e atemporal, ressurgindo novamente na substância transformada pela consagração. A morte sacrifical no rito não é uma repetição do evento histórico, mas um ato eterno que ocorre por primeira e única vez. A vivência da missa é, pois, participação em uma transcendência da vida, que ultrapassa todas as barreiras de espaço e tempo. É um momento de eternidade no tempo[3].

210 β. *Experiências diretas*. Tudo o que o drama dos mistérios representa e produz no espectador também pode ocorrer sob a forma de uma experiência espontânea, extática ou visionária sem qualquer ritual. A visão do meio-dia de Nietzsche é um exemplo clássico disso[4]. Nietzsche, como é sabido, substitui o mistério cristão pelo mito de Dioniso-Zagreu, que foi desmembrado e retornou à vida ("...inteiramente abraçado pelo generoso amor da videira e escondido de si mesmo..."). Sua experiência tem portanto um caráter dio-

---

3. Cf. JUNG. *O símbolo da transformação na missa.*

4. *Also sprach Zarathustra*, p. 400s.

nisíaco da natureza; a divindade aparece nas vestes da antiga natureza, é o momento da eternidade, a hora do meio-dia consagrada a Pan: "Acaso o tempo passou? Porventura estou caindo? Não cairia acaso no poço da eternidade?" O próprio "aro de ouro", o "anel do retorno" aparece a ele como uma promessa de ressurreição e vida[5]. É como se Nietzsche tivesse estado presente numa celebração de mistérios.

Muitas vivências místicas têm um caráter semelhante: representam uma ação em que o espectador fica envolvido, embora sua natureza não mude necessariamente. Do mesmo modo, muitas vezes os sonhos mais belos e impactantes não têm efeito duradouro ou transformador sobre o sonhador. Este pode sentir-se impressionado, sem contudo ver nisso obrigatoriamente um problema. Neste caso o sucedido permanece "do lado de fora", como uma ação ritual executada por outros. Tais formas mais estéticas de vivência devem ser cuidadosamente destacadas das que indubitavelmente envolvem mudanças na natureza da pessoa.

211

B. *Transformação subjetiva*

Transformações da personalidade não são ocorrências raras. Na realidade, elas desempenham um papel considerável na psicopatologia, embora sejam diversas das vivências místicas que acabamos de descrever e às quais a investigação psicológica não tem acesso fácil. No entanto, os fenômenos que a seguir examinaremos pertencem a uma esfera bastante familiar à psicologia.

212

α. *Diminuição da personalidade*. Um exemplo da alteração da personalidade no sentido da diminuição é-nos dado

213

---

5. HORNEFFER. *Nietzsches Lehre von der Ewigen Wiederkunft.*

por aquilo que a psicologia primitiva conhece como *lost of soul* (perda de alma). A condição peculiar implícita neste termo corresponde na mente do primitivo à suposição de que a alma se foi, tal como um cachorro que foge à noite de seu dono. A tarefa do xamã é então capturar a fugitiva e trazê-la de volta. Muitas vezes a perda ocorre subitamente e se manifesta através de um mal-estar geral. O fenômeno se conecta estreitamente com a natureza da consciência primitiva, desprovida da firme coerência da nossa própria consciência. Possuímos controle sobre o nosso poder voluntário, mas o primitivo não o tem. São necessários exercícios complicados para que ele possa concentrar-se em qualquer atividade consciente e intencional que não seja apenas emocional e instintiva. Nossa consciência é mais segura e confiável neste aspecto. No entanto algo semelhante pode ocorrer ocasionalmente com o homem civilizado, só que não o descrevemos como uma lost of soul, mas como um *abaissement du niveau* mental, termo que Janet designou para este fenômeno[6]. Trata-se de um relaxamento da tensão da consciência, que pode ser comparada com uma baixa leitura barométrica, pressagiando mau tempo. O tônus cedeu, o que é sentido subjetivamente como peso, morosidade e depressão. Não se tem mais nenhum desejo ou coragem de enfrentar as tarefas do dia. A pessoa se sente como chumbo porque nenhuma parte do corpo parece disposta a mover-se, e isso é devido ao fato de não haver mais qualquer energia disponível[7]. Este fenômeno bem conhecido corresponde à lost of soul do primitivo. O estado de desânimo e paralisação da vontade pode aumentar a ponto de a per-

---

6. *Les Névroses*, p. 358.

7. O fenômeno-gana descrito pelo conde Keyserling (*Südamerikanische Meditationen*) pertence a este domínio.

sonalidade desmoronar, por assim dizer, desaparecendo a unidade da consciência; as partes isoladas da personalidade tornam-se autônomas e através disso perde-se o controle da consciência. Criam-se assim, por exemplo, campos anestesiados ou amnésia sistemática. Esta última é um "fenômeno histérico de perda". Esta expressão médica corresponde à *lost of soul.*

O *abaissement* pode ser consequência de um cansaço   214
físico e psíquico, de doenças somáticas, de emoções e choques violentos, cujo efeito é especialmente deletério sobre a autossegurança da personalidade. O *abaissement* sempre tem uma influência limitadora sobre a personalidade global. Diminui a autoconfiança e a iniciativa e limita o horizonte espiritual através de um egocentrismo crescente. Pode levar finalmente ao desenvolvimento de uma personalidade essencialmente negativa, que representa uma falsificação em relação à personalidade originária.

β. *Transformação no sentido da ampliação.* A personali-   215
dade, no início, é raramente aquilo que será mais tarde. Por isso existe pelo menos na primeira metade da vida a possibilidade de ampliação ou modificação da mesma. Ela pode ocorrer por influência exterior e isso através de novos conteúdos vitais que afluem e são assimilados. Neste caminho pode-se fazer a experiência de um acréscimo essencial da personalidade. Por isso é frequente supor que tal ampliação venha *exclusivamente* de fora e nisto se baseia o preconceito de que nos tornamos uma personalidade na medida em que recolhermos maximamente as experiências. Quanto mais seguirmos esta receita, pensando que todo acréscimo só vem de fora, tanto mais empobrecemos interiormente. Assim, pois, se formos tocados por uma grande ideia de fora, devemos compreender que ela só nos toca porque há algo em nós que lhe corresponde e vai ao seu encontro. Possuir

disponibilidade anímica significa riqueza: não o acúmulo de coisas conquistadas. Só nos apropriamos verdadeiramente de tudo o que vem de fora para dentro, como também tudo o que emerge de dentro, se formos capazes de uma amplitude interna correspondente à grandeza do conteúdo que vem de fora ou de dentro. A verdadeira ampliação da personalidade é a conscientização de um alargamento que emana de fontes internas. Sem amplitude anímica jamais será possível referir-se à magnitude do objeto. Por isso diz-se com razão que o homem cresce com a grandeza de sua tarefa. Mas ele deve ter dentro de si a capacidade de crescer, senão nem a mais árdua tarefa servir-lhe-á de alguma coisa. No máximo, ela o destruirá.

216   O encontro de Nietzsche com Zaratustra que transformou o aforista crítico no poeta trágico e profético é um exemplo clássico dessa ampliação. Paulo é um exemplo semelhante: Cristo veio de repente ao seu encontro na estrada de Damasco. Embora o Cristo que apareceu a Paulo não fosse possível sem o Jesus histórico, o aparecimento de Cristo a Paulo não proveio do Jesus histórico, mas sim do seu inconsciente.

217   Num ponto culminante da vida em que o botão se abre em flor e do menor surge o maior, "um torna-se dois", e a figura maior – que sempre fomos, mas permanecia invisível – comparece diante do homem que fomos até então, com a força da revelação. O verdadeiramente pequeno e sem esperança sempre reduz à sua pequenez a revelação do grande e jamais compreenderá que o Juízo Final também despontou para a sua pequenez. O ser humano intimamente grande sabe porém que o amigo da alma, pelo qual há tanto ansiava, o imortal, chegou enfim de fato para levar "cativo seu cativeiro"[8], aquele que sempre trouxe em si aprisionado a fim

---

8. *Ef* 4,8 [tradução de Lutero].

de capturá-lo, permitindo que a sua vida desembocasse em sua própria vida: um momento de perigo mortal! A visão profética de Nietzsche ao deparar com o bailarino na corda bamba[9] desvela o perigo ameaçador da atitude do "equilibrista" diante de um acontecimento, a que Paulo deu o nome máximo de que foi capaz.

O próprio Cristo é o símbolo supremo do imortal que está oculto no homem mortal[10]. Habitualmente este problema é representado por um motivo dual, por exemplo, pelos Dioscuros, um dos quais é mortal e o outro, imortal. Um paralelo indiano é o do par de amigos:

> Dois amigos unidos, esvoaçantes,
> Abraçam juntos a mesma árvore;
> Um deles come a frutinha doce,
> O outro olha para baixo, sem comer.

> O Espírito sobre essa árvore pairando
> Sofre em sua impotência aflito, delirante;
> mas quando louva e contempla
> a onipotência e majestade do outro
> Vê sua dor se esvaindo[11].

Um paralelo digno de nota é a lenda islâmica do encontro de Moisés com Chidr ou al Chadir[12], ao qual voltarei mais adiante. Naturalmente, não podemos ver a transformação da personalidade no sentido da multiplicação, apenas sob a forma de tais vivências significativas. Existe

---

9. *Also sprach Zarathustra*, p. 21s.: "Tua alma morrerá mais depressa do que teu corpo".

10. Cf. mais pormenores in: JUNG. *Tentativa de uma interpretação psicológica do dogma da Trindade* [§ 226s.].

11. Çvetâçvatara Upanishad IV, 6, 7, 9, in: DEUSSEN. *Sechzig Upanishad's des Veda*, p. 301.

12. *O Corão*, 18ª Sura.

também uma casuística trivial que pode ser compilada facilmente a partir dos casos clínicos e do processo de cura de pacientes nervosos. Todos os casos finalmente em que o reconhecimento de algo maior rebenta um anel de ferro que oprime o coração pertencem a esta categoria[13].

220 γ. *Modificação da estrutura interior*. Neste caso não se trata de ampliação nem de diminuição, mas de uma modificação estrutural da personalidade. Menciono como forma principal o *fenômeno da possessão*, o qual consiste no fato de um conteúdo, qualquer pensamento ou parte da personalidade, dominar o indivíduo, por algum motivo. Os conteúdos da possessão aparecem como convicções singulares, idiossincrasias, planos obstinados etc. Em geral, eles não são suscetíveis de correção. Temos de ser um amigo muito especial do possuído, disposto a arcar com as penosas consequências, se quisermos enfrentar uma tal situação. Recuso-me a traçar uma linha divisória absoluta entre possessão e paranoia. A possessão pode ser formulada como uma identificação da personalidade do eu com um complexo[14].

221 Um caso frequente é a identificação com a *persona*, que é o sistema da adaptação ou estilo de nossa relação com o mundo. Assim sendo, quase todas as profissões têm a sua persona característica. Tais coisas são fáceis de estudar atualmente, uma vez que as pessoas públicas aparecem fotografadas frequentemente na imprensa. O mundo exige um certo tipo de comportamento e os profissionais se esforçam por corresponder a tal expectativa. O único perigo é identifi-

---

13. Em minha dissertação inaugural *Sobre a psicologia e patologia dos fenômenos chamados ocultos*, 1902, descrevi um caso desse tipo de ampliação da personalidade.

14. A respeito do conceito da Igreja de possessão, cf. DE TONQUÉDEC. *Les Maladies nerveuses ou mentales et les manifestations diaboliques* (prefaciado pelo Cardeal Verdier).

car-se com a persona, como, por exemplo, o professor com o seu manual, o tenor com sua voz; daí a desgraça. É que, então, se vive apenas em sua própria biografia, não se é mais capaz de executar uma atividade simples de modo natural. Pois já está escrito: "...e então ele foi para cá ou para lá; disse isso ou aquilo" etc. A túnica de Dejanira colou-se à pele de Héracles e nela se enraizou. É preciso a determinação desesperada de um Héracles para arrancar do corpo a túnica de Nesso e entrar no fogo da imortalidade, a fim de transformar-se naquilo que verdadeiramente é[15]. Exagerando um pouco, poderíamos até dizer que a persona é o que não se é realmente, mas sim aquilo que os outros e a própria pessoa acham que se é. Em todo caso a tentação de ser o que se aparenta é grande, porque a persona frequentemente recebe seu pagamento à vista.

Há também outros fatores que podem obcecar o indivíduo de forma decisiva. Entre eles, especialmente importante é a *função inferior*. Este não é o lugar adequado para tratar detalhadamente desta problemática[16]. Só quero ressaltar que a função inferior coincide com o lado obscuro da personalidade humana. O obscuro que adere a cada personalidade é a porta de entrada para o inconsciente, o pórtico dos sonhos. Dele saem aquelas duas figuras crepusculares, a "sombra" e a "anima", para entrar na parte noturna do sonho, nas visões oníricas ou, permanecendo invisíveis, tomam posse da consciência do eu. Um ser humano possuído por sua sombra está postado em sua própria luz, caindo em suas próprias armadilhas. Sempre que possível, ele prefe-

222

---

15. Nesse contexto pode ser útil ler *Aphorismen zur Lebensweisheit* de Schopenhauer (Parerga und Paralipomena I [cap. II: "Sobre o que se é" e cap. IV: "Sobre o que se representa"]).

16. Este problema importante foi tratado com minúcias no cap. V de *Tipos psicológicos*.

re exercer uma impressão desfavorável sobre os outros. Em geral, não tem sorte, porque vive abaixo de si mesmo, e no máximo alcança o que não lhe convém. Onde não há soleira na qual possa tropeçar, ele a constrói, imaginando ter feito algo útil.

223   A possessão provocada pela *anima* ou *animus* apresenta entretanto uma outra imagem. Em primeiro lugar, ao dar-se a transformação da personalidade, evidenciam-se os traços do sexo oposto: no homem, o feminino e, na mulher, o masculino. No estado de possessão ambas as figuras perdem seu encanto e seus valores, que só possuem em estado de despreocupação em relação ao mundo (introversão), isto é, quando constroem uma ponte para o inconsciente. Voltada para fora, a anima é volúvel, desmedida, caprichosa, descontrolada, emocional, às vezes demoniacamente intuitiva, indelicada, perversa, mentirosa, bruxa e mística[17]. O animus, pelo contrário, é rígido, cheio de princípios, legalista, dogmático, reformador do mundo, teórico, emaranhando-se em argumentos, polêmico, despótico[18]. Ambos têm mau gosto: a anima é cercada de indivíduos medíocres e o animus se presta a pensamentos medíocres.

224   Outro caso de modificação estrutural diz respeito a algumas raras observações sobre as quais só posso externar-me com a maior reserva. Trata-se de estados de possessão em que esta é desencadeada por algo que poderíamos designar

---

17. Cf. descrição excelente da anima em Ulysses Aldrovandus (*Dendrologiae libri duo*, p. 146): "Ela aparecia simultaneamente como muito suave e muito dura, e embora mostrasse há quase dois mil anos as caras mais variáveis – a modo de um Proteu – cumulava de preocupações, inquietudes e aflições o amor. Suscitado certamente do caos, isto é, da confusão agatônica, do antigo cidadão bolonhês Lucius Agatho Priscus". Descrição semelhante encontra-se também na Hypnerotomachia de Poliphilo. (Cf. LINDA FIERZ-DAVID. *Der Liebestraum des Poliphilo*, p. 205s.)

18. Cf. EMMA JUNG. *Ein Beitrag zum Problem des Animus*.

mais adequadamente por "alma ancestral" e precisamente como uma *determinada* alma ancestral. São casos de identificação visível com pessoas falecidas. (Os fenômenos de identificação ocorrem naturalmente após a morte do "ancestral".) Léon Daudet foi o primeiro a chamar minha atenção para tais possibilidades através do seu livro confuso, mas genial, *L'Hérédo*. Ele supõe que na estrutura da personalidade existem elementos ancestrais que repentinamente podem irromper sob certas condições. Através disso, o indivíduo pode precipitar-se subitamente em um papel ancestral. Agora sabemos que este papel tem um grande significado para o primitivo. Não há unicamente a suposição de que os espíritos ancestrais reencarnem nas crianças, mas tenta-se também transferi-los às crianças, dando-lhes os nomes correspondentes. Da mesma forma os primitivos procuram transformar-se a si próprios ritualmente nos ancestrais. Remeto a ideia australiana da *altjirangamitijna*[19] das almas ancestrais meio animais cuja revivificação através do culto tem o maior significado funcional para a vida da tribo. Essas ideias da idade da pedra eram amplamente difundidas, o que se pode reconhecer ainda através de numerosos vestígios em outros lugares. Por este motivo não é improvável que tais formas primordiais da vivência ainda se repitam hoje como identificações com almas ancestrais e acredito mesmo ter visto casos semelhantes.

δ. *Identificação com um grupo*. Passemos agora ao comentário de outra forma de transformação, que chamaremos de identificação com um grupo. Trata-se mais exatamente da identificação de um indivíduo com um certo número de pessoas que têm uma vivência de transformação coletiva. É uma situação psicológica especial, que não deve

---

19. Cf. o resumo em LÉVY-BRUHL. *La Mythologie primitive*.

ser confundida com a participação em um ritual de transformação, o qual é realizado de fato diante de um público, mas não depende de forma alguma de uma identidade de grupo nem gera necessariamente uma tal identidade. É algo bem diferente vivenciar a transformação no grupo do que em si mesmo. Em um grupo maior de pessoas ligadas e identificadas entre si por um estado de ânimo peculiar, cria-se uma vivência de transformação que tem apenas uma vaga semelhança com uma transformação individual. Uma vivência grupal ocorre em um nível inferior de consciência em relação à vivência individual. É um fato que, quando muitas pessoas se reúnem para partilhar de uma emoção comum, emerge uma alma conjunta que fica abaixo do nível de consciência de cada um. Quando um grupo é muito grande cria-se um tipo de alma animal coletiva. Por esse motivo a moral de grandes organizações é sempre duvidosa. É inevitável gue a psicologia de um amontoado de pessoas desça ao nível da plebe[20]. Por isso, se eu tiver no grupo o que se chama uma vivência comunitária coletiva, esta ocorre em um nível de consciência relativamente inferior: por este motivo a vivência grupal é muito mais frequente do que uma vivência de transformação individual. É também muito mais fácil alcançar a primeira, pois o encontro de muitas pessoas tem uma grande força sugestiva. O indivíduo na multidão torna-se facilmente uma vítima de sua sugestionabilidade. Só é necessário que algo aconteça, por exemplo, uma proposta apoiada por todos para que cada um concorde, mesmo que se trate de algo imoral. Na massa não se sente nenhuma responsabilidade, mas também nenhum medo.

A identificação com o grupo é, pois, um caminho simples e mais fácil; mas a vivência grupal não vai mais fundo do que o nível em que cada um está. Algo se modifica em

---

20. Cf. LE BON. *Psychologie der Massen.*

cada um, mas essa mudança não perdura. Pelo contrário: a pessoa depende continuamente da embriaguez da massa a fim de consolidar a vivência e poder acreditar nela. Quando não está mais na multidão, a pessoa torna-se outro ser, incapaz de reproduzir o estado anterior. Na massa predomina a *participation mystique*, que nada mais é do que uma identidade inconsciente. Por exemplo, quando se vai ao teatro, os olhares encontram imediatamente os olhares que se ligam uns aos outros; cada um olha como o outro olha e todos ficam presos à rede invisível da relação recíproca inconsciente. Se esta condição se intensifica, cada um sente-se arrastado pela onda coletiva de identificação com os outros. Pode até mesmo ser uma sensação agradável – uma ovelha entre dez mil ovelhas. E se percebemos que essa multidão é uma grande e maravilhosa unidade tornamo-nos heróis exaltados pelo grupo. Voltando depois a nós mesmos, descobrimos que meu nome civil é este ou aquele, que moro nesta ou naquela rua, no terceiro andar e que aquela história, no fundo, foi muito prazerosa; e esperamos que amanhã ela se repita a fim de que eu possa me sentir de novo como um povo inteiro, o que é bem melhor do que ser apenas o cidadão x ou y. Como este é um caminho fácil e conveniente de ascensão a outros níveis de personalidade, o ser humano sempre formou grupos que possibilitassem vivências de transformação coletiva, frequentemente sob a forma de estados extáticos. A identificação regressiva com estados de consciência inferiores e mais primitivos é sempre ligada a um maior sentido de vida, donde o efeito vivificante das identificações regressivas com os ancestrais meio teriomórficos da Idade da Pedra[21].

---

21. O altjirangamitijna. Cf. os rituais das tribos australianas: SPENCER & GILLEN. *The Northern Tribes of Central Australia*, bem como LÉVY-BRUHL. Op. cit.

227   A inevitável regressão psicológica dentro do grupo é parcialmente suprimida pelo ritual, isto é, pela cerimônia do culto que coloca no centro da atividade grupal a representação solene dos eventos sagrados, impedindo que a multidão caia numa instintividade inconsciente. Ao exigir a atenção e o interesse de cada indivíduo, a cerimônia do culto possibilita que o mesmo tenha uma vivência relativamente individual dentro do grupo, mantendo-se assim mais ou menos consciente. No entanto, se faltar a relação com um centro que expresse o inconsciente através de seu simbolismo, a alma da massa torna-se inevitavelmente o ponto focal de fascínio, atraindo cada um com seu feitiço. Por isso as multidões humanas são sempre incubadoras de epidemias psíquicas[22], sendo os acontecimentos na Alemanha nazista o evento clássico desse fenômeno.

228   Contra esta avaliação da psicologia das massas, essencialmente negativa, objetar-se-á que há também experiências positivas, como, por exemplo, um entusiasmo saudável que incentiva o indivíduo a ações nobres, ou um sentimento igualmente positivo de solidariedade humana. Fatos deste tipo não devem ser negados. A comunidade pode conferir ao indivíduo coragem, decisão e dignidade que ele perderia facilmente no isolamento. Ela pode despertar nele a lembrança de ser um homem entre homens. Mas isso não impede que algo lhe seja acrescentado, algo que não possuiria como indivíduo. Tais presentes, muitas vezes imerecidos, significam no momento uma graça especial, mas a longo prazo há o perigo de o presente transformar-se em perda, uma vez que a natureza humana tem a debilidade

---

22. Lembro-me do pânico catastrófico ocorrido em Nova York pouco antes da última guerra mundial, depois da emissão radiofônica de uma história fantástica de H.G. Wells [*War of the Worlds*] e que se repetiu recentemente em Quito.

de julgar que é indiscutivelmente sua tal dádiva; por isso, num momento de necessidade, passa a exigir esse presente como um direito seu em vez de obtê-lo mediante o próprio esforço. Infelizmente constatamos isso com grande clareza, na tendência de exigir tudo do Estado, sem refletir sobre o fato de que este é constituído por sua vez pelos mesmos indivíduos que fazem tais exigências. O desenvolvimento lógico desta tendência leva ao comunismo, no qual cada indivíduo escraviza a coletividade e esta última é representada por um ditador, isto é, um senhor de escravos. Todas as tribos primitivas, cuja ordem social é comunista, também têm um chefe com poderes ilimitados sobre elas. O estado comunista nada mais é do que uma monarquia absoluta em que não há súditos, mas apenas servos.

ε. *Identificação com o herói do culto.* Para a vivência da transformação também é importante a identificação com o deus ou herói que se transforma durante o ritual sagrado. Muitas cerimônias de culto têm por finalidade criar essa identificação. Na *Metamorfose* de Apuleio encontramos um bom exemplo disso: o neófito, que é um ser humano comum, é escolhido para ser Hélio coroado de palmas, coberto com um manto místico, venerado pela multidão. A sugestão da comunidade produz a identificação com o deus. A participação da comunidade também pode ocorrer sem a apoteose do neófito, mas o ofício sagrado é recitado e através dele ocorrem gradualmente mudanças psíquicas individuais nos participantes, através de um longo período de tempo. Exemplo disso é o culto de Osíris. Inicialmente somente o faraó participava do deus da transformação, na medida em que apenas ele tinha "um Osíris". Mais tarde os nobres do reino obtiveram também um Osíris e finalmente o cristianismo coroou esse desenvolvimento, reconhecendo que todos têm uma alma imortal e participação direta na divindade. No cristianismo, a evolução continuou no sentido do Deus ou Cristo exterior transformar-se pouco a pouco no Cristo interior do indivíduo e, embora presente em muitos, permanece sempre um e o mesmo; uma verdade que já fora antecipada na psicologia do totem, em que durante as refeições o animal totêmico era morto e comido em muitos pedaços e, no entanto, era sempre único, tal como existe só um Menino Jesus e *um* Papai Noel.

230   Através da participação do destino do deus nos mistérios, o indivíduo transforma-se indiretamente. No cristianismo eclesial a vivência da transformação é indireta, na medida em que ocorre através da participação no ritual oficiado ou recitado. O ritual oficiado (*dromenon*) é uma das formas e o recitado, ou a "Palavra", ou ainda a "Mensagem" é a outra. A primeira é característica do culto ricamente elaborado da Igreja Católica. A segunda forma é o "anúncio da Palavra" no protestantismo.

231   ζ. *Procedimentos mágicos*. Outra forma de transformação é alcançada através de um rito usado para este fim. Em vez de se vivenciar a experiência de transformação mediante uma participação, o ritual é intencionalmente usado para produzir uma transformação. Este torna-se assim de certa forma uma técnica à qual nos submetemos. Por exemplo: um homem está doente e deveria ser "renovado" por isso. A renovação deveria "ocorrer-lhe", e para que ocorra ele é puxado através de um buraco feito na parede na cabeceira de seu leito e assim renasce. Ou então recebe um outro nome e com este uma nova alma. Desse modo os demônios não o reconhecem mais; ou ainda deve passar por uma morte figurada, ou então é puxado grotescamente através de uma vaca de couro que o devora pela boca e o expele por trás. Ou ainda, passa por uma ablução ou banho batismal, transformando-se em um ser semidivino, com um novo caráter e um destino metafísico transformado.

η. *Transformação técnica*. Além da utilização mágica do ritual existem ainda técnicas especiais que atraem além da graça correspondente ao ritual também o esforço do iniciado para alcançar a meta. Trata-se aqui de uma vivência de transformação produzida por meios técnicos. Pertencem a este contexto os exercícios denominados ioga no Oriente e *exercitia spiritualia* no Ocidente. Trata-se de uma técnica determinada, prescrita com maior ou menor precisão, a fim de atingir um efeito psíquico determinado ou pelo menos tentar atingi-lo. É o caso tanto na yoga mental como nos métodos ocidentais correspondentes[23]. São técnicas, no pleno sentido da palavra, derivadas da reelaboração de processos e transformações naturais. Outrora, quando não existiam pressupostos históricos, havia transformações espontâneas, de certo modo naturais, e agora elas são utilizadas em suas sequências na técnica, a fim de alcançar a transformação. O modo pelo qual tais métodos devem ter surgido originalmente pode ser esclarecido sob a forma da seguinte lenda:

Era uma vez um velho estranho. Ele vivia numa caverna na qual se refugiara fugindo ao ruído das aldeias. Tinha a fama de mago e por isso possuía alunos que esperavam aprender com ele a arte da magia. Ele, porém, não cogitava disso. Só procurava saber o que não sabia, mas tinha a certeza do que sempre ocorria. Tendo meditado muito tempo sobre o que nossa meditação não alcança, não teve outra saída para sua situação precária a não ser pegar uma argila vermelha e fazer todo tipo de desenhos nas paredes de sua caverna, a fim de descobrir como aquilo que ele não sabia poderia ser. Depois de muitas tentativas chegou ao círculo.

---

23. Cf. JUNG. "Considerações em torno da psicologia da meditação oriental" [OC, 11/5].

"Isto está certo", achou ele, "e mais um quadrilátero dentro" e assim ficou melhor. Os alunos estavam curiosos, mas sabiam apenas que algo acontecia com o velho; eles teriam gostado demais de descobrir o que realmente ele fazia. Perguntaram-lhe: "O que fazes lá dentro?" Mas o velho não dava nenhuma informação. Descobriram então os desenhos na parede e disseram: "Ah! É isso!", e copiaram os desenhos. Mas assim, sem perceber, inverteram todo o processo: anteciparam o resultado, esperando com isso forçar o processo que havia conduzido àquele resultado. Assim acontecia outrora e ainda acontece hoje.

234   θ. *Transformação natural.* Já mencionei antes que além dos processos de transformação técnicos há transformações naturais. Todas as ideias acerca do renascimento fundamentam-se neste fato. A própria natureza exige morte e renascimento. O velho alquimista Demócrito diz: "A natureza alegra-se com a natureza, a natureza abraça a natureza, e a natureza vence a natureza"[24]. Há processos naturais de transformação que nos ocorrem, quer queiramos ou não, saibamos ou não. Tais processos produzem consideráveis efeitos psíquicos, que bastariam para que se indagasse reflexivamente o que realmente se produziu. Como o velho da nossa história, ele desenhará mandalas, entrará em seu círculo protetor e na perplexidade e angústia da prisão por ele mesmo escolhida à guisa de refúgio, se transformará em um ser semelhante aos deuses. Os mandalas são lugares de nascimento, ou melhor, conchas de nascimento, flores de lótus das quais nasce o Buda. O iogue sentado em flor de lótus vê-se transformado em uma figura imortal.

235   Os processos naturais de transformação são anunciados principalmente no sonho. Em outra parte apresentei uma

---

24. BERTHELOT. *Collection des anciens alchimistes grecs*, II, I, 3, p. 43 (45).

série de símbolos oníricos do processo de individuação[25]. Eram sonhos que usavam sem exceção o simbolismo do renascimento. Em todo o caso, trata-se de um processo demorado de transformação interna e do renascimento em um outro ser. Este "outro ser" é o outro em nós, a personalidade futura mais ampla, com a qual já travamos conhecimento como um amigo interno da alma. Por isso é algo confortante para nós ao encontrarmos o amigo e companheiro reproduzido num ritual sagrado, como, por exemplo, naquela relação de amizade entre Mitra e o deus Sol, o que para a mente ilustrada representa um mistério, porquanto esta última costuma olhar para essas coisas sem empatia. No entanto, se ele levasse em conta o sentimento, descobriria que é o amigo o qual o Sol leva consigo em seu carro, tal como se vê nos monumentos. É a representação de uma amizade masculina, imagem externa de um fato interno: trata-se da representação da relação com o amigo interno da alma, no qual a própria natureza gostaria de nos transmutar: naquele outro, que também somos, e que nunca chegamos a alcançar plenamente. O homem é o par de um Dioscuro, em que um é mortal e o outro, imortal; sempre estão juntos e apesar disso nunca se transformam inteiramente num só. Os processos de transformação pretendem aproximar ambos, a consciência, porém, resiste a isso, porque o outro lhe parece de início como algo estranho e inquietante, e não podemos nos acostumar à ideia de não sermos senhores absolutos na própria casa. Sempre preferiríamos ser "eu" e mais nada. Mas confrontamo-nos com o amigo ou inimigo interior, e de nós depende ele ser um ou outro.

---

25. *Eranos-Jahrbuch* 1935. Este material encontra-se ampliado e reelaborado em *Psicologia e alquimia*.

236 Não precisamos ser doentes mentais para ouvir a sua voz. Muito pelo contrário, ouvi-la é a coisa mais simples e natural. Podemos por exemplo fazer uma pergunta à qual ele responde. O fluxo das ideias continua como em uma conversa comum. Podemos chamá-la uma mera "associação" ou um "solilóquio" ou uma "meditação" dos antigos alquimistas, que designavam o parceiro do diálogo como "*aliquem alium internum*", como um outro interior[26]. Esta forma de colóquio com o amigo da alma foi até mesmo admitida por Inácio de Loyola no método dos *Exercitia spiritualia*[27], com a limitação, porém, de que só o meditador fala, mas a resposta interna é omitida. Esta seria repudiada por provir supostamente apenas do homem e assim continua até hoje. O preconceito não é moral ou metafísico, mas – o que é pior – sua natureza é intelectual. A "voz" é explicada como uma associação tola que prossegue de um modo sem sentido ou propósito, como um mecanismo de relógio que saiu do eixo. Ou então pensamos: "trata-se apenas de meus pensamentos", mesmo que um exame mais acurado revele que se trata de pensamentos rejeitados ou jamais admitidos conscientemente; como se tudo o que fosse psíquico pertencesse à alçada do eu! Esta *hybris* cumpre o ofício útil da manutenção e supremacia da consciência, que deve ser protegida da dissolução no inconsciente. Mas ela sucumbe quando o inconsciente resolve tornar obsessivos alguns pensamentos insensatos, ou gerar outros sintomas psicógenos pelos quais não queremos assumir responsabilidade alguma.

---

26. RULANDUS. *Lexicon alchemiae*, p. 327, verbete *meditatio*.

27. IZQUIERDO. *Praxis Exercitiorum spiritualium* (p. 10): "*Colloquium aliud non est, quam familiariter loqui cum Christo Domino*" etc. [O Colóquio nada mais é do que conversar intimamente com Cristo, o Senhor].

Nossa opinião sobre a voz interior move-se entre dois extremos: ou a vemos como um desvario total ou então como a voz de Deus. A ninguém ocorre que possa haver um meio-termo valioso. O "outro" que responde deve ser tão unilateral, por seu lado, quanto o eu. Do conflito entre ambos pode surgir verdade e sentido, mas isto só no caso de que o eu esteja disposto a conceder a personalidade que cabe ao outro. Este último tem uma personalidade própria, sem dúvida, tanto quanto as vozes dos doentes mentais; porém um colóquio verdadeiro só se torna possível quando o eu reconhece a existência de um interlocutor. Este reconhecimento não é comum entre as pessoas, pois nem todos se prestam aos *Exercitia spiritualia*. Não se trata naturalmente de uma conversa quando somente um dirige a palavra ao outro – como faz George Sand em suas conversas com seu amigo espiritual[28]; só ele fala nas trinta páginas em questão e ficamos esperando inutilmente a resposta do outro. Ao colóquio dos Exercitia segue-se talvez a graça silenciosa, na qual o cético moderno não acredita. Mas como seria se Cristo com o qual falamos desse uma resposta imediata através das palavras de um coração humano pecador? Que terríveis abismos de dúvida se abririam então? Que loucura temeríamos? Compreende-se que é melhor a mudez das imagens divinas e que a consciência do eu acredite em sua supremacia em vez de prosseguir em suas associações. Compreende-se que o amigo interno apareça tantas vezes como inimigo e, por estar tão longe, sua voz é fraca. Quem "está próximo dele está próximo do fogo"[29].

Talvez esse alquimista estivesse pensando em algo parecido quando disse: "Escolhe para ti aquela pedra, mediante

---

28. [Presumivelmente: *Entretiens journaliers avec le très docte et très habile-docteur Piffoël* etc.]

29.[*Neutestamentliche Apokryphen*, p. 35.]

a qual os reis são venerados em suas coroas e os médicos curam seus doentes, porque ela está próxima do fogo"[30]. Os alquimistas projetam os acontecimentos internos em formas externas e assim o amigo interno neles aparece sob a forma da "pedra", da qual o Tractatus aureus diz: "Entendei, ó filhos dos sábios, o que clama a pedra: protege-me e eu te protegerei, dá-me o que é meu, a fim de que eu te ajude"[31]. Um escoliasta acrescenta[32]: "O pesquisador da verdade ouve a pedra e o filósofo, como se ambos falassem por uma só boca". O filósofo é Hermes, e a pedra, idêntica a Mercúrio, corresponde justamente ao Hermes latino[33]. Desde os tempos mais remotos, Hermes é o mistagogo e o psicopompo dos alquimistas, seu amigo e conselheiro[34], que os conduz à meta da obra. Ele é *"tanquam praeceptor intermedius inter lapidem et discipulum"*[35]. A outros, porém, o amigo aparece sob a figura de Cristo ou do Chadir, ou de um guru visível ou invisível. Ele também pode aparecer na figura de qualquer dirigente pessoal ou social. Neste caso o colóquio é decididamente unilateral. Não há diálogo interior, pois a resposta possível aparece como ação do outro, isto é, como

---

30. Um Pseudo-Aristóteles in: *Rosarium philosophorum*, 1550, fol. Q.

31. *"Largiri vis mihi meum"* [Tu queres dar-me o que é meu] é o modo comum de ler, tanto na primeira edição de 1566, in: *Ars chemica*, sob o título *Septem tractatus seu capitula Hermetis Trismegisti, aurei*, como in: *Theatr. chem.*, 1613, IV, e MANGET. *Bibliotheca chemica curiosa* I, 400s. No *Rosarium philosophorum*, 1550, fol. E IV, encontra-se uma outra versão: *"Largire mihi ins meum ut te adiuvem"* [Dá-me o meu direito, a fim de que eu te ajude], o que representa uma das arbitrariedades interpretativas do anônimo do *Rosarium*, importante, porém, para a interpretação da alquimia.

32. MANGET. Op. cit., p. 430b.

33. Comprovantes minuciosos in: *Psicologia e alquimia* [§ 84s.] e *O Espírito de Mercúrio* [§ 278s. e 289].

34. Cf. a bela oração do Astrampsychos: Ἐλθέ μοι, κύριε Ἑρμῆ, onde se lê no final: "Eu sou tu, e tu és eu" [REITZENSTEIN. *Poimandres*, p. 21].

35. MANGET. Op. cit.: "Semelhante ao professor mediador entre a pedra e o aluno".

acontecimento externo. Tal resposta ao alquimista se manifestava através da transformação da matéria química. Quando um deles buscava a transformação, a descobria fora, na matéria, e a transformação da mesma clamava: "Eu sou a transformação"; alguns eram tão lúcidos, que sabiam: "é a minha transformação, mas não pessoal, e sim a transformação de algo mortal em algo imortal em mim, que se liberta do seu invólucro mortal, o qual sou eu, e desperta agora para sua própria vida, entra na Barca solar que talvez me leve"[36].

Trata-se de um pensamento muito antigo. Estive no Alto Egito, na região de Assuan, e entrei numa sepultura do Egito Antigo, recentemente aberta. Atrás da porta da entrada havia uma cestinha de caniço com o cadáver seco de um recém-nascido envolto em trapos. Pelo visto a mulher de um trabalhador havia colocado furtivamente o recém-nascido morto dentro da sepultura de um nobre, a fim de que a criança participasse da salvação (do nobre) quando este entrasse na Barca solar para o nascer de um novo dia; a criança alcançaria a graça divina por ter sido enterrada em um lugar sagrado.

---

36. A pedra e sua transformação é representada como a ressurreição do homo philosophicus, do segundo Adão (*Aurora consurgens, quae dicitur Aurea hora*, in: *Artis auriferae* I, p. 185s.), como alma humana (livro de Krates, in: BERTHELOT. *La Chimie ao Moyen Âge*, III, 50), como ser subordinado e superordenado ao ser humano ("*Hic lapis est subtus te, quantum ad obedientiam: supra te, quo ad dominium: ergo a te, quantum ad scientiam: circa te, quantum ad aequales*" [Esta pedra está abaixo de ti, para obedecer; acima de ti para mandar; portanto dentro de ti, para reconhecer; e em torno de ti, como igual a ti]) (*Rosinus ad Sarratantam* in: Art. aurif. I, p. 310, como vida ("*sanguis est anima, et anima est vita, et vita lapis noster est*" [o sangue é a alma, e a alma é a vida, e a vida é nossa pedra]) (*Tractatus Aristotelis*, in: *Art. aurif.* I, p. 347, bem como *Rachaidib fragmentum in: Art. Aurif.* I, p. 398 e 401), como Maria virgo (*De arte chimica*, in: Art. aurif. I, p. 582), como o próprio homem (*tu es eius minera... et de te extrahitur... et in te inseparabiliter manet*" [tu és seu mineral... e de ti ele é extraído... e em ti ele permanece inseparável]) (*Rosinus ad Sarratantam, in: Art. aurif.* I, p. 311)

Referências

A. Sammlungen alchemistischer Traktate verschiedener Autoren.

Ars Chemica, quod sit licita exercentibus, probationes doctissimorum iurisconsultorum. Strassburg, 1566.

I

Septem tractatus seu capitula Hermetis Trismegisti, aurei [p. 7-31]: Tractatus aureus.

Artis Auriferae, quam chemiam vocant usw. 2. vols. Basel, 1593.

Band I

I *Allegoriae super librum Turbae* [p. 139-145].

II *Aurora consurgens: quae dicitur aurea hora* [p. 185-246; nur Teil II].

III *Rosinus ad Sarratantam episcopum* [p. 277-319].

IV *Liber secretorum alchemiae compositus per Calid filium Iazichi* [p. 325-351].

V *Tractatus Aristotelis de practica lapidis philosophici* [p. 361-373].

VI *Rachaidibi, Veradiani, Rhodiani, et Kanidis philosophorum régis Persarum*: De materia philosophici lapidis, acutissime colloquentium fragmentum [p. 397-404].

VII *Liber de arte chimica incerti authoris* [p. 575-631].

Band II

VIII *Rosarium philosophorum* [p. 204-384; *enthält eine zweite Fassung der Visio Arislei*, p. 246ss.; Eine andere Ausgabe von Anis auriferae, in diesem Bande gelegentlich zitiert, erschien 1572 in Basel und enthält den Tractatus aureus, p. 641ss.].

Bibliotheca Chemica Curiosa seu rerum ad alchemiam pertinentium thésaurus instructissimus. 2 vols. Genf, 1702 [Ed. Johannes Jacobus Mangetus].

Band I

I *Hermes Trismegistus*: Tractatus aureus de lapidis physici secreto [p. 400-445].

II *Morienus*: Liber de compositione alchemiae [p. 509-519].

Band II

III *Sendivogius*: Epistola XIII [p. 496].

Theatrum Chemicum, praecipuos selectorum auctorum tractatus ... continens. Vols. I-III Ursel, 1602; Vol. IV Strassburg, 1613; Vol. V 1622; Vol. VI 1661.

B. Allgemeine Bibliographie

ALDROVANDUS, U. *Dendrologiae naturalis scilicet arborum historiae libri.* Frankfurt, 1671.

BERTHELOT, M. *La Chimie au moyen âge.* 3 vols. (Histoire des Sciences). Paris, 1893.

_____. *Collection des anciens alchimistes grecs.* Paris, 1887/1888.

DE JONG, K.H.E. *Das antike Mysterienwesen in religionsgeschichtlicher, ethnologischer und psychologischer Beleuchtung.* Leiden, 1909.

DEUSSEN, P. *Sechzig Upanishad's des Veda* – Aus dem Sanskrit übersetzt und mit Einleitungen und Anmerkungen versehen. 3. ed. Leipzig, 1938.

FIERZ-DAVID, L. *Der Liebestraum des Poliphilo* – Ein Beitrag zur Psychologie der Renaissance und der Moderne. Zürich, 1947.

HornefFer, Emst: Nietzsches Lehre von der Ewigen Wiederkunft und deren bisherige Veröffentlichung. Leipzig: Rhein-Verlag, 1900.

IZQUIERDO, S. (Alcarazense Societatis Iesu). *Praxis exercitiorum spiritualium P.N.S.* Ignatii. Roma, 1695.

JANET, P. *Les Névroses* (Bibliothèque de philosophie scientifique). Paris, 1919 [erstmals, 1909].

JUNG, C.G. Der Geist Mercurius. In: *Eranos-Jahrbuch*, 1942. Zurique: Rhein-Verlag, 1943. Erweiterte Neuausgabe in: Symbolik des Geistes. Siehe dort.

―――――. *Gestaltungen des Unbewussten* (Psychologische Abhandlungen VII). Zurique: Rascher, 1950 [Jungs Beiträge in diesem Band sowie GW 15 (1971)].

―――――. *Psychologie und Alchemie* (Psychologische Abhandlungen V). Zurique: Rascher, 1944. Revidierte Neuauflage, 1952 [GW 12 (1972)].

―――――. *Psychologische Typen*. Zurique: Rascher, 1921. Neuauflagen 1925, 1930, 1937, 1940, 1942, 1947 e 1950 [GW 6 (1960 und 1967)].

―――――. *Symbolik des Geistes* – Studien über psychische Phänomenologie, mit einem Beitrag von Dr. phil. Riwkah Schärf (Psycholog. Abhandlungen VI). Zurique: Rascher, 1948, 1953 [Jungs Beiträge in diesem Band sowie in GW 11 (1963 und 1973) und GW 13].

―――――. Versuch einer psychologischen Deutung des Trinitätsdogmas. In: *Symbolik des Geistes*. Siehe dort [GW 11 (1963 e 1973)].

―――――. Das Wandlungssymbol in der Messe. In: *Eranos Jahrbuch* 1940/1941. Zurique: Rascher, 1942.; Erweitert in: *Von den Wurzeln des Bewusstseins*. Siehe dort [GW 11 (1963 e 1973)].

―――――. *Von den Wurzeln des Bewusstseins* – Studien über den Archetypus (Psychologische Abhandlungen IX). Zurique: Rascher, 1954. [Drei Abhandlungen in diesem Band, die übrigen in: *GW* 8 (1967 e 1977), *GW* 11 (1963 e 1973) e *GW* 13 (1978).]

―――――. Zur Psychologie östlicher Meditation. In: *Mitteilungen der Schweizerischen Gesellschaft der Freunde Ostasiatischer Kultur V* (Berna, 1943), p. 33-53. Später in: Symbolik des Geistes. Siehe dort. Ferner in: Bewusstes und Unbewusstes. Beiträge zur Psychologie. (Bücher des Wissens TB). Frankfurt a. M.: Fischer, e Hamburgo, 1957. [GW 11 (1963 e 1973).]

―――――. *Zur Psychologie und Pathologie sogenannter occulter Phänomene* – Eine psychiatrische Studie. Dissertation. Oswald Mutze, Leipzig, 1902. [GW 1 (1966).]

JUNG, E. Ein Beitrag zum Problem des Animus. In: JUNG, C.G. *Wirklichkeit der Seele* – Anwendungen und Fortschritte der neueren Psychologie (Psychologische Abhandlungen IV). Zurique: Rascher, 1934. Neuauflagen 1939 und 1947. Der Aufsatz ist zusammen mit "Die Anima als Naturwesen" (Beitrag zur Festschrift: Studien zur Analytischen Psychologie C.G. Jungs, II. Zurique: Rascher, 1955) unter dem Titel "Animus und Anima" gesondert als Pb bei Rascher, Zürich 1967, erschienen.

KEYSERLING, G.H. *Südamerikanische Meditationen.* Stuttgart, 1932.

LE BON, G. *Psychologie der Massen* – Übersetzun. (Philosophisch-soziologische Bücherei II) 2., verbesserte Aufl. Leipzig, 1902.

LEVY-BRUHL, L. *La Mythologie primitive* – Le monde mythique des Australiens et des Papous (Travaux de l'annee sociologique). 2. ed. Paris, 1935.

NIETZSCHE, F. *Werke*. 16 vols. Leipzig, 1899-1911.

_____. *Also sprach Zarathustra* – Ein Buch für Alle und Keinen. In: Vol. VI.

REITZENSTEIN, R. *Poimandres* – Studien zur griechisch-ägyptischen und frühchristlichen Literatur. Leipzig, 1904.

RUHLAND(US), M. *Lexicon alchemiae sive dictionarium alchemisticum.* Frankfurt, 1612.

SAMYUTTA-NIKÄYA. *Die in Gruppen geordnete Sammlung aus dem Päli-Kanon der Buddhisten, zum ersten Mal ins Deutsche übertragen von Wilhelm Geiger.* Vol. I. München Neubiberg, 1930.

SCHOPENHAUER, A. Aphorismen zur Lebensweisheit. In: *Parerga und Paralipomena* – Leine philosophische Schriften. 2 vols. [in cinem]. Berlim, 1891.

SPENCER, B. & GILLEN, F.J. *The Northern Tribes of Central Australia.* Londres, 1904.

TONQUÉDEC, J. de. *Les Maladies nerveuses ou mentales et les manifestations diaboliques* – Précédé d'une lettre de S.E. le Cardinal Verdier. 3. ed. Paris, 1938.

WELLS, H.G. *The War of the Worlds.* Londres, 1896.

Conecte-se conosco:

f facebook.com/editoravozes

◉ @editoravozes

𝕏 @editora_vozes

▶ youtube.com/editoravozes

✆ +55 24 2233-9033

www.vozes.com.br

Conheça nossas lojas:

www.livrariavozes.com.br

Belo Horizonte – Brasília – Campinas – Cuiabá – Curitiba
Fortaleza – Juiz de Fora – Petrópolis – Recife – São Paulo

EDITORA VOZES LTDA.
Rua Frei Luís, 100 – Centro – Cep 25689-900 – Petrópolis, RJ
Tel.: (24) 2233-9000 – E-mail: vendas@vozes.com.br